Lothar Beck

Die Weisheit der Mütter

Heilsame Impulse aus dem Matriarchat

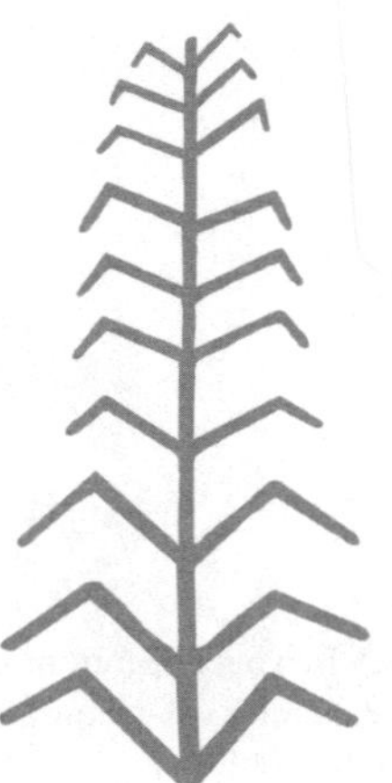

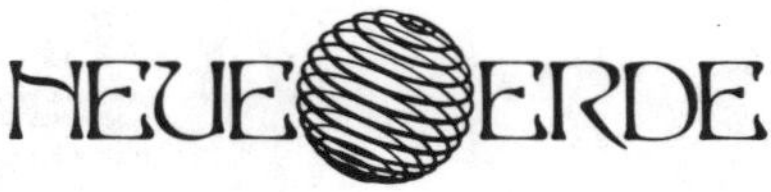

Bücher haben feste Preise.
1. Auflage 2017

Lothar Beck
Die Weisheit der Mütter

Titelseite:
Sandsteinformationen, Altschlossfelsen bei Eppenbrunn (Pfälzerwald), fotografiert von Michael Lauer, www.michaels-pictures.net
Gestaltung: Dragon Design, Wendland/Elbe

Satz und Gestaltung:
Dragon Design, Wendland/Elbe
Gesetzt aus der Minion

Gesamtherstellung: Appel & Klinger, Schneckenlohe
Printed in Germany

ISBN 978-3-89060-715-3

Neue Erde GmbH
Cecilienstr. 29 · 66111 Saarbrücken
Deutschland · Planet Erde
www.neue-erde.de

Lothar Beck

Die Weisheit der Mütter

Für Susanne

Inhalt

Vorbemerkung

Vorab möchte ich anmerken, dass ich in diesem Buch durchweg die weibliche Sprachform benutze statt der üblichen männlichen. Statt »wer« schreibe ich »welche«, statt »jeder« benutze ich »jede«, statt »der eine oder der andere« ziehe ich »die eine oder die andere« vor usw. Nur »man« bleibt in der Regel »man« und wird nur selten »frau« oder »mann«. Auch bei Berufsbezeichnungen wähle ich die weibliche Sprachform, z. B. »Bäuerin« statt »Bauer«. So möchte ich die Selbstverständlichkeit der männlichen Prägung unserer Sprache bewusstmachen.

Die Sprache zeigt deutlich, wie sehr unser Leben männlich bestimmt, also androkratisch ist (Androkratie = Männerherrschaft). Die Linguistin Luise Pusch weist darauf hin, dass Sprache unser Denken und unsere Vorstellungen prägt. Wenn ich von »Kollegen« spreche, stellt sich »jeder Zuhörer« (und »jede Zuhörerin«) männliche Kollegen vor, auch wenn der Kolleg(inn)enkreis tatsächlich zu 80 % aus Frauen besteht. Wie die Sprache unser Denken und unsere Vorstellungen prägt, so werden von unserem Denken und unseren Vorstellungen unsere Handlungen geprägt und von diesen unsere Realität. Die Realität aber wirkt wieder zurück auf unsere Sprache. Darum ist eine männlich geprägte Sprache Zeichen dafür, dass bei uns männliches Denken und männliche Vorstellungen vorherrschen und männliche Verhaltensweisen eine vorwiegend männlich geprägte Realität hervorbringen, die ihrerseits wieder von einer männlich geprägten Sprache beschrieben und reflektiert wird.

Dieser Prozess ist so weit fortgeschritten, dass uns die männliche Prägung unserer Sprache und unserer Wirklichkeit gar nicht mehr bewusst wird. Der männliche Sprachgebrauch ist automatisiert. So wird eine Frau, die feststellt, dass eine ihrer Freundinnen ihre Handtasche vergessen hat, den Gästen (es gibt keine weibliche Form von »Gast«!) nachrufen: »Wer« von euch hat denn »seine« Handtasche vergessen? Die Selbstverständlichkeit des männlichen Sprachgebrauchs verharmlost die Sache aber keineswegs. Luisa Pusch zitiert in diesem Zusammenhang den Propagandaminister des Hitlerregimes, Joseph Goebbels: *In dem Augenblick, wo eine Propaganda bewusst wird, ist sie unwirksam. Wenn aber Propaganda als Tendenz im Hintergrund bleibt, wird sie in jeder Hinsicht wirksam.*

Das bedeutet bezüglich der Frauenfrage, dass die Frau, wie sie sprachlich unberücksichtigt bleibt, auch in unserer männlich geprägten Vorstellungswelt und Wirklichkeitsgestaltung in Geschichte und Gegenwart nur marginal vorkommt. Sie bleibt, wie Gerda Weiler feststellt, als Subjekt der Geschichte faktisch außen vor. Natürlich ist das nicht allein auf die Sprache zurückzuführen, sondern eben auf alle Faktoren des beschriebenen Zirkels. Doch die Sprache ist ein nicht zu übersehender Hinweis darauf und ein wichtiger Ansatzpunkt, um Bewusstwerdungsprozesse zu unterstützen und aufklärend zu wirken. Ein anderer Ansatzpunkt ist die Spiritualität, um die es in diesem Buch vor allem geht.

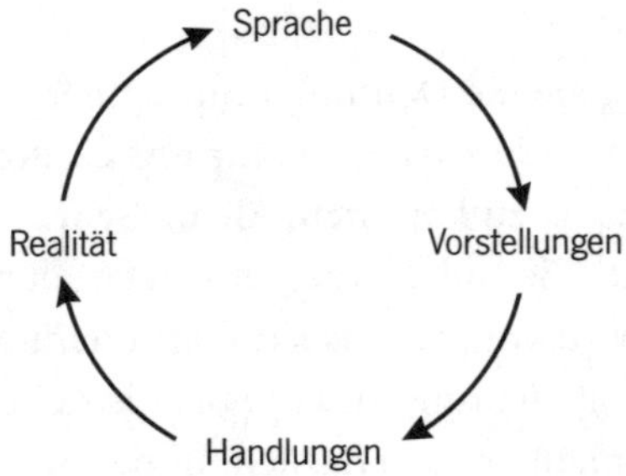

Was ist Aufklärung?

Aufklärung ist der Ausgang des Menschen aus seiner selbstverschuldeten Unmündigkeit.

Unmündigkeit ist das Unvermögen, sich seines Verstandes ohne Leitung eine(r)s anderen zu bedienen.

Selbstverschuldet ist dieses Unvermögen, wenn die Ursache derselben nicht am Mangel des Verstandes, sondern der Entschließung und des Mutes liegt, sich seiner ohne Leitung eine(r)s anderen zu bedienen.

»Sapere aude! Habe Mut, dich deines eigenen Verstandes zu bedienen!« ist also der Wahlspruch der Aufklärung.

Immanuel Kant

Einführung

Sein und Sinn und die symbolische Ordnung der Mutter

Sinn ergibt sich aus der Bedeutungsgebung von Sein. Sein und Sinn gehören, ganzheitlich betrachtet, immer zusammen, denn es ist uns ein fortwährendes seelisches Bedürfnis, das, was ist, sinngebend zu deuten. So wie man nach Paul Watzlawick nicht nicht kommunizieren kann, so kann man als denkender Mensch das Sein nicht nicht deuten. Sein ohne Sinngebung ist für uns bedeutungslos. Andererseits ist eine Sinngebung ohne Seinsbezug für uns ein Reden ohne Erfahrungsgehalt, also ein Aberglaube. So gehören Sein und Sinn zum selben Vorgang, der Seien und Sinnen umfasst.

Dabei geht sinngebende Deutung immer über eine reine Funktionsbeschreibung von Sein hinaus. Es ist für uns existenziell wichtig, zu einer positiven Deutung zu kommen. Allem Geliebten – ob Person oder Landschaft, Pflanze, Tier oder Ereignis – haftet darum persönlich Sinn an. Das Geliebte wird von mir als sinnhaft erfahren, weil ich ihm eine besondere, positive Bedeutung zuschreibe. Als Kollektiv geben wir Sinn, indem wir Zusammenhänge herstellen, diese Zusammenhänge deuten und ihren positiven Sinngehalt zum Ausdruck bringen wollen. Das Symbol, das Sinnbild, ist die umfassendste kollektive Ausdrucksform für die Sinngebung von Sein seit alters her.

Den Begriff der symbolischen (sinnbildlichen) Ordnung der Mutter nimmt die italienische Philosophin Luisa Muraro auf als Titel ihres Buches, Frankfurt 1993. Die symbolische Mutterordnung definiert einen Unterschied zur symbolischen Vaterordnung.

Eine *symbolische Ordnung* kann insofern als grundlegende Ordnung angesehen werden, als sie die Grundhaltungen, die Sichtweisen, den Deutungsrahmen, das Denken, die Sprache und Werte, die Spielregeln und das Lebensgefühl der Menschen prägt. Sie stellt also eine ganzheitliche Orientierung und Ausrichtung dar, und das so sehr, dass Abweichungen nicht nur als unwahr, sondern auch als unrealistisch und unsinnig angesehen werden. Sie wirkt darum in einem umfassenden und ganzheitlichen Sinne wirklichkeitsbildend.

Weil eine symbolische Ordnung ganzheitlich wirkt und unser gesamtes Denken, Handeln und Fühlen prägt, möchte ich behaupten, dass sie auch für unseren seelischen Kern und unser innerstes Wesen bedeutsam ist.

Die Forschungsarbeit von Frauen umfasst seit über fünfzig Jahren eine Fülle von Materialien und wissenschaftlichen Analysen. Doch leider haben diese bahnbrechenden Ergebnisse auf biologischem, soziologischem, ethnologischem, sprachwissenschaftlichem, theologischem und archäologischem Gebiet keine dieser Fülle entsprechende Würdigung und keine entsprechenden Änderungen im gesellschaftlichen Denken und Handeln nach sich gezogen. Ich wurde vor etwa zehn Jahren (erst!) von dieser Literatur berührt und von ihrer wissenschaftlichen Brillanz überzeugt. Ich habe die Welt – meinen Alltag, meine Ehe und Familie wie auch Religion und Politik – mit anderen Augen zu sehen gelernt und dabei dank meiner Fachlichkeit als Theologe und systemischer Therapeut viele Dinge entdeckt, die ich in diesem Buch weitergeben möchte.

Der Mensch ist Mann oder Frau. Darum ist anzunehmen, dass sich eine Frau unter den Bedingungen – Wertehaltungen und Handlungen – einer symbolischen Vaterordnung etwas männlicher, ein Mann unter den Bedingungen einer symbolischen Mutterordnung etwas weiblicher entwickelt. Die Symbolordnung zwingt das andere Geschlecht zu einer stärkeren Anpassung an die jeweilige Sichtweise und ihren Wertekanon. So weit so gut, könnte man sagen. Nun lehrt uns aber die Geschichte, dass die symbolische Vaterordnung eng mit männlichem Dominanzverhalten und männlicher Gewalt verknüpft ist, und das auf allen Ebenen – global, gesellschaftlich, familiär – und in allen Lebensbereichen – politisch, religiös, künstlerisch, wirtschaftlich, wissenschaftlich. Das Teilwort *arche* (griechisch »Ursprung« und »Herrschaft«) in den Begriffen Matri*archat* und Patri*archat* hat darum unterschiedliche Bedeutung. In »Matriarchat« weist *matri-arche* auf die mütterliche Ursprungsbezogenheit allen Lebens hin. In »Patriarchat« steht *patri-arche* für die väterlich-männliche Vorherrschaft. Das Bewusstsein in männlich geprägten Vatergesellschaften hat sich aus dem breiten und vielfältigen evolutionären Angebot offensichtlich vor allem vom Bild des starken, erfolgreich sich durchsetzenden und mächtigen Einzelnen imponieren und leiten lassen, vom dominanten Mannsbild als maßgeblicher Identifikationsfigur.

Realpolitisch umgeben sich die »Herr«scher oder Führer, die sogenannten »A-Männchen«, immer mit Gefolgsleuten und bilden sogenannte Männerbünde oder Seilschaften. Die patriarchale Geschichte der letzten 5.000 Jahre wird darum vor allem als Geschichte von Herrschern und Eroberern erzählt, als Kriegsgeschichte vom Kampf heldenhafter Männer und ihrer Gefolgsleute. Dabei dienen die jeweiligen patriarchalen Ideologien dazu, die Raubzüge der Eroberer und ihre Machtausübung zu legitimieren. Dies gilt für die turbokapitalistischen Weltmarkteroberer des Spätpatriarchats mit ihrer Freiheits-, Fortschritts- und Wachstumsideologie genauso wie für die hochpatriarchalen heiligen Krieger islamischer Prägung, für die hochpatriarchalen christlichen Zwangstäufer, Kreuzritter und Inquisitoren früherer Zeiten genauso wie für die spätpatriarchalen stalinistischen Parteisozialisten. Das in Gewalt und Herrschaft sich äußernde männliche Aggressionspotential, das die Vaterordnung jeglicher Provenienz kennzeichnet, macht also den Unterschied zur symbolischen Ordnung und Grundorientierung der Mutter. Gerda Weiler spricht von männlicher Machthaberei im Unterschied zur Seinsmacht, die sich in Kompetenz äußert und ins ökologische Lebensnetz eingefügt bleibt, ohne Herrschaftsstrukturen auszubilden.

Die männliche Gewalt zielt prinzipiell in drei Richtungen: Erstens richtet sie sich gegen die männlichen Konkurrenten, zweitens gegen die Frauen und Mütter und drittens gegen Mutter Natur. Sie nimmt Gestalt an in kriegerisch ausgetragenen ideologischen Konflikten, in ausbeuterischen Handelsbeziehungen, in einer Verdinglichung der Natur, in männer-dominierten, hierarchischen Gesellschaftsstrukturen, in einer von Männern verwalteten Religion und einer vaterorientierten, auf bedingungslosem Gehorsam beruhenden Spiritualität.

In einem Zeitraum von etwa 3.500 v. u. Z. bis in die Gegenwart hat sich weltweit die Ordnung des Vaters durchgesetzt. Die patriarchale Zeit lässt sich in drei Epochen untergliedern, in eine früh-, hoch- und eine spätpatriarchale Epoche. Die frühpatriarchale Zeit beginnt mit den indogermanischen Eroberungen der matriarchalen Kulturen der Bronzezeit (Etrusker, Pelasger, Minoer). Das Hochpatriarchat wird von den monotheistischen Vaterreligionen eingeleitet und getragen, beginnt also in Europa mit der gewaltsamen und radikalen Christianisierung. Der Übergang zum Spätpatriarchat wird eingeleitet durch die Aufklärung. Über eine Politik der Gleichberechtigung werden die Frauen verstärkt eingeladen, sich an den patriarchalen kapitalistischen bzw. sozialistischen Unterdrückungs- und Ausbeutungssystemen aktiv zu beteiligen. Der gesamte gegenwärtige liberalisierte »Westen«, der sich liberalisierende »Osten«, das kommunistische China und der vorwiegend von liberalen Europäern gegründete Staat Israel befindet sich derzeit in der spätpatriarchalen Phase, wogegen sich die islamischen Völker noch weitgehend in einem konfessionell zerstrittenen Hochpatriarchat befinden.

Die Umwandlung matriarchaler in patriarchale Strukturen erfolgte nach Heide Göttner-Abendroth nicht von innen, sondern von außen durch den Herrschaftsdruck der frühpatriarchalen Eroberer und dann auch immer hierarchisch von oben nach unten. Dies ging wegen des passiven und aktiven Widerstandes der eroberten Völker nur sehr langsam vor sich. Mancherorts bestehen noch heute eine herrschende Männerkultur und eine inoffizielle Frauenkultur nebeneinander wie z. B. in Südkorea (s. H. Göttner-Abendroth). Aber auch bei uns wird an den hohen Festtagen von den Kanzeln, also kirchenoffiziell, eine befremdende patriarchale Theologie gepredigt, während in den Familien von den Müttern v. a. matriarchale, am Naturgeschehen sich orientierende Symbole weiter gepflegt werden. Während man sich etwa kirchlicherseits an Karfreitag und Ostern um das Zelebrieren einer paulinischen Kreuzestheologie bemüht, verstecken die »geistlich Armen« (Mt. 5,3) bunte Eier und Osterhasen im Garten, alles Ostarasymbole des Ursprungs und des Frühlingserwachens. An Weihnachten redet man in den Familien vom weiblichen »Christkindle« bzw. in Schweden von »Lucia« (Lichtbringerin) und gleichzeitig vom männlichen »Christuskind«. Die naturmythologische Sinngebung ist auch im Text des mittelalterlichen Liedes noch deutlich zu erkennen, in dem die Symbolgestalt des Heilands – wie ein Jahresheros der Großen Mutter – mit der erwachenden Vegetation im Frühling identifiziert wird:

> O Erd, schlag aus, schlag aus, o Erd,
> dass Berg und Tal grün alles werd!
> O Erd herfür dies Blümlein bring,
> o Heiland, aus der Erden spring!
>
> Ev. Kirchengesangbuch 5,3

Während die weiblich-mütterliche Spiritualität dem Naturgeschehen selbst Symbolgestalt gibt und es quasi mit Sinngehalt auflädt, ist es bei der männlich-väterlichen Spiritualität genau umgekehrt: Eine abstrakte theologische Idee wird sekundär mit natürlichen Abläufen verknüpft, um ihren künstlich-theoretischen Sinngehalt glaubwürdiger und verständlicher zu machen. Verknüpft man aber die theologischen Konstrukte mit der politischen Realität, zu der sie gehören, so kommt man, wie ich im Kapitel I dieses Buches aufzeige, zu dem Schluss, dass sie ausschließlich im Dienst männlicher Machtinteressen stehen.

Die Geschichte des Patriarchats ging mit einer massiven Unterdrückung und Marginalisierung der Frauen einher.

In allen derzeitigen Weltreligionen herrscht der Mann vor, selbst im Buddhismus, wo die Frau ebenfalls als minderwertig gegenüber dem Mann angesehen wird. Eine Nonne hat jeden Mönch ehrerbietig zu grüßen, auch wenn dieser um Jahre jünger ist als sie selber. Im hinduistischen Kastenwesen besteht durchgehend eine männliche Vorherrschaft, und die angeheiratete Frau und ihre Töchter gelten nicht viel. Eine Vorherrschaft des Mannes besteht aber vor allem in den monotheistischen Religionen des Judentums, des Christentums und des Islam. Dabei ist der Monotheismus des Judentums für mich noch der harmloseste, weil er auf das jüdische Volk begrenzt bleibt und keine missionarisch-hegemoniale Tendenzen hat. Frauen aber werden in allen drei Vaterreligionen als zweitrangige Menschen behandelt und von Priesterämtern ausgeschlossen, oder sie gelten zur Zeit ihrer Menstruation oder der Geburt als unrein, bei der Geburt von Mädchen doppelt so lang wie bei der Geburt von Jungen (!). Die Frauenunterdrückung aber beschränkt sich im Geltungsbereich dieser Religionen nicht auf deren Organisation, sondern durchdringt von dort aus das gesamte gesellschaftliche System, dem es symbolisch voransteht.

In hochpatriarchalen muslimischen Gesellschaften gelten Frauen als Eigentum des Mannes und müssen ihm zu Diensten sein, auch sexuell. Ein Mann kann mehrere Frauen besitzen. Seine eigene Lustbefriedigung steht außer Frage. Das Paradies stellt sich ein moslemischer Mann so vor, dass er mehrere Jungfrauen für seine Lust gebrauchen kann. Seine Frau(en) ist (sind) ausschließlich für ihn da. In der Öffentlichkeit müssen sie sich verschleiern, um nicht von anderen Männern als sexuelle Wesen wahrgenommen zu werden, eine eindeutige Beschneidung der weiblichen Souveränität. Eine Ehebrecherin fällt in Unehre und muss nach dem Gottesgesetz gesteinigt werden.

Bei den hochpatriarchalen, fundamentalistischen Christen galt und gilt Sexualität als die Sünde schlechthin. Da jeder Mensch aber »in Sünde gezeugt« wurde, spricht man(n) im Katholizismus gar von »Erbsünde«. Wenn in der katholischen Kirche bis heute ausschließlich Männer die Religion verwalten – wenn auch weiblich gekleidet – und Sexualität prinzipiell mit Sünde zu tun hat, dann ist die Frau – ob phantasiert oder real – aus Sicht des Mannes das Wesen schlechthin, das den Mann, und vor allem den zölibatären Priester, zur Sünde verführt und also für ihn immer in die Nähe Satans rückt. Je mehr der fromme Mann aber dagegen ankämpft, um so verführerischer bedrängt das Weibliche ihn in seiner Phantasie. Im christlichen Hochpatriarchat muss also die Frau nicht nur von ihrem Ehemann bewacht werden, sondern sie steht kirchlicherseits unter latentem Generalverdacht, als männerverführendes Wesen mit dem Teufel, dem Leibhaftigen (!), in Verbindung zu stehen. Gemäß dieser Logik muss sie spirituell grundsätzlich als suspekt gelten. Wenn sich dies der fromme christliche Mann stets deutlich vor Augen führt, bekommt eine für ihn attraktive Frau den Charakter einer schönen Maske, hinter der in Wahrheit eine hässliche Hexe lauert oder gar der Teufel selbst, der ihn von Gott weg und hin zur Sünde locken will. Diese abergläubische Angst vor der gefährlichen Hexenfratze hinter der weiblichen Attraktivität hilft ihm nun andrerseits, sich nicht verführen zu lassen und in die Fänge des Leibhaftigen zu geraten. Im hochpatriarchalen mittelalterlichen Europa wurden Jahrhunderte lang bestimmte Frauen als Hexen wahnhaft verteufelt. Die Hexenprozesse reichten noch bis in die Zeit der Reformation und des Humanismus. Hinzu kommt, dass der gesamte Bereich der weiblichen Monatsblutung, der Frauwerdung und des Frauseins nach der Menopause bis heute im allgemeinen negativ erlebt und tabuisiert wird und ihm seine große Bedeutung und Würde genommen wurde.

Wie in jedem Patriarchat, mussten sich die Frauen bei uns mit ihren Kindern in die Vaterlinie ihrer Ehemänner einfügen und wurden zu einem oft missachteten Teil der Vaterfamilie, bei der sie lebten. Frauen waren als Ehefrauen immer familiäre Fremdkörper. Die Frau war also nicht nur als erotische Verführerin verdächtig, sondern auch als angeheiratete Angehörige eines fremden Familienverbands.

Kern der Frauenunterdrückung aber war die Kontrolle der weiblichen Sexualität. Mit gesellschaftlich konfektionierten Kontrolltechniken und allgemeinen Rechtsbestimmungen musste sichergestellt werden, dass alle Kinder des *pater familias* auch von ihm stammten, dass die Sexualität der Frau *Eigentum ihres Ehemannes* ist. Dies hat bizarre Kontrollformen hervorgebracht. Die Klitorisbeschneidung und das Zunähen der vaginalen Öffnung ist davon die radikalste und brutalste Form. Hier wird der Frau schon als Mädchen die Sexualität geraubt, um zu verhindern, dass sie überhaupt eine eigene körperliche Lust entwickelt. Mit der Fußeinbindung machte man in China bis ins 20. Jahrhundert Frauen unbeweglich und band sie ans Haus ihres Ehemannes. In Indien ging die Ehefrau mit ihrem verstorbenen Ehemann in den Tod, war also sein Eigentum über den Tod hinaus. Bei uns gab es im Mittelalter zur sexuellen Kontrolle der Frau einen abschließbaren Metallgürtel, mit dem der Ehemann sicherstellen konnte, dass sich seine Frau keinem anderen Mann hingeben konnte. Aber auch die materielle Abhängigkeit sollte die Leibeigenschaft der Frau garantieren. So durften Frauen weder studieren noch Land besitzen noch wählen und bis weit ins 20. Jahrhundert hinein nur mit Erlaubnis des Ehemannes arbeiten oder über ein eigenes Bankkonto verfügen. Erzieherisch achtete man darauf, dass Frauen keusch und züchtig aufwuchsen und ihre Sexualität möglichst verleugneten, um als anständige Frauen geachtet zu werden.

Die schlimmsten Grobheiten und Unmenschlichkeiten gegen Frauen wurden in den westlichen Demokratien im Zuge einer Politik der Gleichberechtigung zumindest gesetzlich aufgehoben. Dadurch konnte sich die Frau auch sexuell zunehmend befreien. Diese Prozesse aber sind noch längst nicht abgeschlossen. Unterschwellig und unmerklich läuft auch im Spätpatriarchat die Benachteiligung von Frauen weiter: Die Geschichtsbücher etwa verwenden bei der Schilderung von Kulturträgern immer die männliche Form. Da ist von Töpfern, Bauern, Viehzüchtern, Webern,

Künstlern, Architekten die Rede, als ob die Frauen nie an der kulturellen Entwicklung beteiligt gewesen wären. Wahrscheinlich waren sie anfänglich sogar kulturbestimmender als die Männer. Die Entwicklung des einfachen Pflugs, die Töpferkunst, das Domestizieren von Schafen und Kühen, das Züchten von Nutzpflanzen und die Erforschung von Heilpflanzen haben wir vermutlich vor allem den Frauen zu verdanken. Doch sie wurden zunehmend aus dem Kulturgeschehen hinausgedrängt. Frauen werden im Grunde bis heute als Menschen zweiter Klasse behandelt. Sie werden unterbezahlt und stehen noch immer ziemlich alleine da: im unlösbaren Konflikt zwischen Kindererziehung und Karriere. Dies bedeutet, dass sich jede Frau in der vaterländischen Volkswirtschaft selbst ihren Weg zwischen Kindern und Beruf suchen muss, also zwischen einer randständigen weiblichen und einer außenwirksamen männlichen Lebensgestaltung. Obwohl sie statistisch gesehen dabei sind, die Männer sowohl in kommunikativ-emotionaler als auch in mathematisch-technischer Intelligenz zu überholen, werden sie belächelt und weniger ernst genommen, wenn sie in der Ehe oder in einem Team von Männern ihre Werte und ihre weibliche Art, an eine Sache heranzugehen, zu äußern oder zu begründen versuchen. Man braucht nur Paare beim Einkauf zu beobachten,

- zum Beispiel ein Paar im mittleren Alter beim Metzger: Er hat im Wesentlichen den Einkauf getätigt, steht bereits an der Kasse und ruft ihr zu, während sie noch nachdenklich in die Auslagen schaut: Möchtest du noch was? Sie zögert etwas, worauf er ungeduldig sagt: Dann sag halt, was du willst, aber schnell!
- zum Beispiel ein älteres Paar im Gemüseladen: Er hat bezahlt und trägt die gefüllte Kiste mit beiden Händen zum Ausgang. Sie springt voraus und hält ihm die Türe auf. Er deutet mit einer kurzen Kopfbewegung an, dass sie rausgehen soll und sagt dazu aggressiv und gepresst: Jetzt geh schon. Sie: Ich wollte dir nur die Türe... Er unterbricht sie genervt mit derselben Geste und dem gepressten: Jetzt geh schon. Worauf sie ihm zum Auto vorauseilt.

Höchst einfühlsam beschreibt Lukas Hartmann in seinem Roman »Auf beiden Seiten« die Situation der Mutter des Ich-Erzählers Mario in der Schweiz:

Dass meine Mutter künstlerische Talente hatte, spielte sie stets herunter, verbarg es sogar. Sie sang gerne, während der Schulzeit hatte sie für sich selbst gemalt. In einer alten Zeitungsmappe, auf der ihr Mädchenname stand, fand ich als Halbwüchsiger ein Aquarell, ein Stillleben mit drei Zwetschgen in einem Tellerchen. Wie die Blautöne und der Glanz des Porzellans aufeinander abgestimmt waren, gefiel mir sehr. Erstaunt fragte ich Mutter, ob das Bild von ihr stamme. Sie bejahte verlegen. Aber ihr Vater, der verwitwete Forstwart, habe es nicht gerne gesehen, dass sie auf diese Weise ihre Zeit vergeude, sie musste – die Brüder hatten anderes zu tun – im Haushalt anpacken. Da kam es auch nicht in Frage, Schneiderin zu werden, wie sie es gewünscht hätte, es gab mehr als genug Arbeit für sie. Der junge, ein wenig hölzerne, aber solide Schuhmacher, der um sie warb, bot ihr eine halbwegs sichere Existenz. Eine Zeitlang besorgte sie, zwischen Vater und Ehemann pendelnd, zwei Haushalte; dann kamen die Kinder, und sie hatte, wie sie einmal gestand, kaum je eine Minute für sich. Das Aquarell schob sie mit verschleiertem Blick in die Mappe zurück, verknotete sorgsam die Verschlussbändel. »Du brauchst es Vater nicht zu zeigen«, sagte sie. Ich nickte. Zum ersten Mal begriff ich, wie viele Träume meine Mutter in sich begraben hatte. Sie war fünfzig, als das Frauenstimmrecht eingeführt wurde, und erschrak darüber, dass ihr nun ein neues Feld jenseits der häuslichen Sphäre offenstand. Ein einziges Mal ging sie wählen, im Schlepptau meines Vaters. Danach verzichtete sie darauf. Über Dinge, von denen sie nichts verstehe, sagte sie später, möge sie nicht entscheiden. Und einfach ihrem Mann etwas nachplappern, das wolle sie auch nicht. (S.42f)

Mit freundlicher Genehmigung aus: Lukas Hartmann: *Auf beiden Seiten*

Frauen der Öffentlichkeit werden ungleich stärker auf ihr Erscheinungsbild – ihre Frisur, ihre Kleidung – reduziert als Männer, ihre Leistungen dagegen werden oft nicht erwähnt. In der leidigen Diskussion um die Abtreibung werden Frauen durch eine androkratische (von Männern bestimmte) Gesetzgebung bevormundet, die es ihnen bis heute verwehrt, ihr Selbstbestimmungsrecht und ihre Eigenverantwortung voll wahrzunehmen.

Auch die Sexualität bleibt im liberal-säkularen Spätpatriarchat eine anrüchige und höchst missachtete Angelegenheit, die nur innerhalb der Ehe ihre gesellschaftliche Anrüchigkeit restlos verliert. Sie ist nicht wirklich als ein wertvoller Bestandteil ins gesellschaftliche Leben integriert und fristet als Pornographie und Prostitution ein gesellschaftliches Schattendasein, in dem sich vor allem Männer betätigen. Die Sexualität steht in ihrer Bewertung nicht nur weit hinter Ausbildung und Beruf, sondern geradezu im Widerspruch zu den anerkannten Leistungsanforderungen der Gesellschaft. So kann eine weibliche Führungskraft in große Schwierigkeiten geraten, wenn herauskommt, dass sie sich erlaubt hat, ihre weibliche Sexualität außerehelich zu leben. Bei einem Mann wird dies anders bewertet, immer aber auf Kosten der Frau, mit der er sexuell zusammen war.

Von der Vaterordnung aus gedacht, ist das alles »normal«, weshalb sich die meisten Frauen im Patriarchat fremd fühlen. Sie können sich dort nur zugehörig fühlen, wenn sie sich dem männlichen Denken und Handeln völlig anschließen, sich der männlichen Rahmenordnung und ihren Spielregeln fügen und Teile ihrer weiblichen Wesensart und Souveränität aufgeben.

Mit der Abwehr und Abwertung des Weiblichen verbunden ist in patriarchalen Gesellschaften auch eine Verdinglichung und Missachtung der Natur. Dies zeigt sich in einer reinen Kapitaltaxierung von Leben: Der Wald ist nicht mehr wert als sein Holz, ein Tier nicht mehr als sein Fleisch und so weiter. Diese Herabwürdigung findet in Monokulturen und Massentierhaltung ebenso ihren erbarmungslosen Ausdruck wie im Primat der ökonomischen Interessen, die sich in der Praxis im Konfliktfall zwischen Ökonomie und Ökologie immer mehr oder weniger rasch durchsetzen.

In den sogenannten »posthumanen« Technologien wie Gentechnik, Nano- und Cybertechnik lässt sich heute überdeutlich die patriarchale Botschaft vernehmen: Der »Männsch« erschafft sich seine Welt selbst. Der männliche Mensch gibt sich als Schöpfer und zeigt sich immer unabhängiger von den Bedingtheiten der schöpferischen Mutter Natur.

Es ist eine allgemeine Erkenntnis, dass Ordnung und Freiheit einander bedingen. Doch im Patriarchat können sowohl Ordnung (Hierarchie) als auch Freiheit (Neoliberalismus) zur Hauptquelle der Existenzangst werden.

Durch die fast ungehemmte Vorherrschaft der Konzerne und Banken mit ihren marktliberalen Spielregeln kippt im kapitalistischen Spätpatriarchat allmählich das globale Gleichgewicht, so dass wir durchaus sachlich von einem Wirtschaftsterrorismus sprechen können. Die Schlagworte hierzu sind:

- wirtschaftliche Marktbeherrschung durch Ausbeutung von Menschen (auch von Kindern) und ihre gnadenlose Instrumentalisierung als billige Arbeitskräfte einerseits (Rohstofflieferanten und Billiglohnländer) und Konsumenten andererseits (Industriestaaten);
- die immer weiter auseinandergehende Schere zwischen bitter Armen und unermesslich Reichen, und zwar sowohl innerhalb eines Industriestaats als auch zwischen den Industrienationen und den Ländern der sogenannten Dritten Welt;
- globaler Ausverkauf von Land und Privatisierung von Versorgungssystemen, die von allgemeinem Interesse sind;
- Überschuldung und Verarmung der öffentlichen Hand und ihre zunehmende Abhängigkeit von wirtschaftlichen Interessen; dies bedeutet eine zunehmende Entmachtung der politischen Entscheidungsgremien;
- Hunger, Mangelernährung, Perspektivlosigkeit, früher Tod (in Afrika liegt das Durchschnittsalter etwa bei 45 Jahren): Flüchtlingsströme. Die von Franz Joseph Strauß erfundene Bezeichnung »Wirtschaftsflüchtlinge« halte ich für zynisch. Die eigentlichen Wirtschaftsflüchtlinge sind eher diejenigen, die den Staat in Steueroasen betrügen, und diejenigen, die in Billiglohnländern produzieren lassen;
- Banditentum, Menschenhandel, Terror, Krieg und noch einmal: Flüchtlingsströme;
- Lösung politischer Konflikte durch Gewalteinsatz und Krieg; Stellvertreterkriege der konkurrierenden Großmächte USA und Russland in instabilen Staaten zur Verteidigung ihrer Einflusssphären und wirtschaftlichen Interessen: Die Großmacht, die ihre Einflusssphäre vertei-

digt, unterstützt den Staat mit Waffen, die andere die Rebellen. Dabei bleiben die USA auf dem amerikanischen Kontinent unangefochtener als Russland in Eurasien;

- Ausplünderung der Natur, Klimawandel, Artensterben, Vergiftung und Vermüllung der Umwelt in globalem Ausmaß und bis weit in die Zukunft unserer Nachkommen (siehe Atommüll, Pestizide, Plastikmüll);
- Verhässlichung der Landschaft und der Wohngebiete, weil Kommunen Geld brauchen und sich scheuen, Auflagen zu machen oder auch Baugesuche abzulehnen, und zwar um so mehr, je mächtiger oder auch vielversprechender ein Investor auftritt.

Es ergeben sich für »unsere« Industriestaaten eine Menge eklatanter Widersprüche, von denen hier nur einige aufgezählt werden sollen:

- der doppelte Widerspruch zwischen dem kapitalistischen Zwang zu Produktions- und Konsumsteigerung und dem entsprechenden Wunsch nach nationalem Bevölkerungswachstum (Wachstumsideologie) bei gleichzeitiger globaler Überbevölkerung. Dabei steigt dennoch der Gewinn der Konzerne infolge von Automatisierung bei abnehmendem Arbeitskräftebedarf und Ausbeutung von Arbeitnehmerinnen in Billiglohnländern stetig, was seinerseits die notwendigen Sozialeinnahmen zur Altersvorsorge bei uns gefährdet;
- der Widerspruch zwischen der anhaltenden irreversiblen staatlichen Hochverschuldung und dem staatlichen Auffangen ihrer insolventen Gläubiger-Investment-Banken;
- der Widerspruch zwischen der staatlichen Billigung von ausbeuterischen Handelsabkommen in Kooperation mit den Machthabern der rohstoffliefernden Länder und dem humanitären Auffangen des Welthungers und der Armutsflüchtlinge;
- der Widerspruch zwischen der Subventionierung der eigenen Agrarwirtschaft als Marktvorteil und einer ineffektiven Entwicklungshilfe in Ländern, deren Agrarwirtschaft in die Knie gezwungen wird, weil sie der starken Konkurrenz nicht standhalten kann;
- der Widerspruch zwischen lukrativen Waffengeschäften und dem humanitären Auffangen von asylsuchenden Opfern von Terror und Krieg;

- der Widerspruch zwischen einem konsumorientierten individualistischen Glücksstreben und dem zunehmenden Zerfall von Zusammenhalt bis hin zur Vereinsamung im Alter;
- der Widerspruch zwischen zunehmender Umweltverschmutzung und einer immer teurer werdenden medizinischen Versorgung. (Nach dem neusten WHO-Bericht sind die vier gesundheitlich belastendsten Faktoren: Rauchen, Ernährung, Bluthochdruck und Luftverschmutzung).

Von den Industrienationen mit ihren Börsen und Banken, ihren Konzernen und skrupellosen Marktregularien und ihren korrupten, meist hochgerüsteten Kollaborationspartnern in den rohstoffreichen Ländern geht die Hauptgefahr aus.

Es gab eine kurze Zeit, da wurde eine ungehemmte Entwicklung des spätpatriarchalen Kapitalismus durch die spätpatriarchale Ideologie des Sozialismus in der Sowjetunion und der Volksrepublik China aufgehalten. Die Hemmung bestand in der militärischen Pattsituation zwischen Ost und West auf hohem potentiellen Zerstörungsniveau (mehrfacher Overkill). Heute hat es den Anschein, als ob der terroristische Islamismus als neuer Widerpart gegen den Wirtschaftsterror des Neoliberalismus auftritt (siehe die Zerstörung des Welthandelszentrums in New York am 11. 9. 2001). Doch es muss uns immer klar sein, dass in all diesen schrecklichen Kampfszenarien miteinander konkurrierende Patriarchate auf Gedeih und Verderb agieren und sich gegenseitig mit Waffengewalt oder Wirtschaftssanktionen (sprich: Aushungern) in die Knie zwingen wollen. Andererseits aber bedeutet der Sieg einer einzigen patriarchalen Ideologie immer eine furchtbare Ungeheuerlichkeit für die Welt, der wir politisch ohnmächtig und wie gelähmt ausgeliefert sind, weil keine Alternative in Sicht ist. Im Verhalten der spätpatriarchalen, liberalistischen Marktwirtschaft und des hochpatriarchalen fundamentalistischen Offenbarungsglaubens islamistischer Prägung zeigen sich derzeit die prekärsten Formen patriarchaler Weltverachtung.

Isabel Allende lässt die Protagonistin Eva Luna ihres gleichnamigen Romans (Ende Kap. 9) zu der Erkenntnis kommen, dass auch von ihrem sozialistisch gesinnten Guerillero und Liebhaber Huberto Naranjo keine grundlegende Änderung für sie als Frau zu erwarten ist, denn für ihn bestand das Volk aus Männern, und sie blieb als Frau immer ein abhängiges Geschöpf:

> ...auch wenn er es schaffen sollte, seinen Traum zu verwirklichen –
> die Gleichheit würde mich nicht einschließen.

Und, so muss man ergänzen, auch das Verhältnis zur Natur wäre im Sozialismus dasselbe patriarchale Ausbeutungsverhältnis.

Die symbolische Ordnung der Mutter und die Hochachtung der Mutter Natur könnten einen existentiellen Rahmen für eine Kurskorrektur und eine lebensbewahrende, nachhaltige Entwicklung darstellen, wie sie schon in dem altindischen Hymnus »Die Mutter Erde« beschworen wird (Karl Paetow, S. 129):

> Was immer ich aus deinem Schoße grabe,
> das möge nachwachsen, liebe Erde;
> nicht will ich, Lautere, treffen dich ins Lebensmark,
> nicht will dein Herz durchbohren ich.

Wieso sollten wir nicht, wenn wir von anderen Annahmen ausgehen, auch andere Ergebnisse erzielen?

Jenseits des Darwinismus

Wenn eine Art so stark und überlegen geworden ist,
dass sie die Erde uneingeschränkt bevölkert
und Mutter Erde uneingeschränkt beherrscht,
und wenn die natürliche Mutter Tod
nicht mehr ausreicht,
um ihr Grenzen zu setzen,
dann kommt eine unberechenbare
doppelte Gewalt über sie:

Sie wird zum einen heimgesucht
von gorgonischen Naturkatastrophen und Epidemien

und zum andern töten sich ihre Artgenossen gegenseitig
in einem apokalyptischen Kampf
um Macht und Bestandssicherung.

Die Alternative dazu wäre:
Die Männer nutzten
den ihnen von der Evolution geschenkten,
vorausschauenden Verstand,
weil sie sich als Söhne der Weisheit sähen
und darum nicht länger Sklaven
ihrer Gier und ihres Prestiges sein müssten.
Sie orientierten sich am Bild
des Guten Hirten,
des Gärtners,
des Weisen
und des Geliebten,
und trügen wie die Frauen und Mütter
mutig Fürsorge und Vorsorge
für alle ihre Kinder,
für eine Begrenzung der Kinderzahl und für alles,
was zu einem Leben in Würde und Schönheit gehört:
für Wälder und Felder, Wiesen und Gärten, Flüsse und Seen,
für all die Tiere, die die Landschaften und Meere beleben,
für die Muttererde und das Wasser,
für die Luft und das Klima.

Dann würde nicht nur die Art überleben,
vielmehr würde es allen,
jeder Art und jedem Einzelnen,
gut gehen.
Albert Schweitzer nennt die Haltung hierfür:
Ehrfurcht vor dem Leben,
und sagte ergänzend dazu in einem Vortrag:
Ich bin Leben, das leben will,
inmitten von Leben, das leben will.

Der Sinn von Intelligenz ist vornehmlich ein sozialer

Die Intelligenz, die im Interesse individueller Egoismen und hierarchisch organisierter Partikularismen aufwendigst eingesetzt wird, steht nicht im Dienst der Erhaltung der menschlichen Art und muss darum als dumm und letztendlich als sinnlos gewertet werden.

> Das Wasser gibt seine Weisheit den Pflanzen.
> Die Pflanzen geben ihre Weisheit den Tieren.
> Die Tiere geben ihre Weisheit den Menschen.
> Die Vorvorfahren geben ihre Weisheit den Heutigen.
> Die Kinder geben ihre Weisheit den Erwachsenen.
> Die Frauen geben ihre Weisheit den Männern.
> Ungebundenes Mannsein steht in der Gefahr,
> die Ehrfurcht vor dem Leben zu verlieren.

Das patriarchale Verhängnis: die Beherrschung des Gegenübers

Das Gegenüber – sei es ein Stein, eine Pflanze, ein Tier, eine Landschaft, ein Mann, eine Frau, ein Kind oder eine Gesellschaft – kann unter dem spezifischen Gesichtspunkt des »Fach-Manns« nicht als kulturell höherstehend, weiser, reifer oder klüger angesehen werden als der Fachmann selbst, der Wissenschaftler, der Techniker, der Händler, der Banker, der Manager, der Verwaltungsbeamte, der Jurist, der Militärstratege, der Literaturkritiker, der Pädagoge, Psychologe, Mediziner oder der Theologe, von dem das »Objekt« »theoretisch erfasst«, »behandelt«, »gebraucht«, »gemanaged« und »beurteilt« wird. Die Beherrschung definiert den Objektcharakter des Gegenübers, mit dem sich der »Fach-Mann« befasst. Dieses für das Patriarchat typische professionelle Beziehungsmuster kann als ein hermeneutisches Unglück (ein Missverstehen), ontologisch aber (im Blick auf seine Auswirkung auf die Wirklichkeitsgestaltung) als Behinderung der emotionalen und sozialen Entwicklung des Menschen betrachtet werden.

Wenn das Buch, das wir lesen,
nicht mit einem Faustschlag auf den Schädel weckt,
wozu lesen wir dann das Buch?
Ein Buch muss die Axt sein für das gefrorene Meer in uns.

Franz Kafka

I
Die Mutterordnung ist älter als die Vaterordnung

Es gibt eine Scherzfrage: Was war früher da, die Henne oder das Ei? Es ist die alte Frage nach dem Ursprung. Ihre Symbollogik schlägt sich in vielen Schöpfungsmythen nieder. So wird etwa im pelasgischen Schöpfungsmythos erzählt, dass die Große Geberin (gr. Eurynome) auf den Urwassern tanzte, sich mit der durch ihr Drehen erzeugten Windschlange vermählte, sich dann in eine Taube verwandelte und das Weltenei legte, das das gesamte Universum enthielt.

Niemand würde auch nur auf die Idee kommen, die Frage nach dem Ursprung so zu formulieren: Was war früher da, der Hahn oder das Ei? Und auch nicht: Was war früher da, die Henne oder der Hahn? Das männliche Element spielt bei der Frage nach dem Ursprung symbollogisch offenbar keine Rolle.

Es war unseren Vorvorfahren im alten Europa, aber auch weltweit, keine Frage, dass das Weibliche das Ursprüngliche verkörpert. Den Frauen und Müttern wurde eine besondere schöpferische Kraft zugeschrieben. Alles Weibliche war schöpferisch und darum Abbild der Großen Geberin, weil jedes Tier aus dem Eierstock und jede Pflanze aus dem Fruchtknoten entsteht. In jedem Muttertier, in jeder samentragenden Pflanze, in jedem fruchttragenden Baum zeigte sich die Göttin als schöpferisch

Gebärende, als Große Mutter. Darum hatte der Ursprung für unsere Vorfahren schlechthin weiblichen Charakter.

Aber auch der Todesaspekt war in diese ganzheitliche Muttersymbolik integriert. Die Göttin war nämlich die Ganzheitliche, die heile Ganze, die das Leben zurücknimmt, in die alles Leben wieder zurückkehrt. Dies konnten unsere Vorvorfahren jeden Winter erleben. Der Tod war ins pulsierende »Seien« (durch diese Verbform möchte ich die Dynamik des Seins zum Ausdruck bringen) der Gottheit integriert, weshalb die Thealoginnen (Göttinnenkundige) heute auch von der »Tod-im-Leben-Göttin« sprechen: Sie nimmt das Leben zu sich und gebiert es wieder neu. Kulthöhlen und Gräber wurden mit rotem Ocker ausgemalt, die Verstorbenen oft in Embryohaltung bestattet, alles Hinweise darauf, dass Tod und Wiedergeburt als in einem Kreislauf miteinander verbunden gedacht wurden. Auch die Erfahrung, dass jede Lebenskrise und jeder Übergang in eine neue Lebenssituation uns zu Rückzug und Trauer, Wandlung und Neubeginn herausfordern, ist mit der Tod-im-Leben-Göttin symbolisch zum Ausdruck gebracht. Tod und Leben, Yin und Yang sind wie Ausatmen und Einatmen, Ebbe und Flut aufeinander bezogen. Man sagte auch: Die Göttin hat die Schlüssel in der Hand, die Kräfte und Energien zu lösen und zu binden (vgl. Mt. 16,19). Dabei ist das eine ohne das andere nicht denkbar.

Sprachlich gesehen kommt Frau von Freyja (die Freie) und meint die souveräne Göttin. *Mann*, engl. *man*, bedeutet *Mensch*, englisch ebenfalls *man*, und definiert den Mann als einen Menschen, also als ein von der Göttin geborenes Geschöpf. Gemäß der Logik von Henne und Ei hat das Männliche also keinen Ursprungscharakter. Einen männlichen »Gott« gab es ursprünglich nicht. Alles Männliche hatte bei unseren Vorvorfahren in erster Linie Sohncharakter. Später wurde der Mann als Heros der Göttin ihr Liebespartner. Der Wortstamm m-n in »Mann« ist identisch mit dem Wortstamm von Minne, liebendes Gedenken. Im Heros der Göttin fanden Vergänglichkeit und Neugeburt des Geschöpflichen ihren symbolischen Ausdruck. Im Mondwechsel, im Gang der Sonne, im Kommen und Gehen des Gewitterregens, im Wechsel der Jahreszeiten, im An- und Abschwellen des Phallus war der Weg des Heros sichtbar, sein Eingebundensein in die Transformationskraft der Göttin. Die Frau war als Mensch wie alles Weiblich-Mütterliche Abbild der Göttin, weil mit ihrer Geburtskraft und schöpferischen Energie ausgestattet. Als solche trug sie die Bezeichnung »geweihter Mensch«, Wei(h)b beziehungsweise englisch *wo-man.*

Die ältesten Figuren, die man gefunden hat, sind Frauenfigurinen. Die älteste davon ist die Frau, die Freyja, die Holde (Venus) vom Hohlefels bei Schelklingen. Sie ist 42.000 (!) Jahre alt. Es gibt unter den prähistorischen Funden weitaus mehr Frauenfiguren als Darstellungen von Männern. Das Männliche findet sich zudem fast ausschließlich in Tiergestalt als Stier oder Widder dargestellt.

Aufgrund der Tatsache, dass die Frauen die Nachkommen gebären und das Weibliche darum auch spirituell als das Ursprüngliche im Sinn einer unerschöpflich-schöpferischen mütterlichen Lebensquelle angesehen wurde, entwickelte sich die symbolische Ordnung der Mutter quasi ganz selbstverständlich. Es entstand eine Fülle von Symbolen, Festritualen, heiligen Wegen und Orten, auch kulturell-technischen Errungenschaften, es entstand eine hochentwickelte Kunst und vor allem bildete sich eine spezifisch matriarchale Sozialstruktur auf der Grundlage der weiblichen Genealogie heraus, dem soziologischen Rückgrat der Mutterordnung. Die Mutterlinie (Matrilinearität) war leibhaftig an der Nabelschnur und am Muttermal des Nabels ablesbar und nachvollziehbar. Die Zeit der weltweiten (!) Mutterordnung, die matriarchale Zeit, reichte bis ins Bronzezeitalter, also bis in die Zeit der Hochkulturen von Kreta, Ägypten, Mesopotamien, der Etrusker, Phönizier und des frühen Troja.

Der Patriarchalisierungsprozess setzte, wie eingangs erwähnt, erst mit der indogermanischen Wanderung ein, also relativ spät, und das Patriarchat dauert bis heute, verglichen mit der matriarchalen Zeit davor, erst eine kurze Zeitspanne. Die Indogermanen brachen um 4500 v. u. Z. von Innerasien-Südrussland auf und fielen nach Indien, in den Orient, nach Nordafrika und Europa ein. Sie erreichten ab 3500 v. u. Z. mit dem Eindringen der Achaier und Italier das südliche Europa. Die Vorherrschaft des Mannes und die Vaterordnung kamen mit den griechischen und italischen Stämmen und später mit den nachrückenden Kelten und Germanen ins Alte Europa. Sie brachten allesamt Krieg und Gewalt. Sowohl mythologisch als auch politisch waren ihre Ideale männlich- heldisch, kämpferisch und machthaberisch. Diese frühpatriarchalen Eroberer waren kulturell unterlegen, aber waffentechnisch überlegen, denn matriarchalen Gesellschaften ist (bis heute!) eine offensive Kriegsführung fremd. Durch eine kriegerische Reiterei, Waffen aus Eisen (As'n = Eisen) und von Kleinasien aus ab 2.000 v. u. Z. mit Hilfe des Streitwagens traten die Indogermanen ihren endgültigen Siegeszug an. Was sie hat aufbrechen lassen, ist ungewiss, vermutlich waren es klimatisch bedingte Notlagen. Die Vorherrschaft des Mannes ergab sich vermutlich durch ihre Wanderung und die kämpferischen Herausforderungen, die die Eroberungen und Raubzüge mit sich brachten. Es bildeten sich kriegerische Horden, die von Raub und Plünderungen lebten. Im Verlauf dieser Eroberungszüge unter der Führung eines Warlords, eines »Herzogs«, haben die entwurzelten Krieger ihre ursprüngliche Kultur verloren und mit ihr ihre Fähigkeit, mit der natürlichen und sozialen Umgebung zu kooperieren.

Die invasiven Männerhorden konkurrierten mit anderen Männerhorden. Dies ist bis heute zu beobachten. Es besteht die dauernde latente Gefahr, dass aggressive Verhaltensweisen nicht nur jederzeit unkontrolliert ausbrechen, sondern auch mit ideologischen Symbolen wie Fahnen, Wappen, Logos und Symbolen verherrlicht und kultiviert werden. Formen von unerbittlicher Konkurrenz und die Kultivierung einer Freund-Feind-Ideologie unter hierarchisch-männlicher Werteordnung kennen wir im Sport, beim Militär, in der Wirtschaft, im Parteienwesen und in den Kirchen.

Was H. Göttner-Abendroth zum Thema »Kriegerhorden« in drei wissenschaftlichen Thesen in »Das Matriarchat II, 1« formuliert hat, lässt dies in Teilen durchaus Assoziationen zu heutigen Männerseilschaften zu:

> Männerbünde von Kriegern sind Zellen von Patriarchalisierungsprozessen. Sie entstehen, wenn durch Landknappheit und gegenseitige Verdrängung von Völkern charismatische Führer und Berufskrieger wichtig werden.
>
> Männerbünde verhalten sich in ihren Gesellschaften parasitär: Sie leben ökonomisch auf Kosten der Gesellschaft, sie haben oberste Führer und bilden strenge Hierarchien und Erzwingungsstäbe aus. Sie vereinnahmen und verdrehen die alte Stammeskultur zu einseitigen, an männlicher Macht orientierten Zwecken. Sie sind

geheim und terrorisieren die übrigen Mitglieder der Gesellschaft (besonders die Frauen).

Männerbünde entwickeln fiktive oder reale Patrilinearität als neuen Wert. Die jungen Männer werden durch Männer »neugeboren«. (S. 43f)

Viele Beispiele für fiktive Patrilinearität finden sich in der Bibel, etwa in Gen. 10, aber auch in Mt. 1. Unsere eigene Praxis der Namensgebung war lange patrilinear. Die Beschneidung von Jungen und die christliche Taufe kann als Neugeburt, als die »wahre« Geburt durch Gottes Heiligen Geist, angesehen werden. Die Geburt durch die Frau wird durch diese abergläubische Ideologie grundlegend entwertet. Innerhalb der katholischen Kirche ist durch die Geistweitergabe von Papst zu Papst zu Bischof zu Priester sogar eine fiktive zölibatäre Patrilinearität seit Petrus installiert, also eine Petrilinearität, die gänzlich ohne mütterliche Geburt auskommt, quasi eine männlich-petrinische Babuschka des Heiligen Geistes. Dazu passt ganz gut die witzige Geschichte des Monsignore aus Bologna (frei erzählt nach Peter L. Berger, *Erlösendes Lachen*)

Monsignore kommt wegen Verdacht auf Blinddarmentzündung gleichzeitig mit einer jungen Schwangeren ins Krankenhaus von Bologna. Die ledige Mutter ist ganz verzweifelt wegen des Kindes, von dem niemand erfahren darf. Der einfallsreiche Arzt geht zum frischoperierten Monsignore und erklärt ihm, es sei bei ihm keine Blinddarmentzündung gewesen, vielmehr habe er ein Söhnlein geboren, offenbar ein Wunder des Herrn. Erstaunt, aber treu glaubend, geht der Geistliche mit dem Kind nach Hause und zieht es groß.

Als der Junge 18 Jahre alt wird, nimmt sich Monsignore vor, ihn über seine Herkunft aufzuklären. Und so sagt er ihm schweren Herzens: Sohn, ich muss dir gestehen, ich bin in Wirklichkeit nicht dein Vater, sondern deine Mutter. Dein Vater ist der Erzbischof von Palermo.

Mit der patriarchalen, auf der Ehe basierenden Familie begann eine lange Unterdrückungsgeschichte der Frau, deren ursprüngliche Freiheit und Sexualität nun unter ehemännliche Kontrolle gebracht werden musste, um sicherzustellen, dass der Mann auch wirklich der Vater der Kinder war, die er ökonomisch versorgte. Die Ordnung des Vaters fand ihren konsequentesten symbolischen Ausdruck im androkratischen Monotheismus des Hochpatriarchats, das heißt in der als ursprünglich behaupteten, aggressiv und eifersüchtig durchgesetzten und festgehaltenen Alleinherrschaft eines einzigen allmächtigen Vatergottes, der – so verlangt es die Logik der Vaterordnung – alleiniger Schöpfer ist und Installateur der männlichen Genealogie.

Der Monotheos hat immer einen exklusiven Bezug zu einem bestimmten Volk, einer Nation oder einer bestimmten Glaubensgemeinschaft und muss die Anerkennung seiner Allgemeingültigkeit über die Menschheit stets erzwingen. Darum steht er fortwährend in Konkurrenz zu anderen Vatergöttern und deren Anhängern und mit ihnen in ständigem latenten oder offenen Kriegszustand. Nur im Sieg seiner Gefolgsleute wird seine Macht evident. Ansonsten droht sie zu schwinden. Ganze Theologengenerationen waren in Israel peinlichst genau darum bemüht, zu belegen, dass die politischen Niederlagen seines erwählten Volkes Israel keinesfalls ein Hinweis auf die Ohnmacht Jahwes sind, sondern als göttliche Strafe für eine jeweils vorausgegangene Abtrünnigkeit des Volkes und seiner Führer angesehen werden müssen.

Man weiß nicht genau, weshalb sich der Umbruch vom Matriarchat zum Patriarchat vollzogen hat. Hinreichend bekannt ist jedoch, wie die Invasoren die jeweilige Kultur der Muttervölker für sich vereinnahmt haben. Zunächst ging es natürlich um Raub, Plünderung und Mord, um Unterdrückung und Versklavung. Viel kulturelles Wissen aber wurde auch erlernt. So ist der Ursprung der griechischen Kultur in den minoischen, trojanischen und pelasgischen Kulturen zu sehen, nicht in dem, was die Eroberer mitgebracht haben.

Die Landesgottheiten wurden einem zum omnipotenten Volksvater und Kriegsgott erhobenen ehemaligen Sohngott unter- und familiär zugeordnet. Die Mutter- und Landschaftsgöttin wurde seine Gattin. Neben der eifersüchtigen, wütenden Gattin hatte er mehrere Geliebte, viele Söhne und Töchter. Die ganze prunkvolle Götterfamilie bekam ihren Sitz oben im Himmel. Der Todesaspekt des Lebens aber wurde abgespalten und ausgegrenzt, das heißt, er wurde als Totengöttin (Hel, Ereschkigal, Persephone, Hekate) in eine als Schattenwelt phantasierte Unterwelt verbannt, die in den Köpfen der christlichen Missionare zur Hölle pervertierte. Ehemals hohe Landschaftsgöttinnen wurden später auch zu Kriegsgöttinnen umfunktioniert (zum Beispiel Inanna, Isis, Athene). Matriarchale Symboltiere wie Bär, Löwe, Adler, Drachen und Symbole wie das Rautennetz wurden in Wappen aufgenommen und letztendlich in den Dienst vaterländischer Kriege gestellt (Meier-Seethaler 1993).

Exkurs zum Übergang vom matriarchalen Asera-El (= die glückbringende Stierkraft) zum patriarchalen Isra-El (= Streiter-Gott), veranschaulicht anhand der redaktionellen Umarbeitung der naturmythologisch-matriarchalen Ritualtexte zu geschichtsmythologisch-patriarchalen Wundererzählungen zur Zeit von König David (1.000 v.u.Z.).

Der alttestamentarische Gott Jahwe war wohl laut einer ugaritischen Ritzzeichnung um 800 v.u.Z. ursprünglich der Sohngeliebte und Heros der Aschera, quasi das (goldene) Kalb (Ex. 32) der als Kuh versinnbildlichten Muttergöttin der Landschaft. Der Warlord David (1. Sam. 22,2; 25,7-13.39) nutzte die Destabilisierung der stammes- und landschaftsbezogenen Sakralkönigtümer des alten Israel durch die Philister und operierte listenreich (zum Teil auch als deren Verbündeter) gegen die sakralen Kleinkönigtümer. Ihrer Tradition fühlte sich der benjaminitische Hanna-Sohn Saul (Weiler 1989) verpflichtet. Mit Sauls Niederlage und der Eroberung des jebusitischen Sakralkönigtums wollte David Jerusalem zur Residenz seines neuen politischen Großkönigtums machen. Dazu brachte der selbsternannte König zur Legitimation seiner Entscheidung den Gott Jahwe in Form seines Schreins (die sogenannte »Lade«) an die neue Residenz Jerusalem, wozu er sich kurzzeitig zum Priesterkönig Jahwes sakralisierte (2. Sam. 6). Auf diese Weise wurde Jahwe als der einzige und allmächtige nationale Vater- und Kriegsgott durchgesetzt und erhielt den Namen Jahwe Zebaoth (Herr der Heerscharen). Doch die alten, lokalen matriarchalen Kulte, die Zeiten und Orte der Mutterverehrung, hielten sich noch lange, vor allem auf den abgelegenen Hügeln Palästinas. Noch 400 Jahre danach hatte der Jahwe-Prophet Jeremia gegen Leute zu kämpfen, die an der Himmelskönigin festhalten wollten.

> Die Kinder lesen Holz auf, und die Väter zünden das Feuer an; die Frauen kneten den Teig, um der Himmelskönigin Kuchen (sogenannte »Gebildebrote« mit ihren Symbolen) zu backen, ... (Jer. 7,18).

Die Männer, deren Frauen zu Hause die Himmelskönigin verehrten, standen als Repräsentanten ihrer Sippen vor Jeremia hin und sprachen zusammen mit den dabeistehenden Frauen, samt den vielen Leuten aus Ägypten und Pathros:

> Wir wollen dir nicht gehorchen, egal, was du uns im Namen des Jahwe erzählst. Wir wollen vielmehr der Himmelskönigin räuchern und ihr Trankopfer darbringen, wie unsere Väter, unsere (sakralen) Könige und Fürsten getan haben in den Städten Judas und auf den Gassen Jerusalems. Da hatten wir Brot genug; es ging uns wohl, und wir wussten nichts von Unglück. Seitdem wir aber aufgehört haben, der Himmelskönigin zu räuchern und ihr Trankopfer auszugießen, leiden wir Mangel an allem und kommen um durch Schwert und Hunger. Und wenn wir der Himmelskönigin opfern und ihr Trankspenden ausgießen, geschieht es etwa ohne den Willen unserer Männer, dass wir ihr Kuchen backen nach ihrer Gestalt und ihr Trankspenden ausgießen? (Jer. 44,16-18)

Die Himmelskönigin wird von den Leuten deshalb mit Frieden und Auskommen gleichgesetzt, weil mit ihrer Symbolgestalt eine soziale Mutterordnung verbunden war, in der die Menschen nicht durch »Hunger und Schwert« umgekommen sind. »Hunger und Schwert« aber sind bis heute das Markenzeichen des Patriarchats.

Der Prophet Ezechiel erhielt in seinen Visionen bereits den Auftrag, ohne jede Skrupel im Namen des Monotheos brutal gegen die Reste matriarchal orientierter Leute vorzugehen, die er nach der Rückkehr aus dem babylonischen Exil (6. Jh. v. u. Z.) in Israel vorfand:

> Und er (Jahwe) führte mich (den Jahwepropheten Ezechiel) an den Eingang des nördlichen Tores zum Tempel des Jahwe; dort sah ich Frauen sitzen, die den Tammuz (den verstorbenen Jahresheros der Göttin) beweinten. Da sprach er zu mir: Hast du es gesehen,

> Menschensohn? Du wirst noch größere Greuel als diese sehen. Dann hörte ich's mit lauter Stimme rufen: Kommt heran, die ihr das Gericht an der Stadt zu vollstrecken habt, ein jeder sein Zerstörungsgerät in der Hand! ... Geht durch die Stadt und schlagt drein! Euer Auge soll nicht gütig blicken, und ihr sollt euch nicht erbarmen! Greis und Jüngling und Jungfrau, Kind und Weib, sie alle tötet! Vernichtet! Und sie fingen bei den Ältesten an, die vor dem Tempel standen. Und er sprach zu ihnen: Füllet den Tempel mit Erschlagenen! Dann geht hinaus und schlagt drein in der Stadt! (Ez. 8,14f; 9,1,5-7; vgl. dazu im Koran Sure 9,5: Außerhalb der heiligen Monate (Ramadan) tötet die Götzendiener, wo ihr sie trefft, und ergreift sie, und belagert sie, und lauert ihnen auf in jedem Hinterhalt. Bereuen sie aber und verrichten das Gebet und zahlen die Zakat, dann gebt ihnen den Weg frei. Wahrlich, Allah ist allverzeihend, barmherzig.)

Das bedeutet, dass »Gott, der Schöpfer und Herr der Geschichte«, wie wir ihn heute als Vatersymbol kennen, erst eine sehr, sehr späte Symbolschöpfung ist. Dabei war die politische Leitidee: Ein Gott, ein Herrscher, ein Großreich, ein Volk! Der Monotheos ist also eher eine Kampfansage, ein für nationale politische Interessen konstruiertes Panier als eine echte, universell intuierte Symbol- und Urgestalt. Sein nachdavidischer Beinahme Zebaoth, »Herr der Heerscharen«, zeichnet ihn als nationalen Kriegsgott aus – trotz aller späteren mildernden Umdeutungen. Diese Funktion hatte er bis in die Neuzeit, in der auf dem Koppelschloss jedes deutschen Soldaten stand: »Gott mit uns«. »Gott«, so muss man sagen, ist die Symbolgestalt für mann-menschliche Macht und Herrschaft. Er hat nichts mit unserer natürlichen Lebensgrundlage zu tun, steht vielmehr zu ihr in einem gefährlich-negativen Verhältnis, wie wir gleich sehen werden.

Im weiteren Verlauf der israelitischen Man(n)ipulationsgeschichte wurden in einer großangelegten Redaktionsarbeit die alten matriarchalen Kulttexte verändert. Alte, am Jahreskreis orientierte Ritualtexte, Loblieder auf die segensreiche Himmelskönigin und Texte wie im Hohenlied, die die heilige Hochzeit besangen und rituell begleiteten, wurden patriarchal redigiert und im Interesse des politischen Königtums Davids für den »Allmächtigen« umgedeutet, umgeschrieben und historisiert, so dass daraus eine konstruierte Heilsgeschichte Jahwes mit seinem Volk Israel entstand beziehungsweise Lieder, die das exklusive »Liebes«verhältnis Jahwes mit seinem von ihm erwählten Volk feierten.

Von größtem Interesse aber war das Umschreiben des Drehbuchs der Schöpfungsmythen und die Umdeutung ihrer Symbole, denn Schöpfungsmythen definieren die kollektive Identität nachhaltig.

In einer Vaterordnung muss der Mann mit Schöpferkraft ausgestattet sein. Der Mann kann aber nur Dinge herstellen und nicht Lebendiges aus sich hervorbringen. Darum stellt im redigierten Mythos der Schöpfer die Geschöpfe her wie eine Töpferin ihr Gefäß. Leben wird kurzerhand eingehaucht, und so geschieht das »Wunder«, dass die Tonfigur lebt.

Die Herstellung eines künstlich erzeugten Menschen bleibt ein männliches Motiv nicht nur in der männlichen Phantasie (Homunkulus, Frankensteins Monster), sondern auch in der männlichen Wissenschaft (Klon, Gentechnik, Cybertechnik). Die Symbolik vom Schöpfergott stimmt nicht mit den natürlichen Gegebenheiten der weiblichen Gebärfähigkeit überein. Aber da der Gott-Herr als allmächtig definiert wird, steht er über den natürlichen Bedingungen des Lebens. So bekommt Eva, die symbolische Mutter allen Lebens, einen Schöpfer-Vater vorgesetzt, der sie hergestellt hat. Aber nicht nur das: Der Menschenmann wird als erstes hergestellt, die Frau nachrangig aus seiner Rippe als seine Gespielin und Dienerin. Die Menschen werden im weiteren Verlauf der biblischen Schöpfungserzählung zu Schuldigen, die Frau zur Hauptschuldigen gemacht, und unser gesamtes Leben und Sterben, Arbeiten und Gebären wird als väterliche Strafe dafür erklärt, dass die Menschen von der verbotenen Frucht des Weisheitsbaumes gegessen haben. Der alte Mythos vom Weisheitsbaum, von dessen Früchten zu essen die göttliche Weisheitsschlange rät, verkommt also durch die düstere monotheistische Redaktionsarbeit unter der Herrschaft Davids zu einem patriarchalen Verfluchungsdrama (Gen. 3). Allein die Namen »Eva« (= Mutter alles Lebendigen) und »Adam« (= Erdling, Erdmann) sind ein Hinweis darauf, dass hier ein viel älterer Mythos von der göttlichen Weisheitsschlange, der Urmutter und ihres Erdmanns verändert wurde.

Im ursprünglichen matriarchalen Mythos hat vermutlich die Göttin in der Gestalt der vorausschauenden Schlange der Frau und dem Mann ihre Weisheit angeboten. Dies ist als ein evolutionäres Geschenk an den Menschen zu werten, nicht als listig aufgestellte Sündenfalle. Es ist der Hinweis auf das Angebot eines unerschöpflichen Ressourcenpools für die Gestaltung unserer Zukunft. So jedenfalls wird es auch in dem berühmten Lied der Weisheit besungen, und wir spüren, dass die Liebe zur Weisheitsgöttin in ihrem ganzen Begehren etwas mit Lust und Erotik zu tun hat:

Kommet her zu mir alle, die ihr mein begehrt,
und sättigt euch an meinen Früchten.
Meiner gedenken ist süßer denn Honig
und mich haben süßer denn Honigseim.
Wer von mir isst, den hungert immer nach mir,
und wer von mir trinkt, den dürstet immer nach mir.

JESUS SIRACH 24,25-29

Das Essen der Früchte der Weisheit hat uranfänglich offenbar etwas mit dem erotischen Erleben der Geschlechter zu tun, also mit Liebe. Das erotische Begehren und das Begehren von Weisheit gehören nach alter Anschauung zusammen. Doch mit der gründlichen patriarchalen Redaktionsarbeit geriet letztlich die gesamte Erotik unter das Verdikt der Sünde, weil sie eben auch für die damalige Männerwelt unauflösbar eng mit der souveränen Weiblichkeit, ihrer Sexualität und ihrem Schöpfungsanspruch verbunden war.

In der patriarchalen Schöpfungsgeschichte wurde also die ursprüngliche Reihenfolge auf den Kopf gestellt, so dass der Hahn vor Henne und Ei rangiert, oder noch abstruser: Der Oberhahn und alle Hähnchen rangieren in dieser Ursprungs*un*logik vor Henne und Ei, weil sie hierarchisch über ihnen stehen. Denn eigentlich geht es im Patriarchat gar nicht um die ehrliche Frage nach dem Ursprung, nach dem »heiligen Anfang« (*hier-arche*), sondern es geht vielmehr um die Legitimation von Männermacht, um die durch die väterliche *auctoritas* sanktionierte »heilige Herrschaft« (*hier-arche*) und um die Begründung der Vaterlinie. Diese Macht ist angemaßte, usurpierte Macht, gewaltsam der Frau entrissene und gegen ihre offensichtliche Seinsmacht als Mutter allen Lebens durchgesetzte Macht. Die Machtphantasie des »Allmächtigen« geht aber weit über die natürliche Seinsmacht der Göttin hinaus. In seiner behaupteten Omnipotenz kann der Gott-Herr gar auf wundersame Weise die Gesetze der Natur aufheben, denn er wird mit seiner Macht außerhalb des Seins gesehen, wie auch jeder patriarchale Mensch sich in seinem Denken außerhalb und über der natürlichen Ordnung stehend wahrnimmt. Er besitzt Macht, ist Machthaber über das Sein.

Eine solche behauptete, über der Natur stehende Macht aber muss, soll sie nicht mehr hinterfragt werden, mittels Gesetz und Strafe und der irrwitzigen Forderung von blindem Gehorsam und bedingungslosem Glauben aufrechterhalten werden. Dafür und für nichts anderes wurde der patriarchale Schöpfungsschwindel konstruiert und die sogenannte Sündenfall(e)-Geschichte als negative Seinsdeutung axiomatisch (nicht zu hinterfragen) vor die gesamte Menschheitsgeschichte gestellt.

Dieser »Sündenfall« wird nun aber im Alten Testament gemäß patriarchaler Logik mit der Erwählung des in seinem Gehorsam einzigartigen Mannes Abraham, dem Urvater Israels, überwunden. Der Gottesknecht Abraham unterwirft sich nämlich dem Gottesbefehl in erschreckend blinder Hörigkeit wie die Beispielgeschichte zeigt, durch die er zur Symbolfigur blinden Gehorsams und männlicher Unterwerfung wird. Darum hat der Gott-Herr Abraham erwählt und seinen Abkömmlingen Macht und Größe verheißen, weil *er* nun, anders als der Erdling (hebr. Adam) und die Mutter aller Lebenden (hebr. Eva), unhinterfragt alles tat, was Gott befahl: Abraham wird aufgefordert, ihm, dem Gott-Herrn, dem Urvater, seinen einzigen Sohn zu opfern:

> Als sie nun an die Stätte kamen, die Gott ihm genannt hatte, baute Abraham daselbst den Altar und schichtete das Holz darauf; dann band er seinen Sohn Isaak und legte ihn auf den Altar, oben auf

> das Holz. Hierauf streckte Abraham seine Hand aus und ergriff das Messer, um seinen Sohn zu schlachten. (Gen. 22,9f)

Die Vaterordnung und die Vorherrschaft des Mannes in seiner würdelos hierarchischen Befehlsstruktur ist insgesamt gesehen eine menschliche Fehlentwicklung, deren tragische Folgen wir bis heute zu spüren haben. Der Judenverlader Eichmann berief sich auf diese Struktur, ohne dabei rot zu werden, und Hanna Arendt sprach von der »Banalität des Bösen«. Die absolute Autorität braucht absurde und in ihrer Un-Menschlichkeit unüberbietbare Befehle, um sich absoluter Hörigkeit sicher zu sein. So gebiert sie aus Angst vor Machtverlust, was für den Machthaber dasselbe ist wie Seinsverlust, also Tod, aus sich heraus das Böse, weil der gehorsame Befehlsempfänger die Anweisung zum Töten befolgt. Dabei muss er selbst als »reiner Befehlsempfänger« die Verantwortung für sein Tun nicht übernehmen, und der Befehlshaber kann offenbar die Verantwortung für das Töten übernehmen, weil er selbst nicht töten muss. Auch die heldische Selbstaufopferung im Kampf ist Teil der patriarchalen Befehlslogik. Nur Muttersöhne spüren, dass da etwas nicht stimmt, dass die Verherrlichung des Heldentodes nicht die Sache des Lebens ist. Die Sinnlosigkeit der patriarchalen Wertigkeiten erfüllt sie mit Angst und Schrecken, und sie wollen desertieren und aus dem hierarchischen patriarchalen Regelsystem aussteigen. Dafür aber werden sie hingerichtet, standrechtlich erschossen oder ans Kreuz genagelt.

Die herkömmlichen heiligen Orte und Wege und die heiligen Festzeiten der ansässigen Völker wurden in der Regel von den Eroberern übernommen. Dies ist ein weltweit zu beobachtendes Phänomen. Die Erfahrung zeigt nämlich, dass die Bevölkerung eisern an ihren Kultorten, an Festzeiten und Bräuchen festhält. So sahen sich die frühen christlichen Missionare immer genötigt, ihre Heiligen irgendwie mit den heiligen Plätzen und Zeiten der ortsansässigen sogenannten »heidnischen« Bevölkerung zu verknüpfen. So sind etwa bei uns die alten Helwege, die mit den Externsteinen verbunden waren, bis heute Prozessionswege der Madonna von Werl.

Kirchen und Kapellen wurden an alten Kultplätzen erbaut, wobei man Legenden gebildet hat, die davon erzählen, dass der hl. Georg oder Michael, dem zu Ehren die Kapelle gebaut wurde, an dieser Stelle böse Geister, Hexen, Drachen oder Schlangen besiegt habe. In Wirklichkeit wurden die alten Kultanlagen zerstört und an ihre Stelle eine Kirche gesetzt. Die mit dem Ort verknüpften Symbole und Symbolgestalten wurden verteufelt. Da, wo die drei Beten verehrt wurden, hat man oftmals Petruskirchen errichtet, vielleicht weil der ähnlich klingende Name des Neueingeführten die Akzeptanz des Christentums erleichterte.

Mit den Festzeiten verhält es sich ebenso: Das Fest der Weihenacht ist ein altes Mutterfest der Geburt des Lichtkindes an Mittwinter (vgl. das Luciafest in Schweden). Ostern hat seinen Namen von der Frühjahrsgöttin Ostara, Symbolgestalt für die neuerwachende Natur, deren Fest mit der Frühjahrs-Tagundnachtgleiche am 21. März zusammenfällt. Ihre begleitenden Symbole sind das rot bemalte Ei, der Hase und das Quellwasser. Das Erscheinungsfest am 6. Januar geht auf die Symbolgestalt der dreieinigen Göttin zurück, die als junge Frühlings-, als reife Sommer- und als alte Herbst- und Wintergöttin an diesem hohen Festtag gefeiert wurde. Das Fest wurde mit der Christianisierung umgedeutet und als ein nichtssagendes Fest der »heiligen drei Könige« entwertet, die als solche jeder biblischen Grundlage entbehren. Interessant ist in diesem Zusammenhang, dass vor dem 14. Jahrhundert die heiligen drei Könige als junger, reifer und alter Mann dargestellt wurden, ein verdeckter Hinweis darauf, dass das Fest ursprünglich ein Fest der dreigestaltigen Göttin unserer Klimazone war.

Nach dieser abrenuntiatorischen Methode (Abrenuntiation = Abwehr der ortsansässigen ursprünglichen Bedeutungsgebung) wurde den landschaftlich besonders herausragenden Kultorten und den natürlichen Festzeiten des Jahreskreises ihre ursprüngliche naturmythologische Grundlage entzogen, sie wurden verchristlicht. Dies geschah mit der Ideologie des hochpatriarchalen Christentums flächendeckend und radikaler als mit der frühpatriarchalen Keltisierung und Germanisierung. Das landschaftliche, jahreszeitliche Sein wurde seines althergebrachten Sinnes beraubt und in den Dienst der engstirnigen, patriarchalen christlichen Sühnopfertheologie gestellt, deren Anhänger sich auf fanatische Weise ihrer Ideologie verpflichtet fühlten und nicht mehr der Landschaft und ihren Menschen.

Die Art, wie die patriarchale Neuordnung und Umorientierung verlief, nämlich in Form einer Aneignung der heiligen Orte und Zeiten samt ihrer Symbolik bei gleichzeitiger Umdeutung im christlichen Sinne, erlaubt es heute den Matriarchatsforscherinnen und Thealoginnen, wie H. Göttner-Abendroth, E. Kutter, G. Weiler, C. Mulack und C. Meier-Seethaler, methodisch saubere Rückschlüsse zu ziehen und aus dem Vorhandenen das Ursprüngliche herauszufiltern und erkennbar zu machen (siehe Kap. II, 16).

Allgemein zeigen diese Entwicklungen und geschichtlichen Vorgänge hin zum Patriarchat, dass keine komplexe und vielschichtige Sinngebung – wie sie etwa in unseren Kirchenfesten gefeiert wird oder in der Bibel verschriftlicht ist – wie ein erratischer Block Wahrheit vom Himmel in ein Niemandsland gefallen ist, sondern dass alles, jede Gottesidee, jede Symbolbedeutung, jeder Ort, jedes Festdatum eine Vorgeschichte hat und zusammenhängt mit dem, was davor gedacht und als Sinngebung zum Ausdruck gebracht wurde. Jeder symbolträchtige Text und jede religiöse Textsammlung besteht aus älteren Puzzleteilen, die im Verlauf der Traditionsgeschichte immer wieder neu zueinander in Beziehung gesetzt und ergänzt oder herausgeschnitten und umgedeutet wurden.

Neues entsteht immer durch Transformation des Alten. Damit aber sind geschlossene Grenzen und Abgrenzungen, um die eigene soziale Exklusivität und Einzigartigkeit zu behaupten – wie ein Erwählungsglaube, eine alleinseligmachende Kirche oder eine einmalige Gottesoffenbarung, eine reine Rasse oder eine alleingültige Partei – immer ein nicht begründbarer und gefährlicher Aberglaube, der ein bestehendes Lebenskontinuum unterbricht und ein vorhandenes Sinngebungsnetz zerreißt, weil alles, was davor war, verschwiegen, verfälscht und verteufelt (= Abrenuntiation) werden muss. Wenn Offenbarung dennoch behauptet wird, kann sie nur durch Lüge, Man(n)ipulation und Gewalt einerseits, gläubige Stupidität und Angst andererseits aufrechterhalten werden. So wie wir biologisch mit all unseren Vorfahrinnen und Vorfahren und mit den noch Ungeborenen nach uns vernetzt und verbunden sind, so sind wir auch symbolisch und spirituell miteinander verknüpft. Ein menschheitsgeschichtlicher, sinngebender Strom der kulturellen Verbundenheit fließt durch alles Menschsein hindurch. Wir können uns dem nicht entziehen, und niemand kann davon ausgegrenzt oder exkommuniziert werden. Wir können nur – und müssen es auch – totalitäre Machtansprüche, Kanonisierungen und Alleinvertretungsansprüche hinterfragen und würdelose Abrenuntiationsvorgänge aufklären, um herauszubekommen, was davor war, nämlich weder gottloses Heidentum noch kulturlose Barbarei, weder primitive Wilde noch unbegabte Steinzeitmenschen. So können wir den kulturellen Menschheitsstrom wieder wahrheitsgetreu und würdevoll fließen lassen. Und nur so können wir Man(n)ipulationen erkennen und schrecklich menschenverachtende Darstellungen gemeinsam korrigieren. Dann aber können wir uns auch selbst wieder wahrnehmen als Töchter und Söhne einer kosmischen Weisheit und Liebe, und uns auch wieder als verantwortliche Teile dieser Allvernetztheit verhalten (siehe auch Kap. II, 4 und Kap. IV, 2).

Ihr Schoß,
uranfänglich namenlos,
Urquell und zugleich Urgrund,
alle Geschöpfe gebärend
und wieder in die Einheit zurücknehmend,
abgründig als wie aller Körper Ahnin:
die Klingen abstumpfend,
die Fäden entwirrend,
den Glanz mäßigend,
in Materia vereinigend.

Unsichtbar und doch Da.
Unklar ist
die Abstammung dieser Mutter.
Sie ist früher als alle Väter.

Laozi, *Daodejing*, nach Kap. 4

Die Erkennende
redet nicht.
Sie hält ihren Mund zu
und schließt
ihre eigenen
Pforten:
Schärfe mildernd,
Wirrnis lösend,
Glanz mäßigend,
mit dem Staub vereint.

Das ist
ihre geheime Einigungskraft.
Sie ist allseits offen,
ohne sich zu verlieren:
weder durch Nähe
noch durch Entfremdung,
weder durch Gewinn
noch durch Schaden,
weder durch Ehre
noch durch Niedrigkeit.
Das ist ihre Souveränität.

LAOZI, *DAODEJING*, NACH KAP. 56

II
Die Symbole und Urgestalten der Mutterordnung

1. Die Große Göttin – schöpferische Urgestalt und Symbol für das dynamische Sein

Die Gestalt der Großen Göttin symbolisiert alles Gewordene, alles Werdende und alles, was noch aussteht. Diese drei zeitlichen Aspekte des Seins werden in der nordischen Mythologie in den drei Riesinnen am Schicksalsbrunnen unter dem Weltenbaum Urgestalt: Urd, Verdandi und Skuld. Urd ist die schöpferisch-gebärende Kraft. In den Worten »Geb*urt*« und »W*ort*« ist die schöpferische Energie der Urd enthalten, welche die schöpferische Energie von *Erd*e und *Ort* meint. Verdandi ist die Werdende, die sich Entfaltende. Sie ist der segensreiche Aspekt der Großen Seienden, der gebende, und weist damit bereits auf die Kraft der kosmischen Liebe hin, wie sie in den Liebesgöttinnen symbolisiert ist und in der Weisheitsliteratur besungen wird. Skuld ist die schicksalhafteste und dunkelste der drei riesischen Urgestalten. Sie ist das, was noch nicht ist, was noch aussteht, noch auf uns zukommt, noch geschuldet ist. Sie bedeutet nicht vergangenheitsbezogene Schuld in dem uns gewohnten Sinne, sondern zukunftsbezogen auf das, was wir noch schultern müssen, darin enthalten auch die Konsequenzen unseres eigenen Tuns und Lassens. Sie schließt auch unser persönliches Ende ein, das kommen wird. Sie ist darum auch die Endigerin, die den Lebensfaden abschneidet. Alle drei stehen symbolisch für den einen riesigen Mutterstrom, der Vergangenheit, Gegenwart und Zukunft, Tod und Leben, diese und die andere Welt verbindet.

Als erwachende Schöpferin, als sich entfaltende Segensreiche und als sich zurückziehende »Tödin« (auch der Tod gehört in das weiblich-mütterliche Ganze!) ist die Große Göttin auch die Gode der Jahreszeiten: Sie ist das erwachende Leben im Frühjahr, das sich entfaltende im Sommer und das schwindende im Herbst. Im Winter aber vollzieht sich bereits die Erneuerung des Lebens, die sich mythologisch von den geheimnisvoll schöpferischen Lebenskräften der Anderswelt speist. Diesen kreisenden Tanz und Rhythmus erkennen wir auch im Tageslauf von Morgen, Mittag und Abend und in der Nacht, in der wir in die Anderswelt unseres Unterbewusstseins hinabsteigen. Ebenso im Verlauf unseres Lebens tanzt sie mit uns denselben Reigen: Sie erwacht in uns und erweckt uns in der Kindheit und Jugendzeit. Sie kommt mit unserer ersten Liebe und mit unserer Individuation selbst zur Reife. Als weise Lebensmutter ermutigt sie uns, unseren Weg zu gehen und dem Weg des Lebens und der Weisheit zu folgen, dass wir mit ihr sagen können: »Ich bin der Weg, die Wahrheit und das Leben.« (Joh.14,6) Darum hängt »Mutter« auch mit »Mut« zusammen und mit »Maat« und »Metis«, der ägyptischen und der griechischen Göttin der Weisheit. Als Tödin schließlich kommt sie mit der Sichel zur Ernte, ganz gleich, was das Feld unseres Lebens hervorgebracht hat. Wir kommen mit ihr zur Ruhe, altern ihr Altern und schreiten schließlich durch ihren Weg des Sterbens und durch ihr Tor des Todes mit ihr in sie selbst zurück.

Am Anfang war Urd,
aus ihr ward Geburt;
Werdand all's entfalt'
zu jedweds Gestalt;
Skuld niemand noch kennt,
sie bringt jed's zum End';
du schwindest durch's Tor,
bierst dort neu hervor.
(vgl. Joh. 1,1-3)

Die göttliche Anderswelt ist kein abgegrenztes Jenseits, sondern eine Art nahes Parallel-Sein, das ganz eng mit unserem tiefsten Wesen und innersten Seelenkern verbunden ist. Die Grenze zwischen hier und dort ist klar, aber durchlässig. Die Anderswelt ist eine Dimension der Ruhe und der Kraft, eine Kraftquelle, die im Rückzug und im Loslassen zur Wirkung kommt und uns mit neuem Leben speist. Die Alten sprechen von der Erneuerungskraft der Göttin, von ihrer Wandlungs- und Transformationskraft, vom Stirb und Werde. Die Anderswelt ist nur äußerlich, das heißt vom umtriebigen Lebensalltag aus betrachtet, eine Totenwelt, eine Schattenwelt, ein trüber Nebel, doch hinter dem Nebelschleier, ganz nah, zeigt sie sich als ewige Lebensquelle, die uns im Märchen von Frau Holle als eine Welt ewigen Grünens und Blühens, in den Mythen als Avalon, als Insel der Apfelbäume, vorgestellt wird. Im Innern der Anderswelt steht der unerschöpfliche Kessel oder Brunnen der Wandlung, der Gral, der Totes erneuert und unaufhörlich neues Leben hervorbringt.

Unter Bezugnahme auf Nahtoderfahrungen dürfen wir vielleicht annehmen, dass wir mit dem Tod in ein Lichtmeer der Liebe und Freiheit und in die Gelassenheit des Nichthandelns eintauchen. Dies bestätigen uns auch die Erfahrungen, Formulierungen und Lebenseinstellungen von Mystikerinnen und Weisen. Könnte es nicht sein, dass wir uns mit dem Tod in die göttliche Ganzheit hinein auflösen und uns mit der Geburt wieder von ihr lösen, um als unteilbarer Teil der Schöpfung, als In-di-viduum (Unteilbares) zur Welt zu kommen, wobei die Sehnsucht nach Dividuation und Ganzheit und die Sehnsucht nach Individuation und Vielfalt, also die Sehnsucht nach dem jeweils Anderen aus seinem Mangel im jeweiligen Zustand erwächst? (siehe Yin-Yang-Symbol S. 53)

Sehr schön wird diese berauschende Dialektik zwischen dem »Anderen bei uns« in Form von Sehnsucht nach dem Ganzen und dem »verschwenderisch gebärenden Schoß der Göttin« im Psalm 36,8-10 besungen, eine Dialektik, die sinnbildlich durch das offene Tor der Vulva als ein Luststrom des Lebens durch ihren Oikos fließt:

Wie köstlich ist dein reicher Segen.
Im Schatten deiner Flügel bergen sich deine Kinder.
Sie berauschen sich an der Üppigkeit deines Hauses,
und mit dem Strom deiner Lust tränkst du sie.
Denn in dir ist die Quelle des Lebens.

Die Große Göttin verkörpert das dynamische Sein in seiner Ganzheit, ist aber auch in jedem Teil der Schöpfung ganz enthalten. Ihr Tanz ist eine große Bewegung, in der sie sich wie ein Knoten und Knäuel entwickelt. Sie kann mit der Natur identifiziert werden, bis hin zum Menschen als Teil dieser Natur. Als Segnende schenkt sie uns viele bereichernde Kulturgaben wie das Korn und solche, die uns das Leben erleichtern, wie den einfachen Pflug. Wichtig ist dabei, dass wir in das Ganze eingefügt bleiben, als Teil ihres *oikos*, ihres Hauses, ihres Luststroms. Dieses Eingefügtbleiben ist Weisheit.

Ökologisches Denken ist darum zutiefst mutterorientiert, weil es dem Lebenszusammenhalt Rechnung trägt. Das bedeutet, dass der Rahmen für eine segensreiche und weise menschliche Produktionsweise die Verträglichkeit und Rückführung der Produkte in die Natur ist, ohne irgendwelche »unverdaulichen« Restbestände. Das »Verdauen« von allem Abgestorbenen ist nach der Vorstellung unserer Vorvorfahren die Aufgabe der sogenannten Schöpfertiere. In ihnen entsteht der Humus für neues Leben

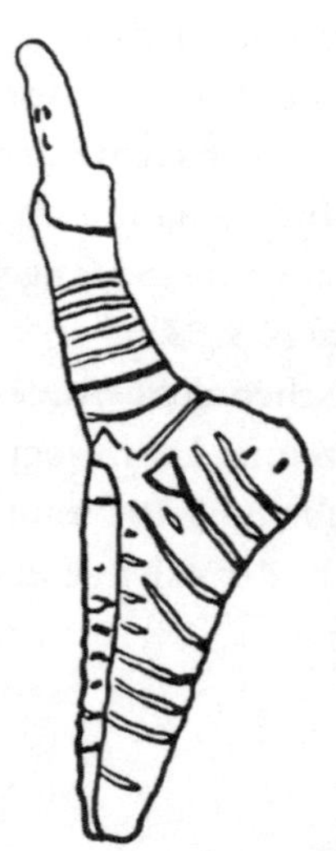

Abb. 1: Schlangen- oder Vogelgöttin, 5.000 Jahre alt

Abb. 2: »Venus« von Willendorf, 25.000 Jahre alt

Abb. 3: Ei-Formen-Göttin, 21.000 Jahre alt

(Humus = Muttererde, hängt zusammen mit Humanität und Humor). Als Schöpfertiere werden angesehen: Adler, Geier und Rabe, Wolf und Hund, Fuchs, Viper, Keiler und Wal. Fuchs, Viper und Keiler sind in den Erdauffüllungen von *göbelki tepe* eingegraben (I. Mahlstedt). M. Gimbutas erwähnt ebenfalls, dass Raub- und aasfressende Tiere als Schöpfertiere angesehen wurden. Sie stehen für Verdauen und Umwandeln. Niddhögg nennt die nordische Mythologie die Totenschlange, das große, verdauende Schöpfertier.

Die Göttin ist seit der Jungsteinzeit in ihrer Liebe und Weisheit eine Göttin der Kulturlandschaft, eine Symbolgestalt für die gelungene, das heißt sowohl biologisch nachhaltige als auch seelisch wohltuende Symbiose aller in einer Landschaft, an einem Ort lebenden Geschöpfe. Sie ist also nicht nur identisch mit der natürlichen Grundlage wie die wilden Urriesinnen, die Göttinnen der Wildnis (Lillith, Kybele, Chumbaba, Kali oder Ereschkigal), die sowohl eine segnende als auch eine lebensbedrohende, zerstörerische Seite haben. Vielmehr weist sie als Kulturschöpferin darüber hinaus. Sie brachte durch die Frauen die Landwirtschaft und den einfachen Pflug, die Viehzucht, die Webkunst, die Keramik, die Heilkunst und die Liebeskunst. Sie ist Symbol für eine behutsame öko-soziale Entwicklung. Die Göttin steht für ein Dasein, in dem alles ins ökologische Gesamtgefüge weise eingepasst ist. Ein solches Dasein kann darum als das Sein mit Sinngehalt schlechthin genannt werden: Kultur.

Prinzipiell ist die Große Mutter in allen natürlichen Erscheinungsformen wahrnehmbar, in aller *Mater*ia. Doch in bestimmten Geschöpfen wurde die Präsenz der Göttin stärker erlebt, wie etwa in Schlangen oder Wasservögeln. Dies hat die litauische Prähistorikerin und Archäologin Marija Gimbutas in ihren Büchern eindrucksvoll belegt. In verschiedenen Symbolzeichen und Abbildungen haben die mutterorientierten Menschen die Lebenskräfte der Göttin dargestellt, um so ihre Tod-im-Leben-Dynamik zu verstehen und zu unterstützen. Mit dem assoziativen, emotional erlebten Ritzen der Symbolzeichen in Steine, in Holz oder Knochen wurden vermutlich gleichzeitig die eigenen Lebenskräfte, also die der menschlichen Gemeinschaft, wiedergefunden und gestärkt. Dies nennt man bis heute Magie in einem spirituell positiven und heilenden Sinne.

Exkurs zur ambivalenten Rolle der Wissenschaft und zur Notwendigkeit neuerlicher Aufklärung

Alle Religion und Spiritualität vor der rationalen Revolution (Aufklärung) hatte magische Implikationen und hat es trotz aller Aufklärung bis heute. Über Opfergaben glaubte man Unheil abwenden zu können. Solche Opfer konnten Menschen, Körperteile, Tiere, wertvolle Gegenstände oder Gebete sein. Ursprünglich waren es vor allem Naturkatastrophen wie Dürre, Überschwemmungen, Stürme und Krankheiten, die man durch Opferungen abzuwenden versuchte. In patriarchalen Gesellschaften kamen Opferhandlungen hinzu, die einen Sieg bringen oder die Macht eines Herrschers sichern sollten. Bei den Beherrschten waren es vor allem Opferhandlungen, die Vergebung von Ungehorsam und Sünde erwirken sollten. Nicht selten wurden andersartige Menschen wie die Juden, die Roma, die »Hexen«, die unabhängige, souveräne Frauen waren, nach einer Katastrophe zu Sündenböcken erklärt und für das Unheil verantwortlich gemacht.

Wie »Gute« für »das Gute« geopfert wurden, so wurden »Böse« für »das Böse« geopfert. Es ist das Verdienst der Aufklärung und der Wissenschaft, »Unerklärliches« grundsätzlich als etwas aus dem Wirkzusammenhang der Natur Erklärbares zu betrachten und jede Form von Opfermagie als Aberglaube abzulehnen. Es gibt vielleicht noch einiges Unaufgeklärtes, wie etwa Spontanheilungen, aber nichts Unnatürliches oder Übernatürliches. Vielleicht müssen wir unsere Vorstellungen von Natur und Körper und den natürlichen Kräften erweitern. Es ist das Verdienst der Technik und der Medizin, dass wir heute Naturkatastrophen und Epidemien wirksamer entgegentreten können.

Doch der Homo sciento-oekonomikus (der Wissenschaftler, der den Wirtschaftsinteressen dient, der Industriewissenschaftler) ist seit geraumer Zeit dabei, den großen Lebensteppich in Fachdisziplinen zu zerstückeln. Der natürliche Tod und unser Sterben als Weg wird medizintechnisch ausgeblendet, und dem selbstverschuldeten Leiden (»Schwert und Hunger«, Jer. 44,18) wird andererseits nicht ernsthaft genug auf den Grund gegangen. Wissenschaft und Technik dienen heute weniger dem Leben als dem wirtschaftlichen Gewinnstreben. Die Verkaufszahlen eines Produkts sind entscheidend, und weder die

Frage nach seinem Brauchwert noch die nach seiner ökologischen und sozialen Lebensverträglichkeit wird gestellt. Der kriegsschürenden Rüstungsindustrie, der Gier der Agrar- und Pharmakonzerne und der Abzockerei der Banken werden täglich unzählige Opfer gebracht, die weit über das hinausgehen, was das unaufgeklärte magische Denken in vorpatriarchaler Zeit an Opfer verlangt hat. Darum genügt wissenschaftliche Aufklärung alleine nicht mehr, weil der Industrie-Wissenschaftler selbst einem verdunkelnden Machtinteresse dient. Vielmehr ist es unsere vordringliche Aufgabe, eine neue Haltung zu entwickeln, die den Menschen als Mitgeschöpf begreift, eine Haltung, für die es selbstverständlich ist, von Unterschieden zu lernen, Kompetenzen zu erkennen, ausschließlich Gleichgestelltheit wahrzunehmen und Ausgleichshandeln anzustreben, eine Haltung, die weder dem eifersüchtigen Vater im Himmel noch den wütenden Vätern auf Erden und ihren nicht hinterfragbaren »Alternativlosigkeiten« Gehorsam schuldet.

Der Mensch braucht zum Leben wenig, und was er über dieses Wenige hinaus noch braucht, nämlich geschwisterliche Verbundenheit, Gleichrangigkeit, Schönheit seines Lebensumfeldes, das kostet eigentlich nichts. Nur: Mächtige Interessen stehen dagegen. Das ist das Problem, das es zu lösen gilt. Zur Lösung aber braucht es zwei Dinge: erstens Mut und Unbestechlichkeit auf der politischen Verantwortungsebene und zweitens den Wunsch jedes Einzelnen, *einfach zu leben* in dem wirklich aufgeklärten Bewusstsein, mit Leib und Seele ein Teil des Großen Lebensnetzes zu sein. Diese Aufklärung wäre eine ökologisch-spirituelle Aufklärung, eine Aufklärung, die zeigt, dass Aufklärung eigentlich ein fortlaufendes Geschäft ist, den Lebensfluss und das gesamte Lebensnetz in seiner Dynamik und Lebendigkeit zu verstehen und aufrechtzuerhalten. Unser zwölfjähriger Enkel Julian drückte diese neue Haltung im November 2014 intuitiv in seinem visionären Gedicht, wie ich finde, sehr prägnant aus:

Irgendwann
Irgendwann bin ich in einer anderen zeit
wo jeder aufbaut – aufeinander
wo alle abhängig sind – voneinander
wo alle sterben – miteinander.

2. Die Schlange und die Spirale – Symbole für Weisheit und Wandlungskraft

Die beeindruckende Lebenskraft, die periodische Erneuerung durch das Abstreifen der alten Haut und die Winterstarre machten die Schlange zu einem Symbol für die bewegende und erneuernde Kraft, für die Kontinuität des Lebens und seine Verbindung mit der kosmischen Weisheit. Sie ist der Inbegriff der Ehrfurcht vor dem Leben auf dieser Erde, und die Kraft, die dieses zusammengerollte Geschöpf in die sie umgebende Welt ausstrahlt, ist heilig.

Die Schlange ist das allergeistigste Tier, Symbol für die gütigen schöpferischen Kräfte des Wachsens und Werdens. Die Schlange ist Ausdruck der Unsterblichkeit und durchzieht das gesamte Universum. Sie umschließt das Weltenei und galt auch als Anregerin und Beschützerin der spontanen Lebensenergie, weshalb in prähistorischen Darstellungen alle Rundungen des weiblichen Körpers sowie der Phallus mit Schlangenideogrammen übersät sind.

Schlangenideogramme sind die häufigsten Bildzeichen. Spiralen, Mäander, Zickzack- und Punktlinien bilden oft regelrechte Schlangensymphonien in Form und Farbe auf Krügen und Vasen, Lampen, Altartafeln, Hauswänden und Ofenplatten. Es sind symbolstarke Ideogramme, also Schriftzeichen für die enormen Kräfte, die die Pflanzen zum Wachstum treiben und Bäume knospen und ausschlagen lassen.

Aber auch realistische Darstellungen von Schlangen finden sich häufig. Kultvasen zeigen Schlangenpaare mit einander zugewandten Köpfen, die den Kosmos zum Drehen bringen (Gimbutas 1995).

Auch das Wasser der Bäche und Flüsse schlängelt sich durch die Landschaft. Es trägt dieselbe bewegende und belebende Energie wie die Schlange. Das Wasser bringt die Samen zum Keimen und ist das Element, das augenscheinlich und spontan Fruchtbarkeit bewirkt.

Symbolträchtige Kraftgebilde dieser treibenden Schlangenkraft sind die Lebenssäule mit einer Fülle von eingeritzten nabelgekrönten Fruchtbarkeitshügeln, dann der Phallus, der Krummstab mit spiraligem Ende und schließlich die Axt beziehungsweise der Hammer, mit dem der nordische Gott Thor den harten und vereisten Boden im Frühjahr erweicht und für das neue Leben aufbereitet.

Auf Mutter und Kind bezogen, ist die Nabelschnur selbst die treibende Schlange, die das neu entstehende Leben mit dem Leben der Mutter verbindet und mit Kraft versorgt.

Die Dynamik des Lebendigen drückt sich sowohl im Symbol der Schlangenspirale als auch im Widderhorn aus. Im Reigen, im Spiraltanz, werden die Kräfte aktiviert, die das Leben entfalten, aber auch wieder zurücknehmen. Die Schlange ist das Symbol für die Impulsenergie, die das kosmische Ein- und Ausatmen und den kosmischen Herzschlag steuert. Es besteht ein Sinnzusammenhang zwischen dem Mondzyklus mit Ebbe und Flut, der sich häutenden Schlange, dem weiblichen Menstruationszyklus und der lebenserneuernden Transformationskraft der Göttin im Kreislauf von Geburt, Tod und Wiedergeburt. Im Zentrum dieses Kreisens steht wie eine Nabe die unaufhörlich bewegende Kraft der Schlange, durch die der mythische Ozean der Anderswelt in den vielfältigen Geburten ins Dasein fortwährend neu Gestalt annimmt.

Das vollkommenste Symbol für diesen steten Rhythmus von hervorbringenden und zurücknehmenden Energien ist das Yin-Yang-Sinnbild aus dem alten, mutterorientierten China, das zwei verschlungene Schlangen zeigt, eine dunkle und eine helle. Meist zeigt der Kopf der dunklen (Yin) nach unten, der der hellen (Yang) nach oben (Abb. 4).

Abb. 4: Yin und Yang, Schlangensymbol für die Dynamik und Synchronizität des Seins

Der springende Punkt aber, der die Dynamik garantiert, ist der, dass die dunkle Schlange ein helles Auge, die helle Schlange ein dunkles Auge hat. Dies ist ein Hinweis auf die Zusammengehörigkeit ihrer Gegensätzlichkeit und ein Hinweis auf ihre unaufhörliche Bewegtheit. Wie sich bereits im Augenblick des sommerlichen Höchststandes der Sonne ihr Schwinden und im Augenblick des Sonnentiefststandes die Zunahme des Lichts ankündigt, so ist in der hellen Schlange des Hervorbringens bereits der Keim beziehungsweise der Impuls des Dunklen, des Zurücknehmens, enthalten und umgekehrt.

Die vom männlichen Geist begünstigte Vorherrschaft der schöpferischen Kräfte des Yang verdrängen im Bewusstsein des heutigen Menschen die zurückweichenden Kräfte des Yin so stark, dass sie schon fast generell als Lebensuntauglichkeit angesehen werden und ausschließlich in den abgelehnten und nicht angenommenen Bereich von Krankheit, Altern und Sterben rücken. Der natürliche Rhythmus, der kosmische Reigen und damit die Verwobenheit und Synchronizität von Yin und Yang, von Sterben und Geborenwerden, von Dunkel und Licht, von Passiv und Aktiv, Ruhe und Bewegung hat sich in unserer lichtdominierten, jugendverherrlichenden, hektischen, getrieben-wachstumsorientierten, mannmenschlichen Alltagswelt fast verloren. Doch die Yin-Kräfte werden sich, je mehr sie missachtet werden, um so heftiger ihre Bahn suchen. Symbolisch ausgedrückt heißt das: Die Tod-im-Leben-Göttin zeigt den frevelnden Sonnensöhnen (Gilgamesch, David, Perseus, Gavain) in der Gorgo-Medusa-Chumbaba ihr Schlangengesicht.

3. Kosmisches Kreuz und Rad – Symbole der kreisenden Bewegung

Das älteste Symbol, das wir kennen, ist das gleichschenklige kosmische Kreuz. Der älteste Fund dazu ist 70.000 Jahre alt. Es ist ein kreisrundes Fossil, ein Nummulit, auf dem ein Kreuz eingeritzt ist.

Kosmische Kreuze sind gleichschenklige Kreuze. Sie werden häufig von einem Kreis umgeben. Ursprünglich waren sie vermutlich eine Art Kompass, eine Orientierungshilfe in der Landschaft mit den vier Himmelsrichtungen. Die Häufigkeit, mit der sie in Bildern auftauchen (vgl. Abb. 13), sind ein Hinweis darauf, dass sie auch als Sinnbild angesehen wurden, quasi als Abbildung des sich drehenden Universums.

Kosmische Kreuze beschreiben die vier Himmelsrichtungen: Osten – Süden – Westen – Norden. Gleichzeitig aber weisen sie auch hin auf die vier Jahreszeiten: Frühling – Sommer – Herbst – Winter. So kann man das

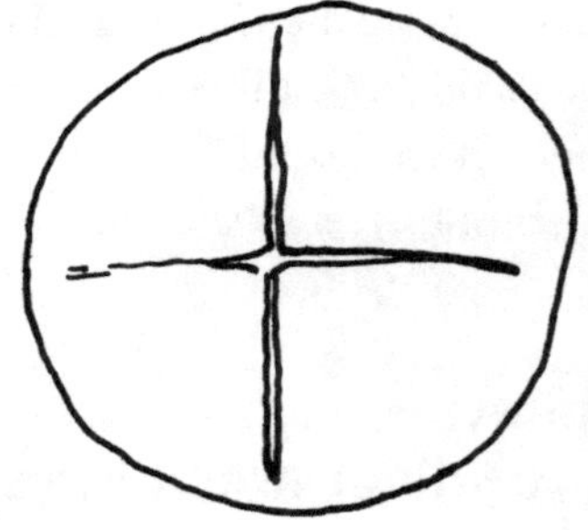

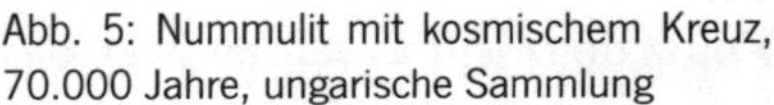

Abb. 5: Nummulit mit kosmischem Kreuz, 70.000 Jahre, ungarische Sammlung

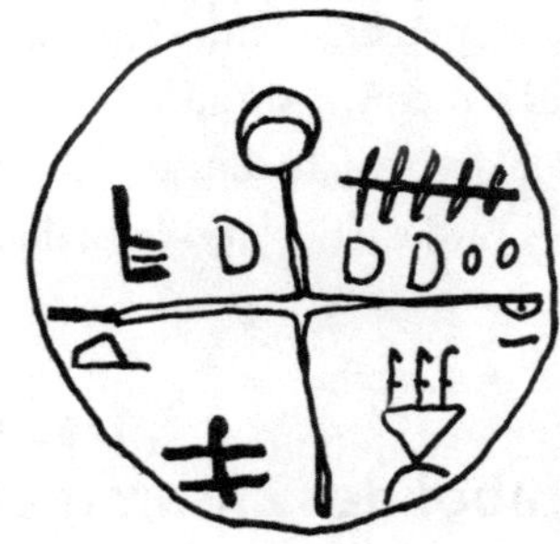

Abb. 6: Nummulit-Amulett mit kosmischem Kreuz und Ideogrammen, 6.000 Jahre alt, ungarische Sammlung

kosmische Kreuz als ein raum-zeitliches Symbol ansehen, gemäß der ursprünglichen Bedeutung von Symbol als bildhafte Darstellung mehrerer bedeutsamer Aspekte (von griechisch *symballein* = zusammenbringen). Himmelskreuze beruhen also auf der Vorstellung, dass das Jahr gleichsam eine Reise durch die vier Richtungen der Welt ist, wie auch umgekehrt, dass die vier Himmelsrichtungen gleichsam der Geburtsort der vier Jahreszeiten sind.

Man findet zwischen 6.000 und 3.000 v. u. Z. kosmische Kreuze überall auf Keramikschalen, Vasen, Krügen und Tongefäßen zur Aufbewahrung von Nahrungsmitteln. Mit diesen Zeichen will man die Welt – die Geburt von Mensch und Tier, das Gedeihen der Pflanzen – auf ihrem regelmäßig kreisenden Weg magisch unterstützen und den Fluss des kosmischen Zyklus' fördern. Diese Bewegung des Lebens soll nicht von den Kräften des Erstarrens und des Todes (im Sinne von Stagnation) behindert und aufgehalten werden.

Solange die Erde sich dreht,
soll nicht aufhören
Saat und Ernte, Frost und Hitze,
Sommer und Winter, Tag und Nacht,

gibt Gen. 8,22 eine alte Zusage der kosmischen Göttin wieder.

Oft werden kosmische Kreuze auch als Wirbel dargestellt, um eine kreisende Bewegung nach rechts oder links anzudeuten. Eine Erweiterung stellt das achtspeichige Jahreskreisrad dar, in dem sowohl die vier Sonnenfeste als auch die vier Mondfeste aufgenommen sind (s. Grafik S. 215). Doch immer dreht sich alles um die eine Mitte, um das kosmische Zentrum. Dieses ist das Hier und Jetzt des Betrachters selbst, sein Da-Sein.

4. Das Rautennetz – Symbol des Zusammenhangs und der Koevolution

Ein zweites Sinnbild raum-zeitlicher Koinzidenz ist das Rautennetz, das sich in prähistorischer Zeit sowohl auf Tongefäßen als auch auf Frauenfiguren, zum Beispiel auf Kopfbedeckungen, findet (siehe Abb. 7). Oft wechseln sich dunkle und helle Rautenteile stetig ab. Mit dieser Farbgebung sind die dunklen Yin- und die hellen Yang-Kräfte in das Symbol integriert.

Räumlich gesehen reflektiert das Rautennetz die Wechselwirkung, in der alle Dinge miteinander stehen. Kein Ding steht nur für sich. Diese

Abb. 7: Rautenmuster auf dem Kopftuch der erwachenden Göttin im Ostara-Heiligtum von Vivo d'Orcia, Toskana

Abb. 8: Stein mit Rautenmuster an der Kapelle der Einsiedelei am zerstörten Ostara-Heiligtum von Vivo d'Orcia, Toskana

Erkenntnis hängt mit einem zirkulären Denken zusammen, das die Welt auf allen Ebenen als System begreift: die Ebene des einzelnen Organismus, der Familie und der Sippe, der Kommune, der Gesellschaft oder des Stammes in einer bestimmten Landschaft und der Menschheit der gesamten Erde. Die Lebenswirklichkeit aber mag um einiges komplexer sein: Jedes einzelne Lebewesen steht in einem Netz aus wechselseitigen Bezügen. Das Große Lebensnetz symbolisiert eigentlich eine Unzahl von übereinanderliegenden und ineinandergreifenden Vernetzungen und Verflechtungen. Im Vergleich zur intuitiven, bildhaft-analogen Symbolsprache erfasst das digitale Denken nur einen Bruchteil der realen Vernetzung. Deshalb ist es auch so schwierig, Beweise für Schädigungen durch Chemikalien oder andere mann-menschliche Eingriffe in die Natur zu finden, während die Spatzen die Zusammenhänge längst von den Dächern pfeifen. Der matriarchale Mensch jedenfalls empfindet sich selbst als Teil des ökologischen Ganzen, als Mitbewohner des großen Lebenshauses, und weiß sehr wohl, was geht und was nicht geht.

Unsere weltweiten Vorvorfahren haben sich immer als mit den Tieren und Pflanzen verwandt erlebt. Darum waren das Jagen und das Schlachten, das Bäumefällen und Erdeaufwühlen immer mit Ritualen verbunden, in denen die Regeln festgelegt, das Opfer befragt und Ausgleichshandlungen vorgenommen wurden.

Die Göttin selbst wird oft als »Haus« bezeichnet, als *oikos* (griechisch). Diese Bezeichnung wird immer im Zusammenhang mit dem Mann gebraucht, um zu betonen, dass sich eben auch der Mann mit seinem zielgerichteten und technischen Denken als Teil des Hauses zu verstehen hat. Die Große Göttin wird in Ägypten Hathor genannt: Hat-hor = Haus des Horus, des Sonnensohnes. In der Bibel finden wir eine entsprechende Namensbildung, nämlich: Beth-El = Haus des El, des Kraftsohnes, des Stiersohnes, denn der Stier war im alten Orient immer das Symboltier für die Kraft. Also auch hier werden die männlichen Aspekte, vor allem eben die aggressiven männlichen Anteile, immer als im weiblichen Mutterhaus eingebunden betrachtet. Nur so wird das Lebenshaus, der Lebenskörper Erde insgesamt, nicht vergiftet, das Lebensnetz nicht gesprengt, sondern bleibt auf dem Weg einer förderlichen Entwicklung, bei der alles, was der Mensch selbst produziert, ohne Restbestände rückgeführt wird in das göttliche, ökologische Ganze der Großen Mutter. Diese ökologisch-soziale Vernetztheit ist etwas anderes als die begrenzten partikularistischen Kooperationseinheiten (Teams) zur Durchsetzung übergeordneter Machtinteressen, die meist gegen das Lebensnetzwerk gerichtet sind.

Zeitlich gesehen reflektiert das Sinnbild des Rautennetzes die zusammenhängende Kette des vergangenen, gegenwärtigen und zukünftigen Seins, also den Lebenszusammenhang nicht nur im Sinne des gegenwärtigen horizontalen, wechselwirksamen Zusammenspiels (Werdandi), sondern auch den Bedingungszusammenhang in vertikaler Hinsicht (Urd und Skuld). Die europäische Mythologie spricht vom Urlag, vom Lebensgewebe, das nicht nur alle Weltgegenden, sondern auch die Zeiten durchwebt. In ihm sind die einzelnen Lebensfäden miteinander verknüpft. Das bedeutetet, dass für unserer Vorfahren die Vergangenheit gar nicht vergangen war, sondern als Teil der Gegenwart empfunden wurde und diese in ihrer Bedeutung unterstrich. (s. Jean-Luc Bannalec, S. 227)

In diesem Sinne ist das Spinnen, Weben und Stricken der Frauen ein hochmeditatives und heiliges Tun, ein – so würde es das Daodejing ausdrücken – Handeln ohne zu handeln, in dem ich mich selbst mental ins zeitliche Ganze hineinwebe und einfüge. Dahinter realisiert sich das zutiefst spirituelle Erleben, dass wir auf der Erde – alle Menschen, Tiere und Pflanzen – eine Schicksalsgemeinschaft sind und darum logischerweise auch als eine Solidargemeinschaft zu leben haben. Wie das Vergangene unser Leben vorbereitet hat, so bereitet unsere Gegenwart das Zukünftige vor. Wenn für diesen Seinszusammenhang die drei Riesinnen Urd, Verdandi und Skuld stehen, dann machen sie ihn für uns auch zum Verantwortungszusammenhang. Für diesen Verantwortungszusammenhang steht die weltweit vernetzte weibliche Genealogie von Urgroßmüttern – Großmüttern – Müttern – Töchtern – Enkeltöchtern – Urenkelinnen als das Rückgrat der symbolischen Mutterordnung.

- Sie waren immer mit ihren Vorfahren verbunden und haben sie als Ratgeber und Vertrauensbasis ernstgenommen = Rückbezogenheit (re-ligio).
- Initiationsriten und die Visionssuche waren andererseits verantwortungsvolle Möglichkeiten der einzelnen, Zukunft zum Wohl der Gemeinschaft zu antizipieren = Zukunftsbezogenheit (pro-ligio).

Dabei waren es vor allem die jungen Männer, die im Rahmen ihrer Initiation auf Visionssuche geschickt wurden. Bei den jungen Frauen sah man die schöpferische Lebensverbindlichkeit quasi von der Mutter Natur körperlich mitgegeben, insofern sie durch den Eintritt in den kosmischen Zyklus ihrer Monatsblutung und durch das Erleben von Schwangerschaft, Geburtsschmerzen und Stillzeit reif gemacht werden für die nächste Generation. Eine gesonderte Visionssuche im Rahmen ihrer weiblichen Initiation war für sie immer freiwillig.

Das Rautennetz in seiner Bedeutung als mütterlicher Kontinuitätsfluss allen Seins schließt den Gedanken mit ein, dass alles Bestehende seine Wurzeln im Vorhergehenden hat und alles Kommende aus sich gebiert. Nichts, was wir kennen, ist denkbar ohne Verbindung zu dem, was davor war. Und alles, was wir tun, hat Auswirkung auf das, was kommt. Alles ist Entwicklung, und zwar Ko-Evolution.

11 (2 x 5 + 1) Axiome zum Muttersymbol des Rautennetzes
wie es sich geistig und materiell in Zeit und Raum webt

1. Nichts entsteht aus dem Nichts.
2. Alles entsteht aus Transformation.
3. Jedes hat einen Anfang und ein Ende.
4. Jedes Ende gleitet in Transformation.
5. Jeder Anfang erwächst aus Transformation.

1. Alles steht in Wechselwirksamkeit zueinander.
2. Die Grenzen sind durchlässig.
3. Nichts ist gleich, aber alles ist verwandt.
4. Jedes hat seine eigene Beziehungsperspektive.
5. Jedes Beziehungssystem transformiert sich selbst.

1. Jede sitzt mit den Ihren in einem kleinen und mit allen anderen im großen ko-evolutionären Mutterschiff.

Das Rautennetz der Allvernetztheit ist *das* zentrale Sinnbild der Mutterordnung. Die Mutterlinie zieht sich durch das Netz wie ein Weltenbaum. Dieser Weltenbaum ist als Ahninenbaum sehr schön zu sehen auf der im Bodensee neu entdeckten Kultwand (sog. Busenwand). Zwischen den halbplastischen Mutterdarstellungen sind baumartig ineinander übergehende Gebärende abgebildet (siehe Innentitel).

Das Netzsymbol kann uns, wenn wir es ernstnehmen, heute noch helfen, unseren Blick zu schärfen und uns weniger vormachen zu lassen: Die ganze Wahrheit lässt sich wahrnehmen, ablesen, erfahren, erspüren und aufklären aus dem, was wir vorfinden. Nichts fällt vom Himmel. Nichts ist so erstmalig, wie wir es oft glauben oder wie man es uns glauben machen will.

Exkurs zu den vorpatriarchalen Wurzeln der alttestamentarischen Gottesnamen und eine kurze Bemerkung zur griechischen Kultur

Geht man davon aus, dass die uranfängliche Gottesvorstellung der Menschheit weiblich ist und jeder »Gott« ursprünglich Sohn der Großen Mutter war, dann gibt es keine rein patriarchalen Götter, sondern immer nur patriarchalisierte. Jeder »Gott« – sei es Jahwe, Zeus oder Wodan – hatte also einen matriarchalen Ursprung, war Unterstützer der weiblichen Lebenskräfte und war als Geborener Geschöpf und symbolische Verkörperung der Geschöpfe in ihrer Gesamtheit und somit eingefügt in das weibliche Ganze der Tod-im-Leben-Göttin.

So wird auch der »Gott« Jahwe erst mit der Errichtung des politischen Königtums durch David, wie wir oben gesehen haben, als Monotheos patriarchalisiert und seine Alleinherrschaft gewaltsam durchgesetzt. Im Zuge dieser Monotheisierung wurden alte Ritualtexte umgeschrieben, alte Kultplätze als Offenbarungsorte Jahwes legendarisiert (z. B. Gen. 28,10-12.13-16.17-22) und alte Festzeiten wie das Laubhüttenfest auf Jahwes Geschichtshandeln bezogen. Ursprünglich war Jahwe aber ein Wettergott, Symbolgestalt für den fruchtbaren Regen, weshalb er auch als Wolkenreiter (Ps. 104,3) beschrieben wird. Damit rückt er in die Nähe von Thor und Zeus, den Donnerern und Blitzeschleuderern. Elohim, der andere Gottesname in der Bibel, ist sprachlich ein Plural und kommt von dem älteren Gottesnamen El, was Kraft bedeutet. El war nach einem alten ugaritischen Kulttext der Sohngeliebte der Göttin Aschera. Auch Jahwe wurde in einer Ritzzeichnung noch im 9. vorchristlichen Jahrhundert als Kalb der Göttin Aschera dargestellt, die ihrerseits in ihrem mütterlichen Aspekt als Kuh symbolisiert wurde. Darum steht hinter der Geschichte vom »Goldenen Kalb« (Ex. 32) wohl die Beschreibung einer alten kultischen Verehrung Jahwes in einem Wiedergeburtsritual lange vor seiner Monotheisierung. Beide »Götter«, El und Jahwe, waren vermutlich sterbliche Mondsöhne der Mondwechselgöttin Aschera, also die symbolisierte Schöpfung, die mit der Regenzeit erwachte und mit der Trockenzeit wieder erstarb. Dieser Zusammenhang blickt auch aus der Vokalisierung des Jahwenamens in **Jehowa** hervor, die bewusst dem Gottesnamen **Adonaj** = Herr entnommen ist. Adonaj ist nämlich als Adonis der Sohngeliebte der vorgriechischen Großen Mondwechselgöttin Aphrodite, der mit der Vegetation stirbt und mit ihr wieder aufersteht.

Diese symbolische Bedeutung des Mondwechsels, also der zu- und abnehmenden Mondsichel, kommt auch in der kretischen Doppelaxt zum Ausdruck. Diese Doppelaxt stellt zwei Mondhälften dar. Sie wurde als Symbol für die göttliche Transformationskraft zum wohl wichtigsten Kultgegenstand der kretischen Priesterinnen.

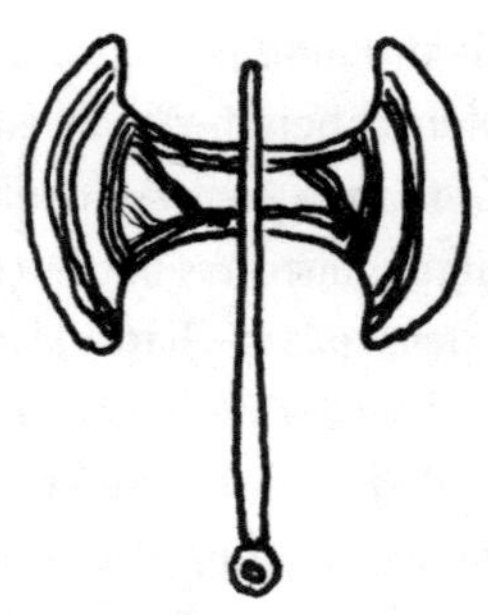

Abb. 9: Sogenannte Doppelaxt aus Gold aus ostkretischer Höhle, Durchmesser 8,6 cm, um 1500 v.u.Z.

Wenn wir ins Alte Griechenland schauen, sehen wir eine ausgeprägte androkratische Gesellschaft mit einer Männer»demokratie«, von der Frauen und Sklaven ausgeschlossen waren. Frauen durften weder wählen noch studieren noch Theateraufführungen besuchen. Wie kommt es, dass die Tragödien des Sophokles und des Euripides so oft von starken, souveränen Frauen handeln: von Medea, von Antigone? Diese Frauen tragen in sich offenbar eine weibliche Souveränität aus einer vorangegangenen, vorgriechischen Welt, in der Frauen im Zentrum der Gesellschaft standen, nun aber – im Stoff der Dramen – sich gegen eine gewalttätige männliche Vormachtstellung zu behaupten suchen. Es ist anzunehmen, dass auch das Drama und die Versrhythmen in vorgriechischen Traditionen wurzeln.

5. Der Knoten – Symbol der weisen Entwicklung

Die schweizer Philosophin, Psychotherapeutin und Kulturforscherin Carola Meier-Seethaler hat in ihrem Buch über den Ursprung und Wandel großer Symbole auch den Weisheitsknoten beschrieben. Er versinnbildlicht die Komplexität der Entwicklung des Seins, und er symbolisiert das Geheimnis der weiblichen Geburts- und Schöpferkraft. In ihm liegt der Keim jeglicher guten und lebenserhaltenden Entwicklung verborgen. Darum kann er auch als Weisheitsknoten angesehen werden. Das Symbolzeichen des Knotens und auch der Ritualgegenstand des Knotens spielt in allen matriarchalen Kulturen eine Rolle. Er liegt in der Obhut der Göttin und ihrer Priesterinnen. Er wird sorgfältig gehütet und bewahrt und bekommt die Bedeutung eines göttlichen Hoheitszeichens. Er bewahrt in sich die Weisheit der lebensbewahrenden kulturellen Entwicklung. Heute würde man sagen: Er symbolisiert die Weisheit besonnenen und nachhaltigen Handelns.

Als komplexes Schnurgewirr hängt dieses Symbol auch mit dem Spinnen des Lebensfadens und dem Weben des mythischen Lebensteppichs zusammen. Der Unterschied besteht darin, dass der Knoten als undurchschaubares Kerngebilde ein Geheimnis birgt, dem man nur mit viel Geduld beikommt. Darum ist Weisheit in ihm verborgen, die Weisheit geduldiger, lebenserhaltender Lebensführung.

Die Mütter von Nettersheim und Pesch tragen den Weisheitsknoten als Halstuch vor ihrer Brust (s. Abb. 38). Brunhild trägt ihn als Gürtel um ihre Lenden. Die Heilige Sophia (= Weisheit) in der ihr geweihten Kathedrale von Kiew trägt ihn als Knotentuch am Leibriemen. Die ägyptische Weisheitsgöttin Maat hält ihn als Ankh-Zeichen in der Hand. Tamar, die Priesterin der Palmengöttin bei der Steinbocksquelle, verlieh ihn als Shen-Ring an ihren erwählten »Guten Hirten«, den von ihr eingesetzten Sakralkönig der judäischen Landschaft (vgl. Gen. 38,18) (Weiler 1997). Der Shen-Ring besteht aus einer ringförmig geflochtenen Schnur mit eingeflochtenem Stab. Es ist das erste Messgerät für den Bau von runden Tempel- und Stadtanlagen, der erste Zirkel. Nü Gua, die Priesterin der Himmelsfrau, beginnt zusammen mit ihrem Gemahl Fu Hi den Bau der ersten mythischen Stadt im alten China, indem sie mit einem riesigen

Abb. 10: Anch-Zeichen, Schutz-Schleife, Sakralknoten mit Rautennetz

Abb. 11: Shen-Ring, Ewigkeitsring, Schnurring mit Stab

Zirkel das Kreisareal der künftigen Stadt einmessen (I Ging). Wer den Shen-Ring aufmachen konnte, hielt also ein Gerät von hohem Weisheitsgehalt in Händen. Nur kluge und besonnene Männer waren dazu in der Lage.

Die Auflösung des Knotens galt auch als Heiratsaufgabe für den Mann. Das wird von Brunhild erzählt, deren Gürtel sich erst öffnen ließ, wenn der Heros den Gürtelknoten entflochten hatte. Jedes Geschenk stellt uns vor die Aufgabe, zuerst geduldig die Bänder zu lösen. Aufreißen nimmt dem Vorgang des Schenkens die Würde. Von Alexander dem Großen wird erzählt, dass er sich dieser Geduldsprobe nicht unterzogen hat. Er hat den Gordischen Knoten einfach mit dem Schwert durchschlagen. Ein Hinweis darauf, dass die Zeit der Mannesherrschaft angebrochen war.

6. Mondsichel, Horn und Raupe – Symbole des Werdens und des Übergangs

Zwischen 6.000 und 3.000 v. u. Z. tauchen auf keramischen Gefäßen verschiedene Zeichen auf, die den kreisenden Prozess des Lebens symbolisieren, etwa Halbmond oder Mondsichel.

Der Mond in seinem Abnehmen und Zunehmen ist ein starkes Bild für das Stirb und Werde. Zudem steht er in enger Analogie zum Monatszyklus der Frau: Der zunehmende Mond steht für den Aufbau der Gebärmutterschleimhaut (die Weiße). Der Vollmond entspricht dem Eisprung und der voll durchbluteten Gebärmutter (die Rote). Die Schwarzmondzeit symbolisiert die Zeit des Frauenblutens und die entleerte Gebärmutter (die Schwarze). Die vierte Mondphase des abnehmenden Mondes entzieht sich einer uteralen Symbolanalogie. Zeitlich entspricht sie der Spanne zwischen Eisprung und Abstoßung der Schleimhaut. Man sagt, dass die Frauen ihre Monatsblutung mental so stark mit dem Mond in Verbindung brachten, dass sie bei Neumond gemeinsam menstruiert hätten. Zu einer Synchronizität brachten sich die Frauen vermutlich durch eine meditative Mondobservation.

Den Prozess des Werdens und die Symbolik des Übergangs sahen die Menschen auch in den Hörnern der Haustiere, weil sie der Mondsichel in ihrer Form ähnlich sind. Auch Raupen, die Übergangsform des Schmetterlings, symbolisieren das Prozesshafte. Mondsichel, Hörner und Raupe sind Symbole des Werdens und des Übergangs. Die Verehrung des Mondes und der schnell wachsenden Hörner ist eine Form der Feier der schöpferischen und fruchtbaren Kräfte der Natur. Sichelzeichen und Raupen beschwören die Übergänge des großen kosmischen Tanzes und sind gleichzeitig Ausdruck der Freude am Leben.

Es ist wieder die Schlangenkraft, die den Prozess des Werdens antreibt und in den Übergängen deutlich wird: in der Pubertät, im erstarkenden und erschlaffenden Phallus, im Frühling und im keimenden Korn, im Herbst, im Sterben und in der Wiedergeburt des Sonnenlichts zur Wintersonnenwende.

7. Biene und Schmetterling – Symbole der Transformation und Wandlungskraft

Die Biene und der Schmetterling sind die Tiere, die für die Transformation und die Erneuerung stehen. Sie repräsentieren die Auferstehung in natürlich-wunderbarer Weise. Überall, wo Biene oder Schmetterling auf Tellern, Schalen oder Vasen abgebildet sind, geht es um die Epiphanie der Göttin, um ihr Erwachen und ihre Erneuerung.

Die Metamorphose des Schmetterlings vom Ei zur Raupe und über die Puppe zum Schmetterling ist faszinierend. Bei der letzten Häutung der Raupe schlüpft quasi aus der abgestreiften Haut die Puppe als neue

Abb. 12: Bienengöttin mit segnenden Flügeln und einem Schoß in Fischform (Uterus-symbol) mit Rautennetz, umgeben von kosmischen Wirbeln und Ranken, verehrt von zwei Wölfen (Schöpfertieren) mit spiraligen Schlangenschwänzen und zwei Vögeln, den Wiedergeburtssymbolen Stierkopf und Uterus. Krugzeichnung, Theben, 700 v.u.Z.

Lebensform. In der Puppe löst sich das Lebewesen völlig in seine Einzelzellen in eine breiartige Masse auf. Die einzelnen Zellen setzen sich dann wieder neu zu einem Schmetterling zusammen, der schließlich aus der Puppe schlüpft und sich entfaltet.

In der minoischen Kultur, aber auch auf dem Balkan, waren Schmetterling und Biene eng mit dem Bukranion verknüpft, dem Stierschädel. So findet man die Biene als Ritzideogramm auf einem Stierschädel. Es ist geradezu ein symbolisches Muster, dass der Schmetterling sich zwischen den beiden Hörnern des Bukranions erhebt. Kultische Bukranien hatten zwischen den Hörnern ein Loch, in die etwas gesteckt werden konnte. Es waren vergängliche Dinge, vermutlich Blumen, knospende Blumen, vielleicht auch gebastelte Schmetterlinge oder Bienen, jedenfalls Symbole der Transformation und Wandlungskraft. Die Bedeutung ist klar: Aus dem Tod, aus dem Knochenschädel des Stieres, entsteht neues Leben. Im Unterschied zum Orient war nach M. Gimbutas in Europa der Stier kein Symbol der Kraft

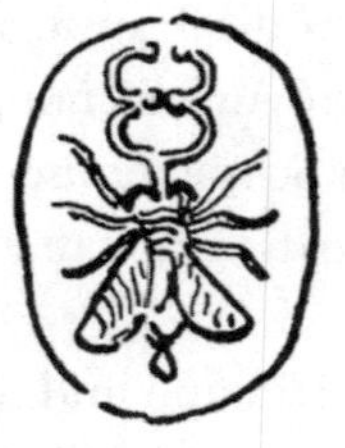

Abb. 13: Biene, Gemme aus Karneol, Dalmatien

(hebräisch *El*), sondern Sinnbild für die göttliche Transformation. Der Stier der göttlichen Wandlungskraft, Minotaurus, befindet sich darum auch im Innern des minoischen Labyrinths, wo er selbst gestorben ist, um allem Verstorbenen zur Wiedergeburt zu verhelfen.

Die auf die Keramikgefäße gemalten Schmetterlinge waren oft stilisierte Ideogramme. Es sind also Symbole des aus dem Tod erwachenden Lebens. Vermutlich sah man in dem Kultgegenstand der minoischen Doppelaxt nicht nur den zu- und abnehmenden Mond, sondern auch das Auferstehungssymbol des Schmetterlings. Dann hätte dieser bedeutende Kultgegenstand der kretischen Priesterinnen eine doppelte, eine makrokosmische und mikrokosmische Symbolbedeutung für die Transformations- und Erneuerungskraft der Großen Göttin.

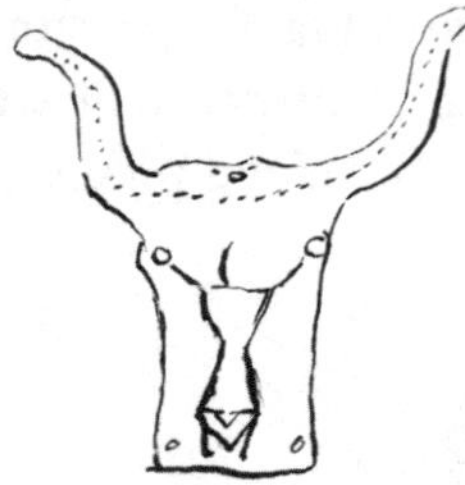

Abb. 14: Stilisierter Stierkopf aus Knochen mit auferstandener Göttin in Bienengestalt

Abb. 15: Weinschale mit Bukranien (Ochsenköpfe) und Ritualhörnern, darüber Schmetterlinge

Abb. 16: Minoische Schmetterlingsgöttin, auf Pflanzenstamm gemalt

8. Ei, Vulva, Schamdreieck – Symbole des Entstehens und des Ursprungs

Das Ur-Ei symbolisiert die schöpferische Ursprungskraft. Eng steht es mit dem Urelement Wasser und mit anregenden Schlangen in Verbindung, weshalb seine Darstellungen meist mit den entsprechenden Ideogrammen versehen sind. Innerhalb des Eies befindet sich das knospende Leben. Auch das Ei ist, wie die Schlange, makrokosmisches und mikrokosmisches Universalsymbol. Ob es sich um das Welt-Ei handelt, dem die Gestirne entspringen und dessen Hälften den oberen und unteren Himmelsrand verkörpern, oder um ein Vogelei, es repräsentiert immer die schöpferische Ursprungskraft.

Das Ei wird häufig in vogelförmigen oder in hirschgestaltigen Krügen mit eiförmigem Körper dargestellt. Die frauengestaltige Vogelgöttin trug in ihrem Gesäßteil das Ei. Die Große Göttin repräsentierte in dieser Gestalt die universale schöpferische Kraft (s. Abb. 3). Häufig waren es

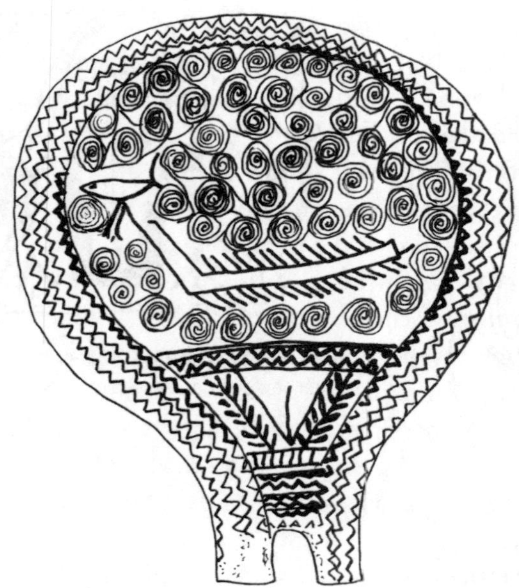

Abb. 17: Kykladischer Teller mit von Zweigen gerahmter Vulva, einem Schiff der Erneuerung mit Fisch-Vogel, in einem Meer von Schlangenspiralen, 2500 v.u.Z.

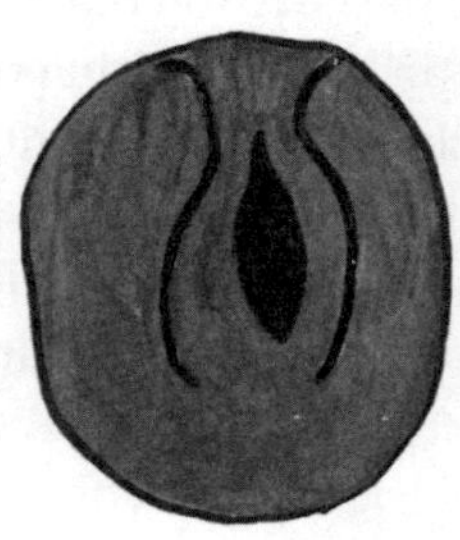

Abb. 18: Ei mit Vulva; die Samenform macht die Vulva zu einem Symbol für das keimende Leben, 6.000 v. u. Z.

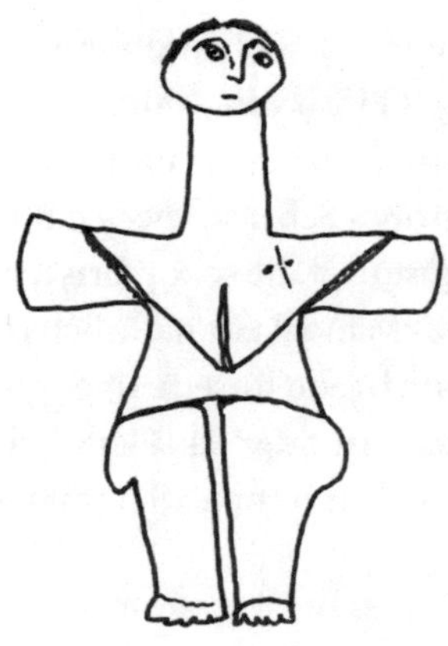

Abb. 19: Segnende Lebensspenderin mit großem, die Brüste integrierenden Schamdreieck, 3.000 v. u. Z.

Wasservögel mit langem Schlangenhals, was wieder den symbolischen Sinnzusammenhang von Ei, Vogel, Schlange und Wasser erkennen lässt (s. Abb. 1). Nebenbei gesagt: Wasser als Element hat immer die Bedeutung von »Wasser des Lebens«. Hier waren Körpersekrete wie Tränen, Samenflüssigkeit und Feuchtigkeit der Schleimhäute, vor allem im Genitalbereich, einbezogen.

Auch die Darstellung einer Vulva oder eines Schamdreiecks ist ein Hinweis auf die schöpferische Kraft der Göttin. M. Gimbutas hat herausgefunden: Je schematischer die Darstellung, also nur ein schlichtes, auf der Spitze stehendes Delta mit kleiner senkrechter Ritzung an der Spitze, um so universeller ist sein Deutungsgehalt. Man könnte auch sagen, dass die Ideogramme, also die stilisierten Symbolritzungen, frühe Formen einer schriftlichen Äußerung sind. Doch wie beim Ei, deutet sowohl das universelle Schamdreieck als auch die konkrete Vulva einer Frau oder eines Muttertieres auf dieselbe schöpferische Ursprungskraft.

Die Betonung der Vulva ist darum bei den Darstellungen der Frau und Göttin als Schöpferin von großer Bedeutung. Sowohl bei der Schwangeren und der Gebärenden als auch bei der Stillenden wird die Vulva immer deutlich herausgearbeitet. Was aber von besonderem Deutungsgehalt ist, ist die Tatsache, dass auch die Darstellungen der Totengöttin ein großes, ausgeprägtes Schamdreieck besitzen. Ob es nun die hagere, stilisierte weiße Göttin mit schnabelartiger Nase ist oder die dunkle Eulengöttin, die von Schlangen- und Wasserzeichnungen übersät ist: Alle sind durch ihr großes Schamdreieck ein Hinweis darauf, dass der Tod nur ein Übergang ist und die schöpferische Kraft der Göttin dadurch nicht erlischt.

Das Mandala ist natürlich mit derselben Schöpfungsenergie aufgeladen wie auch jede Rosette über gotischen Kirchenportalen, der achtstrahlige Venusstern oder das Herz. All diese Zeichen sind seelisch tief eingewurzelte Vulvasymbole, Sinnbilder des Ursprungs aus vorpatriarchaler Zeit.

9. Die Kröte – ein Symbol für die weibliche Geburtskraft

Die weibliche Geburtskraft wurde seit über 8.000 Jahren im Symboltier der Erdkröte oder des Frosches abgebildet. In diesem kleinen, zarten Lebewesen, das in der Feuchtigkeit zwischen Wasser und Erde ein erstaunlich wandlungsfähiges Leben führt, erkannte man die Geburtskraft der Erdmutter und alles Weiblichen.

Die Kröte lebt in der geheimnisvollen Tiefe von Wasser und Erde, sie erscheint plötzlich im Frühjahr wie zu neuem Leben erwacht und singt; die Paarung vollzieht sich in enger Umschlungenheit, aus den Eiern entwickeln sich zunächst die Kaulquappen und aus den Kaulquappen allmählich das ausgewachsene Tier. Entscheidend aber war die Form der Kröte. Ihre Beinstellung und ihr dicker Bauch symbolisierten für unsere Vorvorfahren das Weiblich-Mütterliche. Im Frühling bringt sie die goldene Kugel des Lebens aus der Tiefe (vgl. das Märchen vom Froschkönig).

Abb. 20: Die »Froschgöttin« als Symbol der Wiedergeburtskraft

C. Meier-Seethaler stellt in ihrer Untersuchung alter Sinnbilder einen überzeugenden Symbolzusammenhang her zwischen der Kröte und dem doppelarmigen Lothringerkreuz:

Abb. 21–25: Vom Frosch zum Lothringerkreuz (nach C. Meier-Seethaler)

10. Bärin und Hirschkuh – Sinnbilder der Mütterlichkeit

Viele Figuren, die eine Bärenmutter mit Jungem zeigen oder eine Bärenamme mit Tragesack, fand man im Balkan zwischen 7.000 und 3.000 v. u. Z. (Gimbutas, 1995, S. 117). Dies zeigt, dass Bärinnen kultisch mit dem mütterlichen Aspekt von Nähren und Pflegen verbunden waren. Diese Sinnzuschreibungen, verbunden mit Schlangen- und Wasserideogrammen, zeigen, welche göttliche Urkraft man dem Weiblichen zuerkannte. Die Mutterschaft aber galt als etwas Heiliges.

Wir wissen, dass sowohl die Bärin als auch die Hirschkuh als Ahnin und mütterliche Lebensspenderin betrachtet wurde, als »Großmutter Bär«. Der Zusammenhang zwischen Bärin und Geburt ist auch sprachlich unverkennbar. Das Althochdeutsche Wort »beran« bedeutet »Kinder gebären«. Auch in dem Wort »gebären« ist noch das Wort »Bär« enthalten. »Gebärmutter« weist hin auf die Bärenmutter. Eine Wöchnerin wird in Ostlitauen laut Gimbutas bis heute »Bärin« genannt. Wenn die Frauen für die Wöchnerin das rituelle Bad vorbereiten und die junge Mutter erblicken, rufen sie aus: »Die Bärin kommt!« Dies klingt wie eine Beschwörungsformel, die früher einmal zu einem Ritual gehörte.

11. Hügel, Höhle, Quelle und Baum – Grundelemente des heiligen Ortes

Berge und Hügel oder auch Steine galten unseren Vorvorfahren als heilig, besonders wenn sie sich von ihrer Umgebung auffallend abhoben, wenn sie etwa in ihrer Form dem Leib einer Schwangeren oder als Zwillingshügel der Form von Brüsten glichen. Das Wesentliche der Heiligkeit von Hügel, Bergen und Felsen bestand jedoch nicht so sehr in ihrer Form als vielmehr darin, dass sie auch der Ursprung von Bächen und Flüssen sind.

Ihre **Quellen** sind ein Hinweis auf die Fruchtbarkeit und den Segen, den sie aus ihrem Innern schenken. Es sind darum nicht die Gipfelpunkte, die den heiligen Kultort im engeren Sinne definieren, sondern beschauliche Rundungen auf halber Höhe, abgeflachte Bergnasen, die einen noch erdbezogenen und doch weiten Ausblick aufs Umland bieten, oder kleine Erhebungen am Rand eines Tobels oberhalb einer Quelle, denn es sind vor allem die Quellen, die aus den Spalten und Vertiefungen der Bergflanken austreten, die einen Ort heiligen. Die Quellöffnungen sind quasi die Geburtsöffnungen für das Leben der Landschaft. Aus ihnen sprudelt das Leben wie aus einer Vulva, und sie wiesen die Menschen auf den fruchtbaren Leib der Erdmutter hin, auf die Lebenskraft in ihrem Innern.

Höhlen, die tief ins Erdinnere reichten, waren – im Unterschied zu den halboffenen Wohnhöhlen – Orte tiefster Versenkung und Spiritualität. Oft waren die Zugänge eng und niedrig, und der Vergleich zu einem Geburtskanal liegt nahe. Für das spirituell-mystische Nacherleben von Eingehen und Ausgehen, Tod und Wiedergeburt waren die Kulthöhlen von höchster Bedeutung. In ihnen vollzog man die mystische Vereinigung mit der Großen Mutter, die heilige Hochzeit, spirituell wie körperlich, was für unsere Ahninnen gleichbedeutend war.

Abb. 26: Vulvaförmiger Eingang eines englischen Langhügelgrabes, 3.000 v.u.Z.

Der Höhlenraum der Kulthöhlen in Südfrankreich war mit rotem Ocker bestrichen, der Farbe des weiblichen Geburtsblutes. Beeindruckend gemalte Sonnenpferde und Mondstiere zogen über den Höhlenhimmel, ebenso Wollnashörner mit hoch aufragendem Mondsichelhorn, Säbelzahntiger, Keiler, Höhlenlöwen und Bären. Diese gefährlichen Tiere werden aber kaum aggressiv dargestellt, sondern zumeist friedlich oder auch in ihrem Liebeswerben. Man sieht auch eine antropomorphe (menschengestaltige) Löwin-Frau und einen Bison-Mann mit einem gemeinsamen, verschmolzenen menschlichen Leib, ein Symbol für eine universelle Heilige Hochzeit. In der Höhle des kultischen Mutterleibes wurde also das Universum des Lebens abgebildet und erlebt. Bleibt man mehrere Tage im Innern einer Höhle, verliert man das Gefühl für Zeit. Auch Oben und Unten verschwimmen. Die Höhle ist darum ein Ort, der uns die Anderswelt im Sinne einer vorgeburtlichen und nachtodlichen Ursprungswelt, eben den Großen Mutterschoß, erlebbar macht.

Sehr schön hat Niki de Saint Phalle eine Grotte in den Herrenhäuser Gärten in Hannover ausgestaltet. Die ganze pulsierende Lebensfülle, in die der Tod integriert ist, ist in dieser ewig schöpferischen Anderswelt abgebildet. Die Weisheitsschlange ist ebenso abgebildet wie das Ying-Yang-Symbol, viele Frauengestalten, unter anderem auch ein Frauenkopf mit sprießender Blume, der sehr an die erwachende Göttin erinnert (s.u.). In der Mitte der Grotte steht der Lebensbaum als eine lebendig tragende Säule. Diese in ihrer Farbigkeit und ihrem Glanz beeindruckende Grotte mutet an wie eine moderne Kulthöhle.

Kulthöhlen gab es sehr viele, auch künstlich gegrabene, wie die englischen Langhügelgräber, die Tempelanlagen in Malta, die Hypogäen, oder die sogenannten »Erdställe« (Erdstätten) in Süddeutschland. Der Heimatforscher Franz Xaver Kießling hat, wie Erni Kutter erwähnt, allein im Waldviertel in Österreich 120 Erdställe gefunden (S. 199). Auch die Krypta (die Verborgene) in einer Basilika kann als Kulthöhle begriffen werden, zumal sie manchmal direkt mit den heiligen Quellen des vorchristlichen, ursprünglichen Kultortes verbunden ist, wie in Heilsbronn in Bayern.

Wo Wasser ist, wachsen auch Pflanzen. Die beeindruckendsten sind die Bäume. Sie greifen mit ihren Wurzeln tief in die Erde und ragen mit ihren Ästen weit in die Höhe, so dass die Vögel des Himmels in ihnen nisten können (Mk. 4,32). Sie verbinden also sinnbildlich diese Welt mit der Anderswelt (oben und unten). Bäume knospen und blühen im Frühling, und ihre Früchte reifen im Sommer. Sie verschenken im Herbst ihre Früchte, von denen wir uns ernähren können, und sie ziehen ihre Lebenssäfte im Winter zurück und zeigen nur noch ihr hölzernes Skelett. Bäume galten darum geradezu als Abbild der sich selbst transformierenden Großen Göttin.

Der Holle, der Holden Frau und Freyja Mitteleuropas, war neben dem Holunder vor allem die Linde heilig. Unter ihr wurde die Hollepriesterin von den Menschen um Rat gefragt. In vielen Dörfern steht noch heute eine alte Gerichtslinde oder deren Nachfolgerin. In der Landschaft Ephraim war es die Dattelpalme, die zwischen Rama und Beth-El wohl auf einem Hügel stand, unter der die Priesterkönigin Deborah saß (Ri. 4,5). Das hebräische Wort Deborah bedeutet Biene. Die Priesterin unter der heiligen Palme hatte also ihren Namen von der Bienengöttin, von der kosmischen Erneuerin, die sie verkörperte, und was sie sprach, war heilend und hielt das Gemeinwesen zusammen (hebräisch *Schalom*zustand).

Das gesamte dynamische Sein wurde im Baum symbolisiert. Er wird Baum des Lebens genannt (Gen. 2,9) oder Weltenbaum. Im nordischen Mythos heißt der Weltenbaum Yggdrasil (Edda, Völuspa 13f), eine Eibe mit drei großen Wurzeln, von denen jede von einem Brunnen gespeist wird, dem Schicksalsbrunnen mit den drei Urmüttern Urd, Verdandi und Skuld, dem Weisheitsbrunnen, der vom Riesen Mimir gehütet wird, und dem schöpferischen Brodelbrunnen mit dem verdauenden Schöpfertier Niddhögg. Überall tropft der Baum (der Mütterlinie, siehe Innentitel) und nährt alles Leben mit seinem Lebenswasser.

Von besonderer mythologischer Bedeutung ist der Apfelbaum, insofern der Apfel oder auch der Granatapfel ein uraltes Zeichen für Weisheit und Liebe ist und als Vulvasymbol letztlich für die weibliche Wandlungskraft steht. Der Apfelbaum steht auch immer in der mythischen Anderswelt, im Paradiesgarten, auf Avalon und in der unteren-oberen Welt der Holle, also am Horizontstreifen, wo das Geheimnis der Wiedergeburt und des Lebens gehütet wird. Der Weisheitsapfel gehört als Attribut immer zur Frau. Wenn ihn der Muttersohn hält, dann hat er ihn nur für eine gewisse Zeit geliehen bekommen, zum Beispiel für seine Zeit als Jahreskönig, als guter Hirte und guter Verwalter ihrer Landschaft.

Verschiedene Schöpfungsorte

Hügel, Höhle, Quelle und Baum sind die Grundelemente, die den heiligen Ort, den Kultort definieren. Der Berg oder Bergstock, auf dem sich der Kultort befindet, ist ein heiliger Berg. Da aus ihm in der Regel mehrere Quellen entspringen, ist der Berg als Ganzes ein Schöpfungsort. Dahinter steht die Grundvorstellung der Erneuerung.

In Mitteleuropa führt die Seelenmutter Holle als doppelgesichtige Berchta (Borbeth) zusammen mit ihrem alten Seelenmann Wodan in den Rauhnächten zwischen Weihnachten und dem Erscheinungsfest die Seelen der im vergangenen Jahr Verstorbenen in einem brausenden Zug in ihren Seelenberg, wo sie sich, und Wodan mit ihnen, wieder verjüngen. Von dort führt die verjüngte Holle zeitgleich in den Rauhnächten die Heimchen (ihre ungeborenen Seelenkinder) ihren nächstjährigen Müttern zu. Der wohl bekannteste Seelenberg ist der Hohe Meißner bei Kassel, der »Holleberg«. Aber jeder Galgenberg war ursprünglich ein Erneuerungsberg der Seelenmutter, den die frühen christlichen Missionare zur Abschreckung umfunktioniert und vergruselt haben.

In Kleinasien ist die 12.000 Jahre alte, 1994 entdeckte Anlage von Göbelki Tepe (»bauchiger Hügel«) ebenfalls ein solcher Schöpfungsort. Er liegt in der Ebene von Haran, wo in den Geschichtskarten zum Alten Testament »Eden« lokalisiert wird. Von dem Berg aus blickt man weit ins Zweistromland. Vier Quellen entspringen nach der Beschreibung der Forscherin Ina Mahlstedt an den vier Flanken des Hügels. In seiner Mitte wächst heute noch ein Baum (vgl. Gen. 2,8-10). Dieser »bauchige Hügel« mit dem Baum und seinen vier Quellen wurde im Lauf der Zeit zum kultischen Zentrum ausgebaut. Der Grundgedanke der Erneuerung drückt sich hier ganz leiblich-materiell aus in Form von großen Wasserbecken und riesigen Erdaufschüttungen mit Knochenresten, in die Stelen mit Schöpfertieren (Eber, Fuchs, Viper) eingelagert sind, die in der Muttererde symbollogisch das Leben verdauen und erneuern.

Abb. 27: Die beeindruckende Quelle des Vivo, 22. März 2012

Sehr eindrucksvoll erschloss sich meiner Frau und mir »zufällig« auf einer Urlaubswanderung in der Toskana 2011 der gewaltige Bergstock des Amiata als mediterraner Schöpfungsort, an dem die Elemente Berg, Höhle, Quelle, Fluss und Baum zusammenkommen. Gegen Ende unserer Rundwanderung kamen wir an die Quelle des Flusses Vivo (»lebendig, lebhaft«) im Wald des Ortes Vivo d'Orcia.

Leider ist die Quelle nicht mehr zugänglich, da sie für die Wasserversorgung gefasst, von einem Haus umbaut und eingezäunt ist. Doch jedes Jahr zum sogenannten Wasserfest am 22. März (!) bekommt man freien Zugang zur Quelle und kann sich auch Wasser abfüllen. Da die Zeit des Wasserfestes mit der Frühjahrs-Tagundnachtgleiche zusammenfällt, liegt der Schluss nahe, dass es sich bei diesem Wasserfest ursprünglich um ein Fest der Frühlingsgöttin Ostara gehandelt haben könnte. Der Hinweis auf die romanische Kapelle einer Ermitage aus dem 12. Jh. mit der dazugehörigen Legende über den hl. Benedikt, der dort teuflische Ungeheuer getötet haben soll, ließ uns vermuten, dass es sich hier um eine von christlichen Missionaren zerstörte Kultanlage gehandelt haben muss. Dies wurde uns durch weitere Entdeckungen geradezu bilderbuchhaft bestätigt.

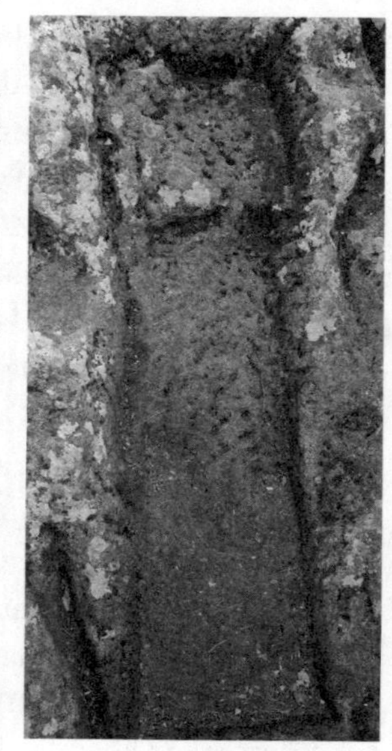

Abb. 29: Eingemeißeltes Steinbett im Stein bei der Einsiedlerkapelle

Auf der Portalseite der Kapelle rechts erkannten wir Steine im Bau der Kapelle verarbeitet, die ein großes Rautennetz zeigten (s. Kap. II, 4). Als wir links um die Kapelle herumgingen, entdeckten wir unmittelbar neben der

Abb. 28: Observationsstein zur Mondbeobachtung mit dem eingemeißelten Steinbett der Initiation (Abb. 29) für erstmenstruierende Mädchen im Kastanienhain hoch über der Quelle des Vivo (neben der Einsiedlerkapelle aus dem 12. Jahrhundert)

Seitenwand einen zwei Meter hohen, etwa vier Meter langen und einen Meter breiten Felsblock. Als ich hochstieg, sah ich oben ein in den Felsen gehauenes »Steinbett« mit Kopfmulde und einer Mulde für Rumpf und Beine. Vermutlich dienten diese Steinbeds, die man auch andernorts häufig findet, etwa auf dem Odilienberg im Elsass südlich von Straßburg, als Initiationsmulde für Mädchen und als Observatorium zur Beobachtung des Mondes, der Planeten und Sternbilder.

Als meine Frau und ich den Hügel wieder hinabstiegen und zum Wasserlauf des Vivo hinuntergingen, entdeckten wir oberhalb des Bachs zwischen Grillstelle und Felsen einen etwa 60 cm hohen Kopf einer Frau, der bis zum Mund in der Erde steckte. Wir waren überrascht und hoch erfreut.

Abb. 30: Erwachende Mädchengöttin, Sommer 2011, etwa 60 cm hohe Steinskulptur am Amiata in der Nähe des jungen Vivo d'Orcia

Die Frau trägt ein Kopftuch mit Rautenmuster. Ihr Gesicht ist ebenmäßig. Ihre Augen sind geschlossen. Es hat den Eindruck, als erhebe sie sich mit großer innerer Kraft aus der Erde: Ostara, die junge Frühlingsgöttin in ihrer schöpferischen Kraft. (S. Beck, S. 15.17)

Abb. 31: Ostara im Augenblick ihres Erwachens, aufgenommen am 22. 3. 2012

Kein einziger Hinweis erwähnte diese Funde, nichts klärte die Zusammenhänge auf und kein Wort würdigte die alte naturverbundene Spiritualität. Dies ist charakteristisch für die christlich-patriarchale Man(n)ipulation bis heute: Vor dem Christentum gab es nur Wildnis, Primitivität und teuflisches Heidentum.

Abschließen möchte ich meine Überlegungen zum heiligen Ort mit dem Mutterheiligtum bei Pesch aus dem 4. Jahrhundert n. u. Z. Es befindet sich auf einer Anhöhe im Wald und wurde zu Ehren der dreifaltigen Göttin und Stammesmutter errichtet. Im Umland gibt es viele solche Kultanlagen, in denen die Göttin in Form von drei Muttergestalten verehrt wird, sogenannte Matronenheiligtümer.

Ich erwähne diese relativ junge Anlage deshalb, weil hier die vier natürlichen Elemente, die den heiligen Schöpfungsort definieren, konzeptuell gestaltet sind. Die Anlage besteht aus drei Arealen. In der Mitte befindet sich der ummauerte Kulthof. Er ist als flacher Hügel konzipiert, auf dem laut Hinweistafel ein heiliger Baum stand.

Abb. 32: Hügelförmiger Kulthof, in dessen Mitte der heilige Baum stand

Rechts davon steht die Tempelanlage mit einer Tempelzelle, in der ein großer Matronenstein mit dem Relief der Dreigestaltigen Göttin stand (s. Kap. II, 12). Links vom Kulthof befinden sich die Grundmauern einer dreischiffigen Basilika, die als Versammlungsraum diente. Dem östlichen Eingang gegenüber liegt westlich die Apsis, die vertieft als künstliche Sakralhöhle gestaltet war. In christlicher Zeit entwickelte sich daraus die Krypta (griechisch *die Verborgene*) als besonderer Begräbnisort. Dem Kulthof östlich gegenüber, etwa zwanzig Meter entfernt, befindet sich ein alter Brunnen (Element Quelle), links und rechts eingerahmt von einem Wandelgang, aus dem sich später der klösterliche Kreuzgang entwickelte.

Zur Zeit des Mutterheiligtums von Pesch war die Frühpatriarchalisierung durch die Indogermanen bereits abgeschlossen, bevor sich mit dem römischen Christentum der Monotheismus Bahn brach. Die unmittelbare Verknüpfung der Spiritualität mit den natürlichen Gegebenheiten der Landschaft wichen bereits einer abstrakteren Form von Spiritualität, die sich die konstitutiven Elemente des heiligen Orts (Hügel, Baum, Höhle, Quelle) künstlich schuf. In den großen Kirchen des Mittelalters lassen sich Berg, Baum, Höhle und Quelle architektonisch im großen Kirchendach (Hügel), im Turm (Baum), in der Krypta (Höhle) und in

Abb. 33: Die Apsis der Basilika (links vom Kulthof) ist als Kulthöhle konzipiert.

Abb. 34: Dem Kulthof gegenüber steht der Brunnen, das Element Wasser.

den Becken für das Weih- und Taufwasser (Quelle) wiedererkennen. Man kann sagen, dass da, wo der Heilige Ort konzeptionalisiert wird, wo er also nicht mehr in der offenen Natur vorgefunden, sondern künstlich hergestellt wird, bereits die für die Vaterordnung typische Abspaltung des Geistigen vom Körperlichen beginnt. Im weiteren Prozess werden theologische Zusammenhänge konstruiert, die die Spiritualität weiter abstrahieren und von der Landschaft immer weiter entfremden. Der Mythos ist nicht mehr die sinngebende Symbolsprache für das *mater*ielle Naturgeschehen, sondern er beschreibt ein übernatürliches Ereignis, ein wundersames historisches Gotteshandeln, das mit dem Naturgeschehen nichts zu tun hat. Wenn im Alten Europa das Frühjahr als das Aufsteigen der Göttin aus der Erde erlebt wurde, so ersteht im Christentum der Sohn Gottes am Ostermorgen auf *wie* eine Blume im Frühling oder *wie* die Sonne am Morgen aufgeht. Die Natur wird entmythologisiert und ist nur noch ein Mittel zur Veranschaulichung des wundersamen und unnatürlichen, aber eigentlichen Geschehens, das gegen alle Erfahrung geglaubt werden soll.

12. Die Mutter-Tochter-Dyade und die Großmutter-Mutter-Tochter-Triade – Symbole für die Unverbrüchlichkeit der Mutterlinie

Die Mutter-Tochter-Dyade kann als Kernglied der Lebenskette angesehen werden. Nach der Anschauung der Aborigines in Australien gebären Mutter und Tochter die Menschheit. Die ineinandergeschachtelten Puppen der russischen Babuschka (»Großmütterchen«) verdeutlichen die Kette der weiblichen Reihe, bei der eine Holzpuppe aus der nächstgrößeren hervorgeht. Diese Kette kommt weit von der Vergangenheit her, also von der Urahnin, und sie führt bis in die ferne Zukunft, also zu den noch ungeborenen Ururenkelinnen.

In den drei Matronen wurden die Urmütter eines Stammes verehrt. In ihnen sah man die Große Mutter in ihrer dreifachen Gestalt als Großmutter, Mutter und Tochter wie bei der Babuschka als eine weibliche Genealogie.

Abb. 35: Drei Matronen bei Nettersheim mit vollen Segenskörben auf dem Schoß und dem Weisheitsknoten vor der Brust; die Junge, ohne Haube, flankiert von Mutter und Großmutter.

Die Haare sind bei Großmutter und Mutter gebunden, bei der Tochter offen. Offenes und gelöstes oder hochgebundenes und geknotetes Haar deutet hin auf die Macht, zu binden und zu lösen, das heißt, die dreigestaltige Göttin verkörpert die Fähigkeit, einerseits die Energien zurückzuhalten, wenn sie für eine Situation abträglich sind (Yin), und Kräfte fließen zu lassen, wenn dies erforderlich ist (Yang). Hebammen trugen nach Erni Kutter (S. 20) ihr Haar und alle Knoten an der Kleidung bei der Geburtshilfe immer offen, um die Lebensenergien bei diesem Schöpfungsvorgang zu fördern und fließen zu lassen.

Die dreigestaltige Göttin findet sich auch wieder in dem Kult der Drei Bet(h)en. »Bet(h)« hängt zusammen mit der Ganzheit der Welt und mit der ewig kreisenden weiblichen Todes- und Erneuerungskraft. Betende sind also Menschen, die Verbindung zum großen pulsierenden Lebensganzen aufnehmen, zur Grundlage des Lebens. Betende Menschen versuchen an der Bindungs- und Lösungskompetenz der Großen Bet teilzunehmen, um auf ihren persönlichen Lebenswegen die angemessene Dosierung der Kräfte Yin und Yang zu finden.

Die Verknüpfung der Göttin mit dem Stirb und Werde kommt im Mythos von der strohblonden Kornmutter Demeter (*Dea-mater* = Muttergöttin) und ihrer dunklen Tochter Persephone sehr schön zum Ausdruck. Persephone führt als »Drescherin« (Bedeutung des Namens) mit der Sichel den Tod des Korns herbei und erleidet gleichzeitig selber den Tod. Die Mutter ist wegen dieser Selbstwirksamkeit zu Tode betrübt und begibt sich auf eine lange Suche. Schließlich steigt sie ins Erdinnere, also zu ihrem eigenen Todesaspekt, und findet dort ihre Tochter. Sie nährt sie und erweckt sie zu neuem Leben. Im Frühling steigt die Tochter als erwachendes Mädchen (Kore) auf und erfüllt die Welt mit neuem Leben.

In diesem Mythos geht also die Tochter den Großen Weg von Tod und Auferstehung. Die Tochter dreht sich gleichsam im Tanz des Lebens, wie er im minoischen Labyrinth choreografisch Gestalt annahm: Von außen geht man zum Ursprung zurück (Yin) und kommt über mehrere Windungen ins Höhleninnere zur Todesmutter, symbolisiert im Stierschädel (Bukranion). Von dort wird man wiedergeboren wie ein Schmetterling und geht seinen Weg wieder nach außen (Yang).

Abb. 36: Minoisches Labyrinth, eine Choreografie von Sterben (Tanz nach Innen, Yin) und Wiedergeburt (Tanz nach außen, Yang)

Abb. 37: Die Tanzspiralen des Labyrinthweges

13. Die Göttin, der Apfel und ihr Heros – ein Symbol der Liebe

Die oben beschriebene Mutter-Tochter-Symbolik ist eher dem chthonischen (unterirdischen) Bereich der Erdmutter zuzuordnen. Aufgrund intensiver Himmelsbeobachtungen, vor allem der Sonne, des Mondes und der Planeten, entwickelte sich die Symbolgestalt der Himmelskönigin, also der kosmischen Göttin. Ihre Seinsmacht ist universal und geht über die der Erdmutter hinaus, da sie das ganze Weltall umspannt. Da sich aber ihr Symbol erst später entwickelte, nimmt sie töchterliche Gestalt an. Auch sie ist die Gebärende. Sie bringt Sonne, Mond und Sterne zur Welt. Außerdem gebiert sie ein Söhnlein, der ihr Heros ist, ihr Geliebter:

> Und ein großes Zeichen erschien im Himmel,
> eine Frau, angetan mit der Sonne,
> und der Mond unter ihren Füßen,
> und auf ihrem Haupt ein Kranz von zwölf Sternen.
> Und sie ist schwanger und schreit in Wehen
> und Schmerzen der Geburt.
>
> Off. 12,1f

In diese Symbolik gehören all die Liebesgöttinnen und ihre Liebespartner: Aphrodite und Adonis, Aschera und Adonai, Astarte und Baal, Aschera und Jahwe, Anat und El, Hanna und El, Hathor und Horus, Isis und Osiris, Eva und Adam, Freyja und Freyr, Sig-driva und Sig-urd ... und irgendwie doch auch die zur Himmelskönigin erhobene Jesusmutter Maria versus die Jesusgeliebte Maria Magdalena und ihr Christus-Heros.

Dabei muss die Spannung ausgehalten werden, dass der Mann mythologisch ein von der souveränen Frau Geborener, gleichzeitig aber auch ihr Liebespartner ist. Nur so kann die Liebe – trotz Inzesttabu – auf eine göttliche Ebene gehoben werden und grundsätzlich universelle Bedeutung erlangen: Die Frau und ihr Sohngeliebter als symbolische Einheit für die Große Liebe, die als zentraler Aspekt der kosmischen Weisheit erkannt wurde.

Abb. 38 und 39: Himmlische Jungfrau mit Apfel und Heros mit Weisheitsbuch. Links: Gnadenbild in der Wallfahrtskirche von Werl. Rechts: Gnadenbild in der Krypta der Klosterkirche von Oelinghausen (Arnsberg)

Der Mann sitzt auf dem Schoß der Frau und erhält durch sie seine Würde. Die Frau ist sein Thron. Darum wurde Isis oft nur als Thron symbolisiert. Das bedeutet, dass sich der Mann in den Kreislauf des Stirb und Werde zu fügen hat und Teil der Mutterordnung ist. Diese Einbindung des Mannes wird in Mythen mannigfach erzählt und jährlich rituell vollzogen. Höhepunkt ist die Liebesvereinigung der Göttin mit ihrem Heros in der Heiligen Hochzeit (*hieros gamos*). Mit diesem Ritual der Einschwörung auf die universale Liebe wird nach alter Vorstellung der Fortbestand sowohl der Natur als auch der Kultur gesichert.

Im Mythos symbolisiert der Mann die Schöpfung. Als Schöpfung stirbt er im Herbst. Er wird mit dem Korn geschnitten, gedroschen, zermahlen und zu *Brot* verarbeitet. Er wird mit den Trauben gelesen, gekeltert und zu *Wein* verarbeitet. Er wird mit dem *Lamm* geschlachtet, gebraten und gegessen. Der Heros gibt sich in den Geschöpfen hin, damit wir leben und den Winter überstehen. Die Himmelskönigin aber sucht ihren geopferten Geliebten, bis sie ihn gefunden hat. Sie nimmt ihn zu sich in ihre Geburtshöhle und nährt ihn. Mit der Darstellung dieses Beziehungsaspektes des verzweifelten Suchens und der nährenden Bewahrung wird das gesamte Naturgeschehen des Jahreskreises als Liebesgeschehen begriffen bis hin zur Wiedergeburt des Geliebten in verschiedenen Wellen des Erwachens: Als Lichtkind wird er in den Weihenächten wiedergeboren, und wir dürfen darauf vertrauen, dass das Tageslicht wieder zunimmt. Das zunehmende Mondsichelhorn an Lichtmess weckt unsere Lebensgeister (Brigid schüttet aus dem Gral die Funken der Inspiration über uns aus und die Holle fährt segnend über das Land), der Schnee schmilzt unter den wärmenden Sonnenstrahlen (Freyrs magisches Schwert). Der Regen kommt und macht die Erde weich (Thors magischer Hammer). Neues Leben erwacht mit Ostara. Der volle Mond an Walpurgis weckt die erotischen Kräfte und der Geliebte grünt und blüht (der kretische Lilienprinz). Der Geliebte reift bis zum Sommer zum Liebespartner, mit dem die Göttin in der Fülle des Lebens ihre Liebe erneut feiert, ehe er wieder mit der abnehmenden Mondsichel geschnitten wird und stirbt.

Es ist die Liebesvereinigung zwischen Himmelskönigin und Schöpfungsheros, mithin zwischen der Landschaft(sgöttin) und ihrem Volk (Göttner-Abendroth 1993). Diese Liebesverbindung ist notwendig, um die segensreichen Lebenskräfte im kommenden Jahr wieder zu stärken. In dieser Symbolik rückt die Liebe als harmonisch-fruchtbares Zusammenspiel der schöpferischen Kräfte in den Mittelpunkt. In den Liturgien zur Heiligen Hochzeit wurde sie in vielfältigster Weise besungen.

Hohelied der Liebe, ein Ritualtext der Heiligen Hochzeit
(1,4-6.14-17; 4,12.15f; 5,1 in Anlehnung an die Rekonstruktionsversuche G. Weilers)

Priesterkönigin:
Ich führe dich, König,
in meine Gemächer.
Wir wollen jubeln
und deiner uns freuen,
an deiner Liebe uns berauschen mehr als an Wein.
Mit Recht haben sie dich gern.

Priesterkönig:
Braun gebrannt bin ich,
doch hübsch,
ihr Töchter Jerusalems,
wie die Zelte der Kedarener,
wie die Zeltdecken der Salmäer.
Seht mich an,
wie gebräunt ich bin,
wie mich die Sonne verbrannt hat.

Priesterkönigin:
Mein Geliebter ist mir
wie eine Cyperntraube
in den Weinbergen von En-Gedi.
(= Steinbock-Quelle)

Priesterkönig:
Wie schön du bist, meine Königin,
wie schön!
Deine Augen glänzen wie Tauben.

Priesterkönigin:
Wie schön du bist, mein Geliebter, wie hold!
Unser Lager ist grün;
Zedern unseres Hauses Balken
und unser Getäfel Zypressen sind.

Priesterkönig:
Ein verriegelter Garten
ist meine Schwester und Braut,
ein verriegelter Garten
mit versiegeltem Quell.

Priesterkönigin:
Mein Gartenquell ist ein Brunnen
lebendigen Wassers (Vivo!),
das vom Libanon strömt.

Erwache Nordwind,
und komme, Süd,
durchwehe meinen Garten,
dass seine Balsamdüfte strömen!
Mein Geliebter komme
in seinen Garten und esse
von seinen köstlichen Früchten!

Der Priesterkönig zeigt sich nach der Heiligen Hochzeit dem Volk:
Ich kam in den Garten meiner Schwester und Braut,
pflückte meine Myrrhe und meinen Balsam.
Ich aß meine Wabe und meinen Honig,
trank meinen Wein und meine Milch.
Esst nun, ihr Frauen und Männer,
und trinkt und berauscht euch in Liebeslust.

Der Apfel oder auch der Granatapfel mit seinem dunkelroten Fruchtfleisch ist Sinnbild für das vaginale Geschehen von Empfängnis und Geburt. Weisheit und Liebe fallen dabei in eins zusammen. Der Mann erhält von der Frau die Frucht der Liebe und Weisheit:

Die Frau nahm vom Baum der Weisheit die Frucht und aß
und gab auch ihrem Manne neben ihr, und auch er aß.

(Gen. 3,6)

Dieses Ritual wurde in matriarchaler Zeit jährlich gefeiert. Dabei war die Priesterkönigin der lokalen Himmelskönigin die Göttin selbst und der Sakralkönig war ihr Heros. Ihn hat sie ausgewählt, weil sie ihn für klug und fähig hält, das Volk ein Jahr lang zu leiten. Er hat die Hochzeits-Aufgaben bestanden, sie hat ihn zum »guten Hirten« (Joh. 10,11) und zum »klugen Haushalter« (Lk. 12,42) für sein Volk erwählt, gesalbt und auf den Thron gesetzt. Nun feiert er mit ihr die Heilige Hochzeit, und jede Frau und jeder Mann tut es ihnen gleich. Im Herbst aber, nach der Ernte und dem Todesfest, zieht sich der König wieder zurück und denkt in der Abgeschiedenheit einer Höhle über sein Handeln nach.

Auf diese Weise wird erreicht, dass, wie Gerda Weiler immer wieder betont, der Mann seine Aggression für die Aufgaben des Lebens einsetzt und nicht für den Kampf gegen einen Feind.

Exkurs zu Erotik und Bindung in Bezug auf die Symbolik der Heiligen Hochzeit

Die Heilige Hochzeit ist als Liebesakt zwischen Göttin und Heros der symbolische Ausdruck für die schöpferische Vereinigung der kosmischen weiblichen Lebensenergie mit der Schöpfung bzw. der weiblichen Landschaft mit allem, was in ihr und von ihr lebt. Diese Vereinigung wird durch die Hochzeitssymbolik als etwas Leidenschaftliches und Hindrängendes erkannt. Sie geschieht mit erotischer Unbedingtheit. Gleichzeitig drückt sich darin aber auch eine langfristige Bindung aus, nämlich die zwischen Mutter und Kind, eine Bindung, die sich von Anbeginn an wechselseitig gestaltet. Darum sitzt der Geliebte auch als Kind auf dem Schoß der Mutter. Diese Bindung hat etwas mit der Weisheit zu tun, die von der Göttin kommt und auf die sich der Sohngeliebte positiv einlässt. In diese Weisheit ist jedes Ding, jedes Lebewesen und jeder Mensch eingebunden, und das so sicher, wie sich die Entstehung jedes einzelnen dem Liebesakt verdankt.

Auch in der Mystik kennen wir das Bild von der Heiligen Hochzeit. Es meint die seelisch-geistige Vereinigung der Mystikerin mit dem göttlichen Ganzen. Auch diese Vereinigung will ihre Leidenschaftlichkeit und Unbedingtheit betonen und greift darum zum Bild des Liebesaktes. Beide Vereinigungsvorgänge, der geschlechtliche wie der seelisch-geistige, haben etwas mit Ego-Auflösung zu tun. Und beide haben etwas mit der Weisheit zu tun, sich als Einzelne/r ins Ganze zu fügen, letztlich in die Transformationskraft der Großen Tod-im-Leben-Göttin, wie wir sie in den Jahreskreisfesten spirituell nachvollziehen.

14. Der historische Jesus und der mythologische Menschensohn

Jesus hatte immer schon eine doppelte Bedeutung als Mensch einerseits, als Symbolgestalt andererseits. Zunächst einmal war Jesus der junge Mann aus Nazareth, vorehelicher Sohn von Maria, Vater unbekannt. Sein sozialer Vater seit seiner Geburt war der Zimmermann Josef von Nazareth. Jesus hatte eine ganze Reihe von jüngeren Geschwistern. Er wurde ebenfalls Zimmermann. Mit etwa 30 Jahren stieg er aus seinem seitherigen Leben aus. Er entwickelte sich zu einem Weisheitslehrer und wurde gegen Ende seines Wirkens von Frauen gesalbt. Diese Salbung entsprach ganz der Königssalbung im alten vordavidischen Israel, bei der die Priesterkönigin einen herausragenden Mann als ihren Bräutigam und Hochzeiter erwählte und ihn für ein Jahr zum Sakralkönig ihres Landes und ihrer Landschaft salbte und inthronisierte. Das bedeutete, dass er für ein Jahr die kollektive Arbeit der regionalen Muttersippen zu organisieren hatte. Das gesamte Geschehen war dadurch sakralisiert, dass die Priesterkönigin als Abbild der Göttin und Landschaftsmutter handelte und ihr Erwählter als Abbild ihres Heros angesehen wurde. Darum hat Jesus als *Christus* (griechisch »Gesalbter«) auch einen mythologischen Bezug wie jeder Jahreskönig. Im Falle Jesu von Nazareth geht es zwar nicht um die Organisation des kollektiven Ackerbaus oder der kollektiven Herdenhaltung, denn dafür fehlten im schon damals herrschenden Patriarchat gänzlich die Voraussetzungen. Seine Aufgabe als »guter Hirte« und Sohn der Weisheit sah er vielmehr in der Sammlung der Leute und in der Verkündigung einer neuen, nämlich der alten Mutterordnung der *Basileia* (griechisch »Königin, Himmelskönigin«, s.o. Jer. 44,16-18). Dies wird in seiner Praxis überall deutlich. Gott ist für ihn weder der richtende noch der allmächtige, weder ein nationaler noch ein patriarchaler Übervater. Er gibt ihm vielmehr mütterliche Züge und identifiziert ihn mit der grenzüberschreitenden kosmischen Liebe, wenn er sagt, »er lässt seine Sonne scheinen über Gerechte und Ungerechte« (Mt. 5, 45; vgl. auch 1. Joh. 4,8.16)..

Wenn Jesus auf einem männlichen Eselsfüllen in die Stadt Jerusalem einzieht und dort von Frauen gesalbt wird, dann knüpft er als Sakralkönig an die Tradition des Thammuz (Ez. 8,14), des El und des Jahwe an, also an die Tradition des Sohngeliebten der Himmelskönigin (Inanna, Anat bzw. Aschera), dessen Abbild er war. Den Tod des Segensbringers beklagten die Leute gemeinsam mit der göttlichen Mutter im Frühjahr mit dem Erntefest der ungesäuerten Brote (dem späteren Passahfest), wenn die Sonne ihre tödlichen Strahlen schickt. Seine Auferstehung feierten sie im Spätjahr, wenn im Orient der erste segensreiche Regen nach der Dürrezeit fällt. Danach feierte man die Heilige Hochzeit der Göttin mit ihrem Heros durch rituelle Vereinigung der Priesterkönigin mit ihrem Erwählten.

Als Sakralkönig und »guter Hirte« wirkte Jesus von Nazareth aber so überzeugend und nachhaltig, dass *er selbst* als Christus mit der Symbolgestalt des Menschensohns, Maria (seine Mutter und subversiv auch seine Geliebte Maria Magdalena) mit der Symbolgestalt der Himmelskönigin identifiziert wurde, quasi als menschgewordene Himmelskönigin mit ihrem Menschensohn. Oder anders formuliert: Jesus definierte sich durch seine Praxis als Abbild eines neuen Jahwe, der, anders als der gesetzliche Monotheos der Schriftgelehrten, als Menschensohn der Basileia (Himmelskönigin) ein Unterstützer der Mutterordnung ist, wie Jesus sie in seiner Bergrede umrissen hat.

Es ist von hoher spiritueller Bedeutung, wenn Christus bei uns in Europa als Menschensohn und Heros in *unseren* Jahreskreislauf eingebunden wurde, denn es gibt meines Erachtens ein Gesetz der Spiritualität, das lautet: Jeder Mythos bleibt nichtssagend für die Bevölkerung einer bestimmten Region, wenn er nicht mit dem Jahreskreis ihrer jeweils erlebten Natur verbunden ist. Darin besteht nämlich die Seinsverknüpfung des Mythos. Alles andere ist patriarchale Ideologie und muss als übernatürliches Geschehen gewaltsam in die Geschichte und in die Seelen eingehämmert werden. Mythen aus anderen Klimazonen müssen darum erst transformiert werden, wenn sie emotional annehmbar und nicht nur wissenschaftliches Forschungsobjekt bleiben sollen.

Im Fall des Christus ergeben sich jedoch viele Ungereimtheiten in der Adaption, weil die klimatischen Verhältnisse und die spirituelle Bedeutung der Sonne bei uns in Europa eine ganz andere ist als im Orient. Unsere wichtigsten Jahresheroen und Sohngeliebten der Himmelsfreyja und Holden Frau (Thor, Wodan, Tyr; s. Kap. II, 15) werden in den drei Mutternächten unmittelbar nach Mittwinter (21. Dezember) gleichsam mit der Sonne neu geboren. Sie erstehen mit Ostara als Mannsbilder wieder auf, feiern mit der Göttin die Heilige Hochzeit an Mittsommer und sterben im Herbst nach dem Brotfest. Ihre Mythen wurden in frühpatriarchaler Zeit historisiert, doch ihr ursprünglicher Bezug zum Jahreskreis lässt sich durchaus erkennen. Der Bezug zum Naturkreislauf besteht am deutlichsten beim Erdsohn Thor, dem fruchtbaren Gewitterregen. Er dürfte der Erstgeborene der drei Muttersöhne sein und hat Ähnlichkeit mit dem griechischen Blitzeschleuderer Zeus und dem israelischen Wolkenreiter Jahwe (Ur-Jahwe). Schwieriger wird es beim alteuropäischen Mondheros Wodan, der bei den Germanen zum Schlachtengott verkommen ist. Doch auch er lässt vielfach noch Züge eines Seelenmanns und poetisch-mystischen Unterstützers der Großen Seelin (Berchta, Borbet) erkennen. An Weihnachten taucht er als bärtiger, rot-weißer Weihnachtsmann auf, doch eigentlich gehört er als begleitendes Seelenbrausen zum Totenheer der Borbet. Tyr ist am blassesten. Man hat ihn meines Erachtens deshalb ausradiert, weil er als gerechter Mann und Leiter der Thing-Versammlung von allen drei Heroen dem Christus am nächsten stand. Ich glaube, dass sein mythologischer Geburtstermin auf Christus übertragen wurde und die dritte Mutternacht (24. Dezember) ist.

Christi Geburt wurde also auf die dritte Mutter- und Weihenacht gelegt (»Alle Jahre wieder...«), quasi als ein christlicher Tyr in den Jahreskreis eingeführt. Gleichzeitig wird er auch mit der Geburt des Lichtkinds (dem kleinen Freyr) an Mittwinter in Verbindung gebracht. An Ostern erwacht er als Frühlingsheros mit der Natur. Nach dieser Naturkreislogik müsste er im Herbst, also nach dem Brotfest im August, in das Reich des Todes absteigen, um schließlich in der dritten Mutternacht wieder geboren zu werden. Da aber Christus eng mit dem historischen Jesus verknüpft blieb, stirbt er auch als transalpiner Jahresheros jedes Jahr dessen Kreuzestod im Frühjahr.

Daraus ergibt sich ein weiteres spirituelles Defizit, nämlich dem, dass der Jahreskreis der Kirchenfeste mit Pfingsten abbricht. Von Himmelfahrt bis Weihnachten kommt Christus als Jahresheros praktisch nicht mehr vor.

Im Orient sieht der naturmythologische Bezug anders aus: Da beginnt im Frühsommer die Dürrezeit, die Zeit der Klage und des Todes des

Heros'. Hier konnte der Tod Jesu zumindest zeitlich mit den naturmythologischen Gegebenheiten der Klimaregion und also mit dem Tod des orientalischen Heros in Einklang gebracht werden. Sein Tod erfogte ja auch während des Passahfestes, das vor seiner historisierenden Verbindung mit der Flucht aus Ägypten ein Erntefest gewesen war, das Fest der ersten, ungesäuerten Brote, bevor die Trockenzeit kam, in der alles abstarb. Schwierig bleibt, dass der Tod Jesu eine verabscheuungswürdige patriarchale Hinrichtung ist und nicht der ritualisierte Tod des Sakralkönigs als symbolisches Abbild für die absterbende Natur.

Stimmig mit den altisraelischen Mondheroen, zu denen ja auch Jahwe einst gehörte, sind dagegen die Tage der Unterweltsfahrt des mythologischen Christus und seine Wiedererweckung am dritten Tag. Es ist von Karfreitag bis zum Ostermorgen jedoch nicht die menstruellen Zeit des Schwarzmondes. Die Osterterminierung wurde vielmehr mit dem Vollmond verbunden, insofern Ostern auf den ersten Sonntag nach dem ersten Frühlingsvollmond gelegt wurde. Daher die großen Schwankungen von Sonnenjahr zu Sonnenjahr.

Jesu Tod am Kreuz ist auf der historischen Ebene nichts anderes als die Hinrichtung des Sakralkönigs und Frauengesalbten durch die patriarchalen Machthaber im römisch besetzten Palästina. Paulus aber gibt ihm die Bedeutung eines Sühnopfers des Vatergottes für sich selbst, damit er sich den sündigen Menschen gegenüber gnädig zeigen kann. Der Vatergott realisiert an seinem eigenen mythologischen »Sohn« den Tötungsbefehl, den er einst dem Abraham gegeben hat, als stellvertretende Todesstrafe für uns sex-sündige, schuldhafte Menschen, damit er uns nicht mehr mit dem ewigen Tod bestrafen muss, den wir nach seinem Gesetz verdient hätten, sondern uns das ewige Leben schenken kann. Paulus hat also, ungeachtet der Praxis Jesu und seiner Botschaft von der Basileia, den Kreuzestod Jesu in patriarchalem Sinne ideologisiert. Die Kirche konnte sich in Folge eine Absolutionpraxis anmaßen, jegliche tatsächliche Schuld im Namen Gottes zu vergeben, *sola gratia*, ohne reale Versöhnungsbemühungen des Täters gegenüber dem Opfer. Dies aber widerspricht jeglicher *tatsächlicher* Versöhnung, wie sie auch für Jesus bedeutsam war (Mt. 5, 23-25; s. auch Kap. IV,6). Das Angebot dieser rein ideologisch-illusionären »Versöhnung mit Gott« und die Aussicht auf ewiges Leben mag für manche Täter ein bequemes Angebot sein für ihre Gewissensnot. Auch

Paulus war ja als Saulus ein fanatisch verblendeter Täter. Vielleicht hat er diese neue, unglaubliche Ideologie im Wesentlichen zu seiner eigenen Entlastung konstruiert.

Da dieser patriarchal-ideologische Sühneopfertod bei uns mitten in der Auferstehungszeit des Frühlings stattfindet, widerspricht er grundlegend der Naturmythologie und Spiritualität Europas. Jesus würde sagen: »Solange ihr den Bräutigam (sprich: Frühlingsheros) bei euch habt, braucht ihr nicht zu trauern.« (Mk. 2,18-20) Die patriarchale Ideologie widerspricht dem Leiberleben der Jahreszeit. In unseren Familien wird immer der Schwerpunkt auf Ostern gelegt und nicht auf Karfreitag, Kreuzestheologie hin oder her. Darum hat die paulinische Ideologie im Grunde nie wirklich Eingang gefunden in die Herzen unserer Bevölkerung.

Paulus hat durch seine Veruntreuung der Botschaft Jesu (Christa Mulack) die Chance zunichte gemacht, dass die patriarchale Wirklichkeitsdefinition frühzeitig durch eine mutterorientierte christliche Sicht hätte revidiert werden können.

Die paulinische Brille wurde durch die Reformation leider noch einmal geschärft, der mythologische Himmel von jeglicher Feminisierung gereinigt, der patriarchale Monotheismus gefestigt, wenn auch die Hierarchie der evangelischen Kirche sich heute Frauen gegenüber offener zeigt.

Trotz aller Spannungen meine ich, dass es sich für spirituell suchende Menschen heute lohnt, sich sowohl mit dem Weisheitslehrer und Frauengesalbten Jesus als auch mit dem Sohngeliebten unserer Klimazone zu befassen und mit dem Christus in Einklang zu bringen. Dies will ich in meinem nächsten Buch versuchen.

Ermutigend in diesem Sinne sind vor allem die älteren romanischen Madonnenskulpturen, die durchweg eine Muttergöttin mit einem erwachsenen Sohngeliebten (Heros) auf ihrem Schoß zeigen, beide in königlicher Haltung. Die Aussage dieses Symbols lautet: Alles Männliche ist eingefügt ins weiblich-mütterliche Ganze.

Abb. 40: Notre Dame de Marsat, schwarze Todesmutter mit Heros

15. Das offene Mandala des Wochenhauses und seine Urgestalten

In unserer Woche nun haben wir das gesamte mythologische Ensemble der alteuropäischen Symbolgestalten als ein offenes Mandala vor uns. Wenn wir vom Tag der Freyja, der Hohen Frau (Freitag) als der oberen Mitte des Mandalas ausgehen, dann entfalten sich nacheinander die Tage so, dass sich weibliche und männliche Energie jeweils gegenüberstehen, der Mann immer als Unterstützer und Förderer der weiblich-mütterlichen Lebensenergien: Dem St. Ambetstag (Samstag) steht der Tag des Thor/ Donar (Donnerstag) gegenüber. Sie vertreten den leiblich-materiellen Aspekt des Lebens. Dem Tag der Seelin Borbeth (Sonntag) steht der Wodanstag (Wednesday, Mittwoch) hilfreich gegenüber. Dem Tag der Liebin Wilbeth (Montag, Mondtag) steht der Tyrstag (Tuesday, Dienstag) hilfreich entgegen. Ganz »unten« entsteht so, der Großen Göttin gegenüber, ein freier Platz, den man als Meditierende/r selbst einnehmen könnte.

Freitag

Samstag Donnerstag

Sonntag Mittwoch

Montag Dienstag

leerer Platz

Woche für Woche durchlaufen wir also ein interessantes Mandala. Die Namen der Wochentage geben dem ganzen einen Sinn. Ähnlich dem räumlichen Symbolkomplex des Landschaftstempels (s. Kap. II, 16), ist das zeitliche Wochenmandala symbolisch hoch komplex und kann als Ergebnis einer langen Symbolentwicklung betrachtet werden.

Ich möchte nun mit den drei den männlichen Heroen gewidmeten Tagen beginnen. Von besonderer Bedeutung dabei ist, dass jeder von ihnen mit einem ihm eigenen Handicap ausgestattet ist. Dieses Handicap bewahrt das Mannsbild vor einer Fehlentwicklung. Das jedem anvertraute

Werkzeug (Schwert, Speer, Hammer) ist ihm außerdem nur auf Zeit geliehen. Jeder Heros muss es, sobald er seine Aufgabe damit erledigt hat, der Mutter wieder zurückgeben. Dieser Vorgang bewahrt das Mannsbild vor einem Missbrauch des Werkzeugs.

Der Dienstag (engl. tuesday) ist der Tag der nordischen Symbolgestalt Ziu (gr. Zeus, daraus lat. Deus), des Tyr. Zur Zeit der indogermanischen Eroberungen kam er vermutlich als junger asischer Kriegsgott ins alte Europa. Doch dann wandelte er sich, wohl unter dem Einfluss der sesshaften Alteuropäer, zu einer Urgestalt des Rechts, die er möglicherweise ursprünglich in seinem angestammten matriarchalen Herkunftsland auch war, und er leitete die Ratsversammlung der germanischen Göttinnen und Götter. Sein Handicap: Er hat nur eine Hand, die linke. Die rechte hat ihm das Schöpfertier, der Fenriswolf, abgebissen.

Dazu der Mythos: Als die eisenführenden Lichtgötter, die germanischen Asen, den mythischen Verdauer der Todesmutter Hel fesseln und unschädlich machen wollten, überredeten sie ihn, sich doch probeweise auf die Fesseln einzulassen, um dann allen zu zeigen, wie leicht er sie doch mit seiner Kraft sprengen könne. Zweimal konnte sich der Fenriswolf auch mühelos befreien. Als sie ihn das dritte Mal fesseln wollten, stellte der misstrauische Fenris die Bedingung, dass ein Ase ihm während des Fesselns seine Hand ins Maul legen müsse. Nur Tyr, der den Wolf, als er noch jung war, täglich gefüttert hatte, war dazu bereit. Als Fenris merkte, dass, je stärker er sich gegen die dritte Fessel wehrte, sie sich um so stärker zusammenzog, biss er Tyr die Hand ab, seine schwertführende rechte Hand.

Dieses Handicap machte Tyr unumkehrbar zu einem Sohn des Friedens, der lernen musste, die Konflikte am Verhandlungstisch zu lösen. Das Schwert konnte ihm nunmehr nur ein rituelles Attribut sein, ein Symbol für Klarheit und Entschiedenheit, ein Sinnbild für Integrität und Unkorrumpierbarkeit, aber keine Waffe gegen den Feind. Darum kann er der Heros der Wilbet, Sohn der Liebesmutter, genannt werden (s.u.).

Hätte er dieses Handicap nicht, bestünde die Gefahr, mit dem Schwert zuzuschlagen, wenn ein Konflikt sich nicht nach seinen Vorstellungen lösen lässt. Seine Aufgabe als guter Hirte ist es nun, Frieden zu schaffen ohne Waffen, zu vermitteln und zu versöhnen, ohne Verurteilung und ohne Todesstrafe. Er muss ein flexibler Mediator sein, der auf der Basis allgemeiner Lebensinteressen und zentraler menschlicher Grundanliegen mit den Konfliktparteien gute Lösungen erarbeitet, mit denen alle Beteiligten leben können (s. Kap. IV, 6). Er ist der Muttersohn des Friedens, der gute Hirte der Königin, und steht auf der Symbolebene dem östlichen Asera-Sohn Jahwe beziehungsweise dessen Priesterkönig Jesus (hebräisch *Joshua,* »Jahwes Hilfe«) recht nahe.

Die patriarchale Verzerrung dieses Symbolmannes besteht darin, dass er sich ohne sein Handicap zu gesetzlicher Zwanghaftigkeit hin entwickelt, dass er von einem ideologischen Spaltungsinteresse (Freund-Feind-Denken) bestimmt wird und einem Herrschaftsdenken (Befehl und Gehorsam) anhängt. Dabei ergänzen sich alle drei Aspekte – Gesetz, Feindbild und Hierarchie – zu einer gewaltigen und gewalttätigen patriarchalen Synergie.

Der Mittwoch erschließt sich aus der englischen Bezeichnung *wednesday* als Wodanstag. Wodan war wohl ursprünglich nicht der furchtbare asische Schlachtengott, der die Helden in sein himmlisches Walhall aufnimmt. Diesen Zug hat er vermutlich erst während der germanischen Eroberungen angenommen. In vielen mythologischen Erzählungen wird deutlich, dass er eigentlich ein transalpiner Dionysos ist, ein Gott der Intuition, eine Urgestalt an der Grenze zwischen dieser und der anderen Welt. Er ist immer bereit, von den älteren Riesinnen und Riesen und von den Göttinnen zu lernen. Als stets Lernender und Ergründender entwickelte er sich zu einem Heros der Weisheit. Er war sogar bereit, eines seiner Augen zu opfern, um aus dem Weisheitsbrunnen trinken zu dürfen.

Der Mythos: Er erbat vom angestammten riesischen Hüter der Weisheit, Mimir, seinem Mutterbruder, aus dem Weisheitsbrunnen trinken zu dürfen. Mimir erlaubte es ihm unter der Bedingung, dass er ein Auge als Pfand im Brunnen hinterlegt. Dazu ist Wodan bereit, und so darf er aus dem Brunnen trinken.

Ein weiterer Mythos: In einem männlich-schamanischen Initiationsritual bindet sich Wodan neun Tage lang an den Weltenbaum, seinen Mutterbaum (seine Mutter war die Eibengöttin Bestla). Schließlich öffnet sich ihm die Anderswelt, und die Schicksalsgöttinnen raunen ihm die Runen zu. Im dialogischen Umgang mit diesen ist es ihm möglich, den Weg der Weisheit zu finden. Weil der Weltenbaum ihm auf diese qualvolle Weise als schamanisches Vehikel, quasi als Pferd, dazu diente, sein Ego aufzulösen und ihn in die andere Welt zu tragen, nannte er ihn »Yggdrasil«, »Schreckenspferd«.

Ein weiterer Mythos: In den Raunächten zwischen den Jahren taucht »der Alte« mit dem windbrausenden Seelenheer der im Jahr Verstorbenen (die »salig Lüt«) als Begleiter der Seelenhüterin Berchta (= die Prächtige) in den Seelenberg der Hohen Frau. Dort, im Innern des Berges, findet jährlich seine Erneuerung statt und mit ihr die Verjüngung der Seelen zu »Heimchen«.

Mit seinem Speer befördert Wodan uns in die Anderswelt. In diesem Sinne ist er auch der Daimon und Förderer des ekstatischen Tanzes und der mystischen Versenkung. Daher auch sein Name, der rauschhaftes Wutrasen bedeutet. Sein Rauschen ist das Rauschen des Waldes, darum wird er auch Wold genannt oder Waldmann. Sein anderer Name Odin kommt vom Dichtermet Odrörir, einem Inspirationsgebräu, das auf den Speichel all derer zurückgeht, die beim Friedensritual zwischen den Asen und den alteingesessenen Wanen in den Ritualkessel gespuckt haben.

Wodans spezielles Handicap ist seine Einäugigkeit. Sie deutet darauf hin, dass er bei all seinem Wissensdurst und seiner Neugierde das Lebensgeheimnis der Großen Göttin nicht bis ins Letzte ergründen will, dass er also kein Wissenschaftler ist, der das Lebendige bis ins Kleinste zerlegt und meint, das Leben selbst irgendwo auf dem Seziertisch als definierbares Materie-Teilchen entdecken zu können. Vielmehr lässt er das Geheimnis des Lebens bei der Hohen Frau verborgen sein. Damit erkennt er an und respektiert, was die Große Göttin in ihrer Selbstaussage in der Inschrift des Tempels von Sais beschwört:

> Ich bin die Seiende von Anbeginn.
> Was da ist, was da sein wird und was gewesen, bin ich.
> Meinen Schleier hat keiner aufgedeckt.
> Die (erste) Frucht, die ich gebar, war die Sonne.

PLUTARCH, *ÜBER ISIS UND OSIRIS*, C9

Seine höchste und geheimste Erkenntnis flüstert Wodan dem toten Lichtsohn Balder ins Ohr, der im Herbst von seinem blinden Dunkelbruder Hödr unter Anleitung des Endigers Loki mit einem Mistelpfeil getötet wird. Das Wort an den Lichtsohn kann meines Erachtens nur das alte Trostwort der Göttin beinhalten, dass Balder im Frühling wieder auferweckt werden wird.

Wodan, so könnte man sagen, symbolisiert die seelisch-geistige Bewegung der Schöpfung vom Dunkel ins Licht, vom Unwissen ins Wissen, vom Unbewussten ins Bewusstsein. Darum ist er auch identisch mit dem brausenden Seelenheer der schwarz-weiß-gesichtigen Tödin und Erneuerin, identisch auch mit den neuen Inspirationsfunken der Brigid (= die Strahlende, englisch *bright*), und der neubeseelenden Lebensenergie der Holle an Lichtmess.

Wodans Handicap hilft ihm, das Geheimnis des Lebens zu hüten. Nur in der Poesie und Mystik nähert sich der Hüter der »torlosen Schranke« (paradoxe Bezeichnung der Koans im Zen-Buddhismus) diesem Geheimnis. Ohne sein Handicap der Einäugigkeit bestünde bei ihm die Gefahr, dass er zu sehr auf das Beobachtbare, auf das Messbare und Berechenbare fixiert wäre, auf das Sezieren und Analysieren von Leben, um bis in die kleinsten Details vorzudringen.

Die patriarchale Verzerrung Wodans besteht darin, dass er sich ohne sein Handicap zu einer wahnhaften Distanz zum »Objekt« (Subjekt-Objekt-Spaltung) hin entwickelt, zu einer lieblosen Sachlichkeit und Leichenfledderei, wenn er als Toter das Tote untersucht (vgl. Faust-Prolog). Hinter seiner kalten Sachlichkeit aber liegt eine Form von Gewalttätigkeit verborgen. Außerdem steht er zunehmend in der Gefahr, sich durch diese neutrale Sachlichkeit in die Verfügbarkeit männlicher Macht und des Großen Geldes zu stellen. Der vom Oikos und der Ehrfurcht vor dem Leben losgelöste Wissenschaftler rutscht heute quasi mit logischer Konsequenz in einen fatalen Pakt mit der Wirtschaft, sprich Agrarindustrie, Pharmakonzerne, Automobilindustrie, Atomindustrie, Rüstungsindustrie und so weiter und verschmilzt mit ihr zum *Homo sciento-oeconomicus*, zum Industriewissenschaftler.

Seine Aufgabe ist es, die Verwobenheit allen Lebens zu würdigen und das Lebensgeheimnis zu wahren. Seine Wissbegier hat nie zerstörerischen

Charakter. Er ist ein besonnener Mann, der in der Stille und Kontemplation dem Leben nachspürt, der in Verbundenheit mit dem Leben das Lebensnetz erforscht, mit ihm tanzt und mit ihm in Heiterkeit oder Schmerz singt. Er steht mit dem Geschöpflichen, das er ergründen will, in bejahender Beziehung.

Als Beispiel für eine weise Forscherin möchte ich die Nobelpreisträgerin für Medizin von 2015 anführen, die Chinesin Tu Youyou. Aus dem Studium der traditionellen chinesischen Heilkunde erfuhr sie von der heilsamen Wirkung des Beifuß (lat. *artemisia*) gegen Malaria und entwickelte aus dem einjährigen Beifuß den pflanzlichen Wirkstoff Artemisium für eine künftige Malaria-Therapie. Ich bin davon überzeugt, dass in unseren Heilpflanzen alle für uns wichtigen Arzneien in bestmöglicher Zusammensetzung zu finden sind. Dafür ist aber wichtig, dass wir sowohl unseren Pflanzen als auch der alten Pflanzenheilkunde mit Hochachtung begegnen und sie mit Hochachtung weiter entwickeln.

Als weiteres Beispiel für eine lebensfreundliche, wodanische Wissenschaftlerin möchte ich Jane Goodall anführen, die als Verhaltensforscherin lange unter Gorillas lebte, um sie kennenzulernen und sie aus dieser relativen Nähe heraus wissenschaftlich erforschte. Ihrem weiblichen Stil entsprechend, beschränkte sie sich nicht, wie ihre männlichen Kollegen, darauf, selektiv das auffallende Kampfverhalten und die Rangstreitigkeiten der Männchen zu »beobachten«, sondern auch den »uninteressanten« Weibchen mit ihren Jungen Aufmerksamkeit zu schenken, weil sie ihnen nahe war. So erfahren wir sehr Interessantes über die soziale Bedeutung der Gorillafrauen, nämlich, dass sie auf die männliche Aggression Einfluss nehmen und sich nicht nur passiv verhalten:

> Die Weibchen beschützen ihre Jungen. Jedes Junge hat auch eine zweite Beschützerin, quasi eine Tante. Das stärkste Männchen hat sich durch Rivalitätskämpfe als solches erwiesen, doch es ist kein Pascha, da immer die Weibchen ihren Sexualpartner wählen. Sie sorgen für Ausgleich unter den Männchen. Will ein Männchen zur Gruppe gehören, muss es sich in einem langen Prozess den sozialen Spielregeln der Weibchen fügen, sonst bleibt es Außenseiter und wird nicht als Sexualpartner gewählt.

Im Unterschied dazu erfuhr ich von einem Käfer-Experten, dass er, um die Geschlechtsorgane einer seltenen Käferart untersuchen zu können, kurzerhand alle Käfer eines Urwaldriesen, auf dem die gesuchten Käfer zu Hause waren, vergiftete. An den toten Exemplaren erforschte er dann ihre Geschlechtsorgane.

Der Donnerstag hat seinen Namen vom Wettergott Donar oder auch Thor, der mit seinem von zwei Böcken gezogenen Wagen bei Gewitter über den Himmel rumpelt. Seine beiden Böcke haben gewundene Hörner, die an Bäche und Flüsse erinnern und, als Mondsymbole, an die Wandlungskraft der Göttin. Er ist der erste Sohn der Erdmutter, der Einbet. Seine Aufgabe ist es, mit seinem magischen Hammer das Eis zum Schmelzen zu bringen, Steine zu zerkleinern und so die Erde für das neu aufkeimende Leben im Frühjahr vorzubereiten. Sein Regen macht die Erde weich. Er patscht durch die Bäche und Flüsse, ist also eng mit dem Element Wasser verbunden. Auch er hat ein Handicap: In seinem Schädel steckt ein Steinkeil, der nicht entfernt werden kann.

Der Mythos dazu: Im Kampf mit einem Steinriesen schleuderten beide einander ihre »Waffen« entgegen, der Riese einen großen Wetzstein, der im Vergleich zum Riesen viel kleinere Thor seinen Eisenhammer. Beide Geschosse trafen im Flug aufeinander. Der Stein des Riesen zerbarst und der Hammer zertrümmerte den Steinriesen. Doch ein Wetzsteinsplitter drang Thor in den Kopf. Er wurde ihm zum bleibenden Andenken dafür, dass seine lebens- und wachstumsfördernde Arbeit immer wichtig sein und sich nie erübrigen wird.

Dieser Wetzstein in seinem Kopf verhindert, dass Thor sich törichte Illusionen darüber macht, dass seine Arbeit irgendwann einmal ein Ende finden könnte. Immer wieder wird in den vielen Thor-Geschichten festgestellt, dass Thor nun alle Stein- und Eisriesen zerkleinert hat und dem Wohlleben nichts mehr im Wege stehe. Doch jedes Jahr steht er im Frühling wieder vor derselben Aufgabe der Bodenbearbeitung, wie jeder Bauer und jeder Gärtner.

Hätte Thor diesen Erinnerungsstein nicht in seinem Kopf sitzen, bestünde bei ihm die Gefahr, ein Leben ohne Arbeit und Mühe anstreben zu wollen und an der Illusion eines Schlaraffenlandes zu hängen, in dem er nur noch fressen und saufen könnte und nichts mehr tun müsste. Natürlich kann er technische Geräte zur Erleichterung nutzen, doch jedes Kunstprodukt muss lebensverträglich sein. Es muss einerseits sozial verträglich sein, andrerseits ökologisch. Die Mittel, die er einsetzt, müssen von den Schöpfertieren verdaut werden können, sonst wird der Großen Göttin übel, und sie verzieht ihr Gesicht zur schrecklichen schlangengesichtigen Gorgo-Medusa-Kybele.

Die patriarchale Verzerrung Thors besteht ohne sein Handicap in seiner dummen Vorstellung, alles produzieren zu wollen, wonach es Menschen verlangen könnte. Es ist die Torheit eines Mannes, der das Leben nur als Bauch sieht, in den man alles stopfen kann. Aber was nützt es, wenn der Bauch dicker und dicker wird, der Bewegungsapparat und das Herz aber um so schwächer? Darum aber kümmert sich der patriarchale Thor nicht. Hauptsache es fließt Geld in die eigene Tasche, mit dem er sich ein bequemes und großspuriges Leben leisten kann. Er, der Bauer und Gärtner unter den Urmännern, mutiert unter der Vaterordnung zu einem Verächter der Arbeit, zu einem Protz, der großtut damit, sich nicht mehr abmühen zu müssen, andere für sich arbeiten zu lassen und Geld zu verdienen, ohne einen Finger krumm machen zu müssen. Was braucht er einen Bewegungsapparat. Er hat doch andere Apparate, die er für sich nutzen kann. In seiner Torheit sieht er sich aufgrund seiner Mensch-Natur-Spaltung außerhalb der Natur und die Natur als ein beherrschbares und willkürlich ausbeutbares Gegenüber.

Exkurs zur Überwindung des spalterischen patriarchalen Mannes- und Menschenbildes

Zusammenfassend könnte man sagen: Der patriarchale Mensch der androkratischen Werteordnung hat sich vom weiblich-mütterlichen Ursprung losgesagt und genügt nicht mehr den ökologischen Anforderungen des Lebensgewebes.

Was wir brauchen ist also eine neuerliche Geist-Leben-Einheit im Sinne einer mitfühlenden Subjekt-Objekt-Beziehung gerade im Bereich der Wissenschaft und Technik. Wir brauchen einen relationalen (beziehungsorientierten) Freiheitsbegriff, eine Vorstellung von

»Freiheit in der Bezogenheit«, wie die Mailänder Philosophin Luisa Muraro sagt. Wir brauchen einen Führungsbegriff wie ihn die Kontrabassistin und Dirigentin Judith Goldbach formuliert hat: Führung unter Einbeziehung. Es geht dabei nicht nur um Moralisierung oder um die ethische Zügelung einer global zügellos gewordenen Männergesellschaft. Es geht auch nicht nur um eine neue Spiritualität im Sinne einer spirituellen Subkultur innerhalb des herrschenden Patriarchats. Es geht vielmehr um die Entwicklung und Implementierung einer neuen symbolischen Ordnung, die unser Denken und Handeln neu ausrichtet. Es geht um Revision, um das Umschreiben der nekrophilen männlich-väterlichen Inszenierungen durch ein weiblich-mütterliches Drehbuch.

Dies bedarf klarer Visionen und eines entschiedenen politischen Willens. Tagespolitiker unseres Systems nehmen Probleme immer nur auf der augenfälligen Symptomebene wahr, auf der sie auch nach Lösungen suchen, nach schnellen Lösungen. Große Hoffnung wird dabei auf die Hirnforschung gesetzt, die z. B. jemandem durch ein ins Gehirn implantiertes Chip das mühsame Erlernen einer Sprache ersparen könnte und damit dem Staat einen teuren Sprachunterricht. Aber, so erfuhr ich während einer Diskussionssendung gerade von einem Hirnforscher, es wäre fatal, sich auf Hirnmanipulationen zu verlassen, um Menschen nach unseren Wünschen zu formen. Denn, so betonte er, es bestehe unzweifelhaft eine Wechselwirkung zwischen Gehirn und Umwelt, die so aussehe, dass sich im Gehirn und in den Genen nachhaltig niederschlage, wie die Schwangerschaft vom Kind erlebt werde, wie es in Familie und Gesellschaft aufwachse usw. Die Gestaltung der Umwelt bleibt also eine bedeutsame politische Aufgabe. Eine kindgemäße Schulreform bleibt der Politik auch in Zukunft nicht erspart.

Viele Ansätze keimen bereits an verschiedenen Stellen: erneuerbare Energien, Klimakonferenzen, regionale Versorgung, das Konzept der slow-fashion bzw. des slow-tex, Überwindung wissenschaftlicher Disziplinierung, Auflösung der national-staatlichen Grenzen in Europa, politische Konfliktlösungen am Verhandlungstisch, Mediation bei zerstrittenen Eltern, Partnerschaftlichkeit in den Familien, neue Väter, eine Bischöfin, die sich auf derselben Ebene wahrnimmt wie ihre Mitarbeiterinnen, eine Willkommenskultur für Flüchtlinge, ein grüner

Ministerpräsident, ein grüner (muslimischer) Politiker, der klarstellt: Kein heiliges Buch steht über dem Grundgesetz. Der Rahmen aber, in dem sich diese Pflänzlein am Leben zu erhalten suchen, wird nach wie vor von einer globalen symbolischen Ordnung des Vaters bestimmt.

Noch ein Wort zur Willkommenskultur: Obwohl die Flüchtlinge meist aus einer hochpatriarchalen, moslemischen Gesellschaft kommen, wird ihnen geholfen. Obwohl sich Fundamentalisten unter ihnen befinden, die Ungläubige ablehnen und die den Koran *über* das Grundgesetz stellen, nehmen die Helferinnen sie auf. Obwohl muslimische Männer gelernt haben, Frauen nicht als gleichwertig anzusehen, und einige unter ihnen europäisch gekleidete Frauen sogar verachten, bemühen sich die Helferinnen um sie und heißen sie willkommen. Obwohl sie Intoleranz und Hass untereinander mitbringen, werden sie nicht zurückgewiesen. Obwohl sich durch die muslimischen Flüchtlinge bei uns ein hochpatriarchales, nationales Freund-Feind-Denken reaktiviert, bleiben die Helferinnen unbeirrt in ihrer Arbeit. Diese Spannung muss ausgehalten werden, wenn wir weiblich-mütterliche Werte in einem patriarchalen Kontext leben.

Der Freitag ist der Tag der Großen Göttin, der Großen Bet(h), der kulturschaffenden Freyja, von der jede Frau ihre Ehrenbezeichnung hat als »Frouwe«, als Freie, als Abbild der Göttin und ihre Priesterin (Wei(h)b = geweihter Mensch, engl. *wo-man*). Sie wird – wie alle Göttinnen – Jungfrau genannt. Diese Bezeichnung betont ihre Unabhängigkeit und geistige Freiheit, ihre Souveränität, besonders in ihrer Eigenschaft als Schöpferin. Die Bezeichnung Jungfrau hat nichts mit Keuschheit und sexueller Unberührtheit zu tun. Dies ist eine spätere patriarchale Erfindung, um das Frausein in rein und unrein, unschuldig und sündig zu spalten und zu beherrschen. So hat mann aus freien Göttinnen abhängige Gattinnen gemacht.

Zu dieser weiblichen Souveränität gehört auch die freie Partnerwahl. Dies ist eine Tatsache, die in der modernen Gesellschaft allmählich erkannt und anerkannt wird. Lange pflegte mann die Vorstellung von der Eroberung der Frau durch den Mann. Wenn sich aber die Männer daran orientierten, erlitten sie entweder Schiffbruch oder sie wurden aggressiv und gewalttätig. Das Bild vom Eroberer ist als Modell, eine Frau zu gewinnen, völlig irreführend. In der Vogelwelt werben die Männchen durch Balztänze, Gesänge oder Nestbau. Auch Menschenmänner können im Beisein von Frauen zu Höchstform auflaufen, werben mit Witz oder Coolness. Über komplexe Wechselwirkungsprozesse findet gegenseitige Anziehung statt. Mag eine das erste Signal dabei senden, dann sendet die andere das nächste und so weiter.

Die Vorstellung vom erobernden Männlichen lebt aber hartnäckig immer noch weiter, etwa in der Vorstellung davon, wie Befruchtung im weiblichen Körper stattfindet. Da wird immer noch behauptet, die schnellste männliche Samenzelle würde die Eizelle erobern. Also auch hier die Phantasie: aktiver männlicher Eroberer – passive Frau. Man weiß aber heute, dass die Gebärmutter Stoffe absondert, die es den männlichen Samenzellen überhaupt erst ermöglichen, im sauren vaginalen Klima nicht zu erlahmen. Und es ist die Eizelle, die ihre Botenstoffe abgibt, um aus den sie umgebenden Samenzellen einer einzigen mitzuteilen, dass sie von ihr aufgenommen wird. Unter diesem Gesichtspunkt muss von Gewalt gesprochen werden, wenn bei einer künstlichen Befruchtung eine Eizelle gezwungen wird, die Samenzelle aufzunehmen, die mann ihr injiziert, weshalb auch häufig eine künstliche Befruchtung misslingt.

Freyja ist der Segen für alles, was lebt; sie ist die Große Göttin, die eng mit den drei Schicksalsgöttinnen verbunden ist und ihre Seinsmächtigkeit und Weisheit in den drei Symbolpaaren der übrigen Tage entfaltet. Sie ist die Trägerin des Lebensgeheimnisses. Sie ist in der nordischen Mythologie eine Wanin, das heißt, dass sie alteuropäischer Herkunft ist. Sie kennt alle Zauber- und Erneuerungskräfte und bewahrt bei sich den Kessel des Lebens. In Mitteleuropa wird sie Holle genannt, holde Frau, mit der man sich in den südlichen Alpen in freier Natur begrüßt: Holla! Als Zeichen des ineinander verwobenen Lebensteppichs trägt sie einen von vier Zwergen (Elementargeistern) geschmiedeten Goldschmuck auf ihrer Brust, das Brisingamen. Der Name bedeutet: aus durchbohrten Gelenken geschlungen. Das Brisingamen ist also eine Art Geflecht, ein strahlendes Goldgewebe, das als goldenes Netz gesehen werden kann, als das ewige weibliche Lebensnetz. Dann wäre zur symbolischen Vervollständigung bei der Himmelsfrau quasi symbolisch synchron im Sinne der gebärenden Himmelskönigin von Off. 12,1f immer auch an ihre Tochter zu denken, die uranfänglich in ihr angelegt ist und sie in ihrer evolutionären Potenz symbolisiert (Babuschka).

Die symbolische Erweiterung um das Männliche in Gestalt des Sohnes kann als symbolische Vervollständigung angesehen werden, wie es das Sinnbild der Anna Selbdritt (s. Abb. 53) zum Ausdruck bringt. Die Verkürzung auf die Madonna mit ihrem Sohn-Mann, dem Muttersohn, wie wir es kennen, ist nur dann stimmig, wenn der Sohn auf dem Schoß der Mutter sitzt. Die Großmutter, die Erdmutter und die kosmische Mutter wäre immer als hinter der Mutter stehend dazu zu denken, um die weibliche Genealogie als fortlaufende Mutterlinie erkennbar zu machen. Dies kommt sehr schön in dem Bild der mexikanischen Malerin Frida Kahlo zum Ausdruck (Abb. 41).

Abb. 41: Frida Kahlo, Die große Umarmung, »Das Universum, Mutter Erde, Ich, Diego und Herr Huattl (Hund)«

Die folgenden drei Tage, also Samstag, Sonntag und Montag, sind den drei weiblichen Urkräften gewidmet, wie sie in den Drei Bet(h)en Gestalt angenommen haben, den drei Aspekten der Großen Bet(h). Sie werden im offenen Wochen-Mandala der Erde, der Sonne und dem Mond zugeordnet und bilden in der Tat wie diese eine eng aufeinander bezogene, sich gegenseitig im Gleichgewicht haltende energetische Dreifaltigkeit, die in einem umfassenden Sinne Leben ermöglicht. Erni Kutter führt an, dass in vorpharaonischer Zeit die in Höhlen verehrte Große Göttin vermutlich den Namen »Bat« oder »Beth« trug. »Bet(h)« meint in seiner Wortbedeutung von »Welt«, »Leben« (griechisch *bio*), Eingebettetsein, Basis und »Ewigkeit« immer die kreisende Kraft des Weiblichen, seine zyklische Todes- und Wiedergeburtskraft. Dies wird unterstrichen, wenn jede von ihnen, wie bei den Jungfrauen von Klerant zu sehen, einen goldenen Apfel oder eine goldene Kugel hält, Symbol des ewigen Lebens. Alle drei sind gekrönt, also eine Dreifaltigkeit von höchster Bedeutung. Ihre Haare sind gelöst und gebunden, drücken also die Macht aus, zu lösen und zu binden, die Kräfte frei strömen zu lassen oder an sich zu halten (s. Abb. 42).

Die Drei Bet(h)en werden auch die »Drei Schwestern« oder die »Drei Jungfrauen« genannt. Im Unterschied zu den genealogischen Urmüttern (s. Abb. 35 und 54) werden sie meist als drei junge Frauen ohne erkennbaren Altersunterschied dargestellt. Der Kult der »Drei Jungfrauen« ist einer der ältesten Frauenkulte im Alten Europa und wurde, wie Erni Kutter ausführt, in Süddeutschland, in Südtirol, im Wald- und im Mühlviertel in Österreich noch sehr lange begangen, und zwar – vor ihrer feindseligen Übernahme durch die Kirche, die versucht hat, sie herabzustufen, indem sie ihnen die Namen von drei Heiligen gegeben hat – immer in Verbindung mit drei Bäumen, einer Quelle und einem Stein. Vermutlich gehörte zu ihnen auch die Verehrung des Schweins als heiliges Tier, das in seiner Rundlichkeit die uterale Weiblichkeit, Glück und Segen symbolisierte (Glücksschwein, »Schwein gehabt«). Freyja wird darum manchmal auch die heilige Sau genannt, die auf dem Goldschimmernden Mondschwein über den nächtlichen Himmel reitet.

Abb. 42: Ambet (schwarz), Gewer (Wilbet, rot) und Bruen (Borbet, weiß), die drei eindrucksvollen Beten von Klerant, um 1470

Die souveränen Frauen (= Jungfrauen) tragen die Namen:

Ambet(h) oder auch Anabet, Einbet,
Wilbet(h) oder auch Firpet, Svilbet, Gewer,
Borbet(h) oder auch Gwerbet, Querre, Bruen.

Sie treten fast immer in ihrer Dreigestalt auf und sind gekleidet in Weiß, Rot und Schwarz (jedoch immer wieder in unterschiedlicher Verteilung). Das bedeutet, dass sie wohl ursprünglich in ihrer Dreiheit das Sinnbild für den weiblichen Monats- und Menstruationszyklus waren:

> …die weiße Phase des neuen Aufbaus der Gebärmutterschleimhaut, die rote Blutfülle im Uterus und die schwarze Zeit der Unfruchtbarkeit, wenn das Blut den Uterus verlässt. Von außen her gesehen ist die letzte Phase rot, aber von innen her, mythisch erkannt, ist im Uterus diese Phase die blutlose Zeit. Als schwarze Zeit wurde sie sicherlich auch deswegen dargestellt, weil die Zeit des Blutens die Zeit des Schwarzmondes war und ist. (Jutta Voss, S. 248)

Unter dem Gesichtspunkt der Menstruation könnte frau die »Drei Jungfrauen« aber auch auf die weiblichen Lebensphasen beziehen: Die weiße Jungfrau wäre dann das Mädchen, die rote die menstruierende Frau und die schwarze Jungfrau wäre die ältere Frau nach der Menopause.

In dieser ursprünglichen Symbolbedeutung verkörperten die Drei Jungfrauen weniger die Mütterlichkeit als vielmehr die souveräne Weiblichkeit, die Frauenkraft als solche, Voraussetzung jeglicher Mutterkraft. Sie muss als Primärkraft angesehen werden, denn nur eine starke Frau kann auch eine starke Mutter sein.

Oft wurden die Drei Jungfrauen in einem Dreierreigen dargestellt, gleichsam als tanzende Hys (gr. = Schwein) bzw. Hystera (gr. = Bauch, Gebärmutter). Man kann wohl annehmen, dass im Kult um die drei Bet(h)en die ewige Erneuerungskraft des Seins gefeiert und beschworen wurde. Dabei brachten die Frauen den Mondwechsel zur Baucherfahrung des eigenen Menstruationszyklus in Beziehung. Die Schwarzmondzeit wurde mit den Tagen der Menstruation identifiziert, die den Frauen eine freie und unbeschwerte Sexualität erlaubten. Die rote Vermählung war darum immer, auch noch bis weit in die patriarchale Zeit hinein, Ausdruck weiblicher Unabhängigkeit und also Jungfräulichkeit.

Die Drei Jungfrauen wurden in Südtirol auch »Willeweis« genannt, die Wilden Frauen, die mit Kirschbäumen in Verbindung gebracht wurden. Zu ihnen gehörte der »Wilde Mann«, der grüne, wodanische, der mit dem Wald und der Wildnis identifiziert wurde, aber auch den Bauern die richtige (Mond-)Zeit für das Säen ansagte (E. Kutter, S. 54f). Allerdings wurden ihre Priesterinnen samt ihrer ternären (dreifältigen) Zyklusgöttin durch die Kirche erbittert verfolgt, denn in den Augen der Kirche war Sexualität grundsätzlich Sünde und bis heute nur zur sündhaften Zeugung von Kindern (Erbsünde) erlaubt. Der »rote Beischlaf« wurde als teuflisch geahndet, denn das Menstruationsblut wurde, wie die menstruierende Frau selbst, als unrein unter Tabu gestellt. Die Kirchenmänner, so E. Kutter, maßten sich jetzt also selbst die Schlüsselgewalt an, zu lösen und zu binden, und sie taten dies gründlich, voll Neid und Hass nach ihren eigenen Gesetzen.

Nichtsdestotrotz sind die drei Bet(h)en als Wochentage aufgenommen worden, und so begleiten uns die drei souveränen Jungfrauen Woche für Woche in unserem Alltag. Allerdings sind sie hier als drei verschiedene Tage auseinandergenommen. Das bedeutet: Sie verkörpern nun nicht mehr nur die dreifaltige Mondwechselgöttin des weiblichen Zyklus, sondern weisen auf das Wechselspiel von Erde, Sonne und Mond hin und verkörpern die dunkle Erdin, die lichte Seelin (Sonne) und die rote Liebin (Mond). Die Attribute der drei heiligen Madln, den kirchlich Umbenannten, also die negativen Instrumente, mit denen diese zu Tode gefoltert wurden, stimmten vermutlich mit den positiven Attributen dieser Dreifaltigkeit überein, weshalb mann wohl gerade sie als Ersatz für die Beten heranzog. Die drei heiligen Madln werden in Kirchen ebenfalls einzeln dargestellt und erscheinen nicht nur zu dritt, doch sie sind und bleiben alle drei ursprünglich Symbolgestalten des zyklisch sich erneuernden Lebens. Ein mündlich überliefertes Verslein nennt sie samt ihren Attributen. Es lautet:

> Margareta mit dem Wurm,
> Barbara mit Kelch und Turm,
> Kathrin mit Schwert und Radl,
> das sind die drei heiligen Madl.

Mit den »Drei Bet(h)en« in ihrer zeitlichen Zuordnung zu den drei Wochentagen Samstag, Sonntag und Montag erlangt die weiblich-mütterliche Symbolik ihre komplexeste Ausdrucksform. Als drei Schwestern entspringen sie gleichsam dem Monatszyklus der Hohen Frau. Alle drei zusammen, aber auch jede für sich, stellt eine Verkörperung der göttlichen Transformationskraft dar. Das bedeutet in letzter Konsequenz, dass jede von ihnen sich transformiert und Geburt, Jugend, Reife, Alter und Tod durchläuft. Darum ist jede von ihnen auch Trägerin aller drei Farben: Weiß, Schwarz und Rot. Ihre Diversifikation besteht im Zusammenspiel von Leib, Seele und Liebe. Alle drei Aspekte gehören zusammen wie ein aus drei Strängen geflochtener Kranz. Es ist nicht zulässig, sie auseinanderzureißen.

Der Samstag ist der **S**ankt **Am**bets Tag. Ambet(h) wird kirchlicherseits mit der hl. Margareta vs. der rätischen Magriata (Magna-Retha) in Verbindung gebracht. Der Lindwurm ist ihr Attribut. Sie wird im Zeichen der Erdkraft gesehen. Ihre Transformationskraft entfaltet sich auf der Ebene des Leiblich-Körperlichen, des Materiellen und des Genetischen (**Mater**ia). Darum kann sie auch die Leibin, die Leibhaftige(!), genannt werden.

Sie gilt als die Grundlegende, die Urmutter, die Dea-Mater (Demeter), daher auch ihr Name »Einbet«, die **eine** Göttin, die »Anabet(h)«. »An« wie in »An-fang« ist nach Richard Fester eine der sechs Ursilben der Menschheit. Dann wäre »Anbet(h)« ein Name, der auf die von Anbeginn Seiende hinweist (E. Kutter, S. 255). Zu ihr gehört das Symboltier des Drachens (Schlange, Lindwurm). Die Schlange symbolisiert das Wasser, die Bäche, die Flüsse und die bewegende, transformierende Kraft. Die Drachin hütet den Schatz der göttlichen Weisheit tief in der Erde. Es ist der mythische Schatz, der das Geheimnis des Lebens verkörpert, das Geheimnis der sich selbst transformierenden Tod-im-Leben-Göttin. Sie ist die schwarze, die tief in der Erde wohnende, alles Tote transformierende Göttin (Hel, Hekate, Persephone). Sie trägt das Geheimnis des Lebens bei sich und hütet die schöpferische Weisheit, mit der sie jedes zu sich holt und wieder neu aus sich hervorbringt. Sie erblüht aber auch aus sich selbst im Frühling in junger Gestalt (Kore), erblüht in hochzeitlicher Liebe und trägt die nährende Frucht der Erde, aus der wieder neues Leben entsteht. Sie ist

Gegenwart in jedem Menschen, ob jung oder alt, und schenkt ihm sein persönliches Lebens- und Weisheitspotential.

Die sie unterstützende männliche Kraft ist Thor, der Donnerer und Wolkenreiter (Ps. 104,3) und – dank des riesischen Wetzsteins im Schädel – unermüdliche Wegbereiter des Lebens, im Frühling jung und stark, im Sommer mit der goldhaarigen Korn- und Stammesmutter Sif vereint, im Herbst alt und schwach. Wir sehen, die Welt ist so vielfältig, dass wir auch auf der Symbolebene gar nicht anders können als polytheistisch zu denken.

Sehr eindrucksvoll ist die Darstellung der Ambet(h) in der Krypta der Kirche von Helden. Dort ist sie in ein Gespräch mit Notburga vertieft. Notburga ist die als christliche Heilige dargestellte Nerthus, die alte Erdgöttin der Europäer. Sie kommt – ähnlich wie die mitteleuropäische Frau Holle – im Frühling mit dem von Kühen gezogenen Schiffswagen aus dem Wasser und fährt mit ihm übers Land, um ihm den Segen zu bringen.

Abb. 43: Sancta Embede (Ambet) und Sancta Nadburg (Notburga) in Helden/Sauerland. Abbildung eines im 2. Weltkrieg zerstörten Freskos aus dem 12. Jahrhundert

Beide Gestalten passen also zusammen wie ein Zwillingspaar. Die Krypta ist auch der Platz, der ihnen angemessen ist: die Erdhöhlung in der Tiefe unter der Kirche. Dargestellt sind zwei reife Frauen, die beide ein Buch an ihrer Brust halten. Nach Erni Kutter (S. 116f) sehen wir hier die erdverbundene Weisheit in Gestalt zweier souveräner Frauen, wie sie noch einmal in der Bewegung geistig und wirtschaftlich unabhängiger Beginen des 12. bis 15. Jahrhunderts in Mitteleuropa vorbildhaft waren.

Nicht von ungefähr ist der Samstag der Tag, an dem der Frauengesalbte in der Tiefe des Höhlengrabes liegt. Hierher gehört nach der alten Vorstellung auch die Imagination der Erdgöttin, die ihren toten Sohngeliebten hält und beweint (Pieta, s. Abb. 49), ihn aber auch stärkt und neu belebt mit ihrem Frühlingskeimen (Pflanzenornamente im Hintergrund).

Der Sonntag ist der Tag der Borbet(h). Sie wird kirchlicherseits mit der hl. Barbara in Verbindung gebracht. Zu ihr gehören die Attribute Kelch (Gral) und Turm. Borbet(h) wird im Zeichen der kosmischen Sonnenkraft gesehen. Ihre Transformationskraft entfaltet sich vor allem auf der Ebene des Seelisch-Geistigen. Darum kann sie auch die Seelin oder Geistin genannt werden.

Sie ist die sphärische Erweckerin, die das seelische Wiedererwachen und die geistige Auferstehung der Schöpfung bewirkt. Sie ist die weiße, glänzende Göttin, die bei den Kelten Brigid (vergl. engl. *bright*) genannt wurde. Sie trägt den Kelch, den Gral, mit dem sie uns die Funken der Lebens-Begeisterung, der Inspiration und Neubelebung schenkt und die Geschöpfe segnet. Sie entspricht der jungen Holle, die mit ihren Tauben (vgl. auch die Taube als Geist-Symbol) und ihrem Schiffswagen durch die Lüfte braust und in Form einer Neubeseelung der Natur im Frühjahr den Segen bringt; aber nicht nur im Frühjahr, sondern in jedem persönlichen neubeseelenden »Frühling« nach einem seelenkalten und erstarrten »Winter«.

Als Tödin kommt sie schon mit dem ersten Ernteschnitt und lädt die Seele eines jeden geschnittenen Halms auf ihren Kuhwagen, bis er übervoll ist. Schließlich braust die Tödin als doppelgesichtige schwarz-weiße Percht oder Bercht (= Strahlende) in den zwölf Rauhnächten zwischen Weihnachten und dem Erscheinungsfest mit ihrem gealterten Wodan und dem Heer aller in diesem Jahr verstorbenen Seelen durch die Lüfte, um mit ihnen in der Tiefe der Anderswelt in ihren immergrünen Garten, ihrer Insel der Apfelbäumchen, zu verschwinden.

Dort verwandelt die Göttin die Ahninnen und Ahnen und macht sie wieder zu ungeborenen Seelenkindern, die, vom Storch (*Ade-bar* = Atem-Bringer, Vogelsymbol der ternären schwarz-weiß-roten Göttin) aus dem Wasser gezogen und gebracht, wieder in einen Körper hineingezeugt werden wollen. Sie ist darum auch die hohe, schneeige Hollefrau, die zeitgleich zum seelischen Windbrausen in den Rauhnächten mit der Schar der noch ungeborenen Seelen, den »Heimchen«, herumgeht und sie in die Fenster der Menschen schauen lässt, damit sie sich eine Mutter aussuchen. Im Winter vollzieht sich also nach der alten Vorstellung auf der seelischen Ebene etwas Ähnliches wie auf der Ebene der Materie: Aus dem

Tod erwacht neues Leben. Aus dem Dunkel wird das Lichte neu geboren. Ebenso wird auch auf der seelischen Ebene das Alte verjüngt.

Im Namen Borbet(h) steckt das Wort »geboren« und auch das Wort »warm«, denn sie gebiert die Ahninnen und Ahnen wieder, bringt sie neu hervor. Dies ahnen wir in weihnachtlicher Atmosphäre, wenn wir das wiedergeborene Heros-Kind in dunkler Nacht unter dem immergrünen Lichterbaum in der geschützten, mit Stoh (Stroh ist ein Schutzsymbol) ausgeschlagenen Krippe wahrnehmen.

Der Turm ist ein altes Frauensymbol. Er gründet tief in der Erde und ragt weit in den Himmel. Er verbindet den Himmel oben mit der Hel unten zu der einen mystischen Anderswelt. So gelangt die Goldmarie im Märchen von der Frau Holle durch einen Sturz in den Brunnen (Röhre, Turm) auf eine prächtige Wiese, und wenn sie die Betten der Holle in der unteren Welt ausschüttelt, schneit es auf der Erde vom Himmel herunter. Der Turm der Borbet(h) bedeutet Einkehr im mystischen Sinne der Einswerdung und Auflösung des logisch denkenden Egos hinein in die kosmische All-Seele. Auf dem Turm steht vermutlich auch Wodans Stuhl, von dem aus die Göttin dem Einäugigen erlaubt, mit dem tiefen Blick der Anderswelt auf die Welt zu schauen und mit seinem weißen Eschenspeer das Ego derer zu treffen, die reif sind für die Anderswelt, reif, sie mystisch-berauscht zu schauen oder reif, ganz in sie einzugehen. Tief in der Anderswelt sprudelt der schöpferische Urquell des Lebendigen, der Transformationskessel der Holle. Ihm können wir uns geistig nur im alogischen Paradoxon nähern. Parzival gelangt zum Gralshof immer dann, wenn er gar nicht willentlich nach ihm sucht. Mit ihrem Heros (in Gestalt des Gralshüters) feiert die Große Seelin jedes Jahr (in Gestalt der Gralspriesterin) in der Kulthöhle die heilige Hochzeit als mystische Vereinigung des einzelnen Ichs mit dem Ganzen.

Nicht von ungefähr ist der Sonntag der Tag, an dem der Frauengesalbte nach zwei Nächten auferweckt wird. Hierher gehört nach der alten Vorstellung auch die Imagination vom leeren Grab und der jungen Göttin (in Gestalt ihrer Priesterin), die ihren auferstandenen Heros (in Gestalt des gesalbten Sakralkönigs) bei Sonnenaufgang begrüßt. (Joh. 20,11-16)

Der Montag ist Wilbet(h)s Tag. Sie wird kirchlicherseits mit der hl. Katharina in Verbindung gebracht. Ihre Attribute sind das Rad und das Schwert. Wilbet(h) wird im Zeichen der Mondkraft gesehen. Ihre Transformationskraft entfaltet sich auf der Ebene des Erotischen und zwischengeschöpflich Emphatischen. Darum kann sie auch die Liebin genannt werden.

In »Wil« steckt das Wort »wild«, was sie und mit ihr alle Drei Jungfrauen nach M. Höfler gleichsetzt mit den »wilden Fräulein« und »saligen Frauen«, den Hollefrauen, die im Mondlicht ihren Reigen tanzen, bis sie in den Nebelschleiern der Morgenröte verschwinden und die Landschaft einhüllen (E. Kutter, S. 146).

In ihrer weißen Mädchengestalt nimmt Wilbet(h) am Leben teil, ist verspielt und neugierig zugewandt (Märchen vom Dornröschen). Nach der Erstmenstruation kümmert sich die Große Mutter um sie, schützt und hütet sie, bis ihre Liebe von selber erwacht (Hl 8,4), und sie den Echten (= den Wölsung) erkennt, dem es gelingt, durch die Dornenhecke oder die Waberlohe hindurch ihr Herz zu erreichen.

Die rote Kraft des vollen Mondes weist Wilbet als Symbolgestalt der zyklischen Erneuerung aus. Sie ist die rote Göttin und verkörpert die weibliche Liebeskraft. Sie steht oft in der Mitte zwischen Ambet und Borbet, zwischen Leibin und Seelin und ist besonders hervorgehoben, denn sie will mit ihrer Liebe und ihrem Eros Leib und Seele verbinden und unseren Alltag durchdringen.

Doch schon im Rausch des sexuellen Höhepunkts begegnet sie uns in ihrem schwarzen Aspekt als Tödin, die es versteht, auf geheimnisvolle Weise unsere Ich-Grenzen aufzulösen, wodurch wir einen Augenblick erleben, in dem wir mit der Ganzheit des Seins verschmelzen.

Sie ist als Liebin die den Geschöpfen zugewandte und wohlwollend Segensreiche, die Schenkin und Ermöglicherin von Glück und Frieden. Als Hl. Katharina hat sie das Rad (engl. *wheel*, Wilbet) als Attribut bei sich. Mit ihm weist sie sowohl auf die volle Mondscheibe als auch auf den Zyklus des Lebensrades hin, den sie durch die Heilige Hochzeit garantiert. Mit ihr verehrten unsere Vorvorfahren die Liebe als den entscheidenden Garanten für den Fortgang des Lebens. Das Leben kann sich auf ihrer Grundlage frei entfalten im Sinne einer »Freiheit in Bezogenheit«. Die erotische Kraft der Göttin integriert das körperliche und seelische Zugeneigtsein im Sinne von Minne. Die Aufspaltung der Liebe wurzelt in der hellenistischen Denkweise und diente der Kirche zur Abwertung und Verteufelung der Geschlechterliebe. Die erotische Kraft und Minne der Göttin schließt die ganze Weisheit der Liebe ein. Sie meint das heilige Begehren unter dem Aspekt des Erkennens des Eigenen und des Anderen und unter dem Aspekt des Einfühlens ins Eigene und ins Andere zur Vervollkommnung gemeinsam wahrgenommener und gestalteter Lebensfülle (vgl. Gen. 3).

Ihr Erwählter, ihr Heros, ist der Lilienprinz ihrer Lilienauen (Hl 2,16; 6,2) und der gute Hirte ihrer Herde (Ps. 23). Er weidet in der Gestalt des Sakralkönig für ein Jahr das Volk ihrer Landschaft. In Jesus von Nazareth wird uns der Prototyp dieses Mannsbildes vorgestellt, der von der Liebin als ihr geliebter Sohn erwählt und von ihr durch die priesterliche Frau gesalbt wird. Ihm vertraut sie das Schwert an, das er ihr wieder zurückgeben muss. Es ist nicht das Schwert des Krieges, sondern das Schwert des Einhändigen (Tyr), das Schwert der Klarheit und Unbestechlichkeit, das im Patriarchat aber das Schwert der Gewalt herausfordern kann (Mt. 10,34).

Alle Urgestalten sind aufeinander bezogen und wirken synergetisch miteinander. Die mann-menschliche Kraft und Aggression wird aus dem Schoß der weiblichen Seinsmacht von Frauen und Männern eingesetzt, um die Probleme des Lebens zu lösen, und nicht gegen den Feind (G. Weiler). Alle drei Paare von Mutter mit dem Sohngeliebten auf ihrem Schoß sind Aspekte der Hohen Frau, der Großen Bet(h) und Zyklusgöttin. Alle drei sich im Wochenmandala gegenüberstehenden Paare sind darum auch in ihre Transformationskraft von Tod und Neuwerdung eingebunden.

Zwischen der Liebin (Montag) und Tyr (Dienstag) ist das Mandala offen. Der Platz gegenüber Freyja ist also leer bzw. frei. Hier hat das Mandala quasi eine Öffnung wie das Dreisamtal bei Ebnet (s. Kap. II, 16). Es ist die schöpferische Öffnung der Gebärmutter, die mich als ein Kind der Weisheit selber gebiert. Man könnte auch sagen, dass es der Platz derjenigen ist, die das Mandala täglich meditiert, sich danach nach außen wendet und sich selbst der Welt öffnet, um den ihr dort bestimmten (leeren) Platz in der alltäglich-politischen Tafelrunde einzunehmen.

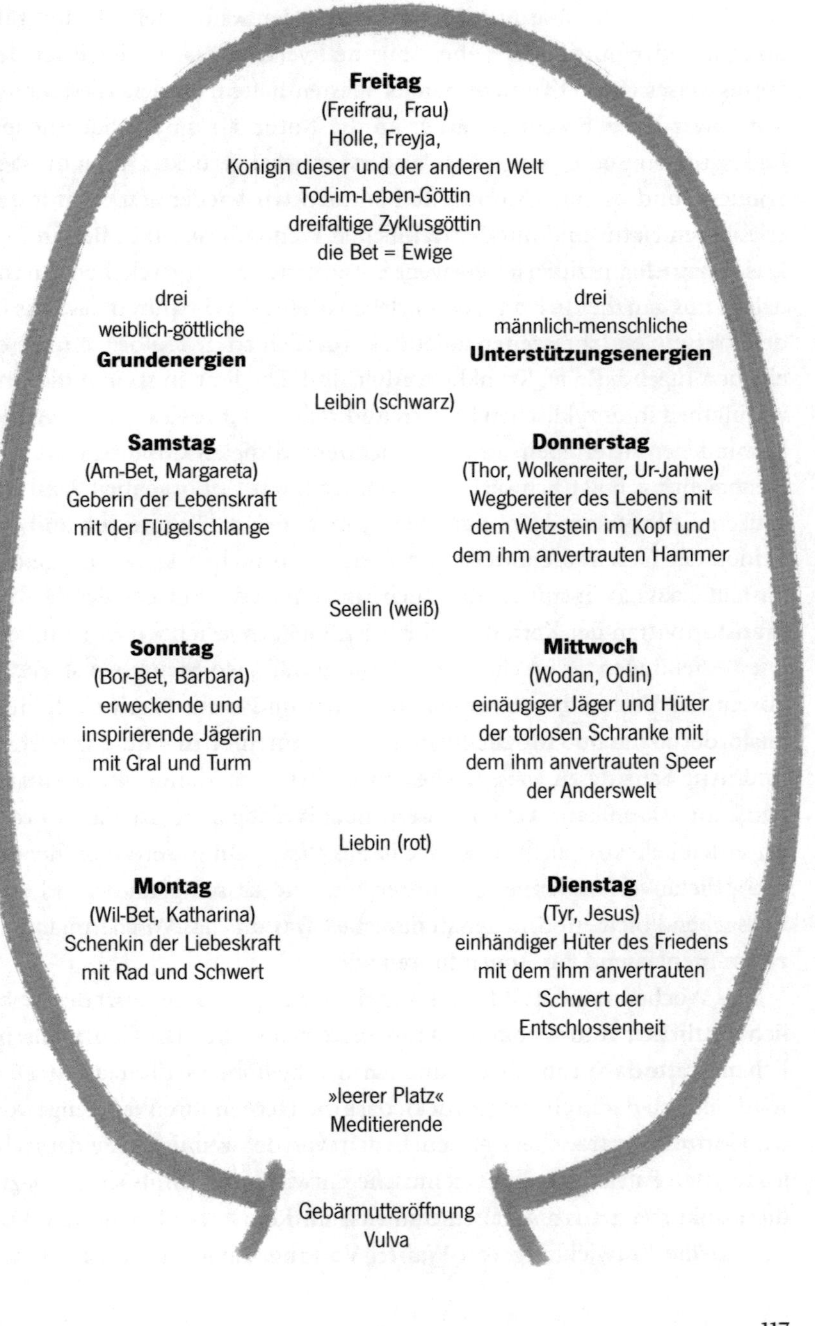

Freitag
(Freifrau, Frau)
Holle, Freyja,
Königin dieser und der anderen Welt
Tod-im-Leben-Göttin
dreifaltige Zyklusgöttin
die Bet = Ewige

drei
weiblich-göttliche
Grundenergien

drei
männlich-menschliche
Unterstützungsenergien

Leibin (schwarz)

Samstag
(Am-Bet, Margareta)
Geberin der Lebenskraft
mit der Flügelschlange

Donnerstag
(Thor, Wolkenreiter, Ur-Jahwe)
Wegbereiter des Lebens mit
dem Wetzstein im Kopf und
dem ihm anvertrauten Hammer

Seelin (weiß)

Sonntag
(Bor-Bet, Barbara)
erweckende und
inspirierende Jägerin
mit Gral und Turm

Mittwoch
(Wodan, Odin)
einäugiger Jäger und Hüter
der torlosen Schranke mit
dem ihm anvertrauten Speer
der Anderswelt

Liebin (rot)

Montag
(Wil-Bet, Katharina)
Schenkin der Liebeskraft
mit Rad und Schwert

Dienstag
(Tyr, Jesus)
einhändiger Hüter des Friedens
mit dem ihm anvertrauten
Schwert der
Entschlossenheit

»leerer Platz«
Meditierende

Gebärmutteröffnung
Vulva

Die Frage ist, ob diese Ausdifferenzierung der weiblichen Mutterkraft nötig ist oder ob sie nicht eher spirituell verwirrt. Ist in der Feier des Jahreskreises (Kap. VI) nicht bereits alles enthalten? In den Jahreskreisfesten werden wir wieder stärker an die Natur, an unsere natürlichen Bedingungen und unser eigenes Natursein herangerückt. Durch die vier Sonnen- und die vier Mondfeste kommen wir wieder stärker mit der erlebbaren Natur und mit der weiblichen Wandlungskraft in Beziehung. Das spirituell antizipierte (vorweggenommene) Naturgeschehen durchdringt uns ganzheitlich auf allen Erlebensebenen. Wir spüren das, was in den kreisenden Jahreszeiten abläuft, körperlich an uns selber in unserer eigenen Jugend, Reife, Krankheit, Alter, Tod. Die Frauen spüren die Unbedingtheit ihres zyklischen Blutens und vielleicht ihre Kraft zu lösen und zu binden. Wir erleben seelisch reflektierend die Zyklusgöttin, spüren Neubelebung, Fülle, Schwäche, Unabdingbarkeit, Geborgenheit. Und wir spüren die Erotik und Kraft der Natur, aber auch die Schmerzen und das Leiden der Geschöpfe und die Kraft einer tröstlichen Liebe, die sie das aushalten lässt. Wir spüren aber auch, und das ist das Entscheidende, dass Transformation der Kern des Lebens ist. Vielfach sehen wir in Familien, wie Beziehungen zerbrechen und Besitz zerfällt, wo Menschen starr am Sosein des Vorhandenen festhalten wollen und nicht bereit sind, Herausforderungen und Möglichkeiten anzunehmen, Krisen durchzustehen und neue Schritte zu wagen. Altes muss absterben, damit Neues entstehen kann. Dann kann Leben weitergehen. Wichtig dabei ist, dass sowohl unser leibliches als auch unser seelisches Wohl und unsere zwischengeschöpfliche Verbundenheit für unser Tun und Lassen grundlegend und maßgebend bleiben. Und genau das ist es, was uns das Wochenmandala zusammenfassend vor Augen führen will.

Das Wochenmandala hilft uns, mit der ständigen Gegenwart der weiblich-göttlichen Transformationskraft *zu leben* und die männlich-menschlichen Kräfte davon abzuleiten und darin aufgehoben sein zu lassen. Dies wird bildlich dadurch ausgedrückt, dass die Heroen ihre Werkzeuge von der Göttin anvertraut bekommen. In dem von der weiblichen Seinsmacht losgelösten Patriarchat dient technische Entwicklung hauptsächlich dazu, die Konkurrenz auszuschalten und sich im Rennen zu behaupten. Dabei hat die Entwicklung von Waffen Vorrang. Ziviltechnik ist oft nur ein Nebenprodukt waffentechnischer Entwicklung, zum Beispiel wurde zuerst die Atombombe entwickelt, ehe man daranging, die Kernenergie auch zivil zu nutzen. Das Bild von der Göttin, die dem Heros ein Werkzeug anvertraut, impliziert einen ganz anderen Nutzungsvorgang: Der Umgang mit Technik ist Teil der weiblich-mütterlichen Wertehaltung. Sie wird dem Menschen-Mann befristet anvertraut, so dass er damit innerhalb der Seinsbedingungen der Mutter Natur bestimmte Probleme des Lebens lösen kann. Dieser Nutzungsvorgang von Technik bleibt dem mütterlichen Ursprung des Lebens verpflichtet.

Wenn wir heute auf unsere Woche schauen, so sieht es mit ihrem spirituellen Gehalt eher dürftig aus. Wir erleben durch die Woche hindurch eigentlich nur zwei Grundbefindlichkeiten: einen eher zwanghaft und bedrückenden Werktag und ein sehnsüchtig überhöhtes Wochenende als Freizeit, verbunden mit dem Gefühl von Freisein. Auch das Jahr kennt diese beiden Grundbefindlichkeiten: Arbeitszeit und Freizeit in Form von Urlaub und Ferien. Die sich verändernde Natur gerät zwar immer mehr aus dem Blickfeld, doch durch die Jahreskreisfeste lässt sie sich wieder stärker in unser Bewusstsein rücken, und außerdem ist sie für uns auch nicht gänzlich unwichtig geworden, zumal sie in Urlaub und Freizeit geradezu sehnsüchtig aufgesucht wird. Was aber unseren Gang durch die Woche angeht, so scheint es keinen spirituellen Ansatzpunkt zu geben, mit Ausnahme des Sonntags als einen Tag der Ruhe. Vielleicht könnte eine Neuentdeckung des offenen Wochenmandalas unsere Woche spirituell reichhaltiger werden lassen. Ein Versuch wäre es wert. Die Leitideen der sieben Wochentage können wie folgt formuliert werden:

Freitag: Tag der Hohen Frau und Tod-im-Leben-Göttin
(Freyja, Holle)
Wir sind wandlungsfähige Wesen und Kinder der weiblichen
Transformationskraft und Weisheit des Lebens

Samstag: Tag der Erdmutter
(Ambet)
Wir sind Leib-Wesen
und Kinder der Großen Materia.

Donnerstag: Tag des Bauern,
Gärtners... (Thor, Ur-Jahwe)
Wir achten bei unserem Handeln
auf die materiellen Belange des
Lebens und auf das ökologische
Gleichgewicht.

Sonntag: Tag der Seelenmutter
(Borbet)
Wir sind Seelen-Wesen
und Kinder der Großen Seele.

Mittwoch: Tag des Waldmanns und
Wanderers (Wodan)
Wir achten auf die Belange
unserer Seele.
Tag des Nichthandelns (der Muse
und Mystik) und des achtsamen
In-sich-selbst-Hineinhörens

Montag: Tag der Liebesmutter
(Wilbet)
Wir sind Bindungs-Wesen
und Kinder der Großen Liebe.

Dienstag: Tag des Guten Hirten
(Tyr, Jesus)
Wir achten bei unserem Handeln
auf die Bindungsbelange des Lebens
und auf den Zusammenhalt
(Schalomzustand).

16. Der Landschaftstempel

Heide Göttner-Abendroth hat sich intensiv mit der matriarchalen Landschaftsmythologie in Deutschland befasst. Ausgehend von der These, dass Kapellen und Klöster häufig an alten Kultorten errichtet wurden, die ihrerseits an besonders exponierten Stellen in der Landschaft als heilige Orte wahrgenommen wurden, hat sie eine Menge aufschlussreicher Entdeckungen gemacht, die von örtlichen Sagen und lokalem Brauchtum einerseits und von der symbolischen Ausgestaltung der christlichen Sakralräume andererseits bekräftigt werden. Sie kann so durch eine Vielzahl sich ergänzender Hinweise und mittels einer ganzheitlichen »Sehweise« auf eine Landschaft vielfältige Bezüge erkennen, wie sie vermutlich auch von den Alteuropäern aus der Landschaft aufgenommen und herausgestellt wurden. So entfaltete sich für die Forscherin im Verlauf ihrer Begehungen, Betrachtungen und Untersuchungen zum Beispiel im Dreisamtal östlich von Freiburg, dem sogenannten »Tal der hundert Kapellen«, ein regelrechter Landschaftstempel (H. Göttner-Abendroth S. 138-185).

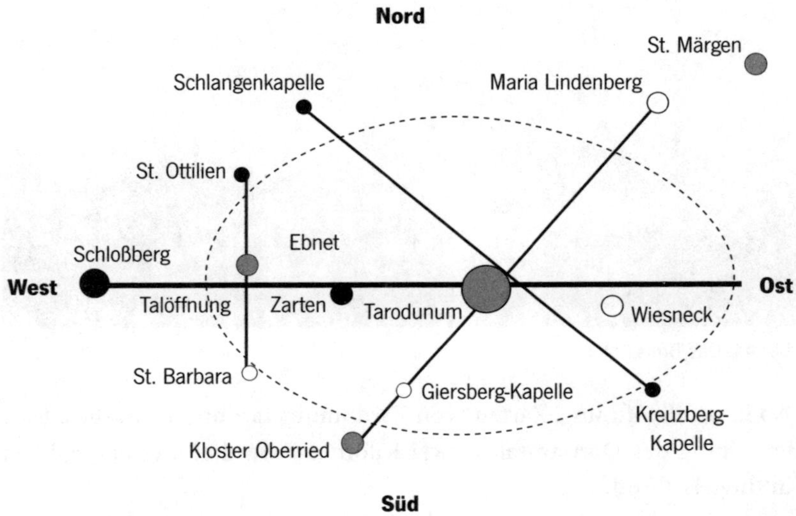

Die Struktur des Landschaftstempels Dreisamtal

Im Dreisamtal vereinigen sich in einem höher gelegenen ovalen Talbecken nacheinander zwei mal drei Flüsschen (Dreisam = drei zusammen). In der Mitte, wo der Rotbach aus dem Höllental zu dem Zusammenfluss von Ibenbach und Wagensteigbach dazukommt, wurde eine etwa fünfzehn Meter hohe und 190 Hektar große Kultfläche, das sogenannte Tarodunum (Stierstätte), errichtet, wie man sie auch von den südlichen Missisippi-Indianern kennt, die sogenannten *mounds*. Wenn der Stierschädel in Europa das Grundsymbol für neues Leben gewesen ist, dann könnte diese Kultterrasse ein alter Schöpfungsort gewesen sein. Auffallend sind die vielen Kapellen auf den Hügeln rund um das breite, ovale Talbecken und darüber hinaus. Diese sind über Sichtlinien miteinander verbunden. Ganz im Westen, wo sich das Tal verengt und die Dreisam Richtung Freiburg herausfließt, befinden sich St. Ottilien im Norden und St. Barbara im Süden, einander genau gegenüber. Die Kirche von Ebnet liegt im Tal dazwischen. Verlängert man die Linie zwischen Ebnet, Zarten und der Kultterrasse Tarodunum nach Osten bis zur Ruine Wiesneck und nach Westen bis zum Schlossberg in Freiburg, so ergibt sich eine lange ostwestliche Sichtlinienverbindung. Beide Sichtlinien kreuzen sich in Ebnet,

Abb. 44: Das Dreisamtal

also in der Talöffnung. Zarten (von Zardunum, Tardunum) ist die älteste Besiedlung des Dreisamtales, zwei Kilometer westlich des ehemaligen Kulthügels Tarodunum.

Etwas weiter östlich haben wir ein diagonales Sichtlinienkreuz: Im Norden befindet sich die Schlangenkapelle. Sie steht in Sichtlinienverbindung zur Kreuzbergkapelle am südöstlichen Talrand. Die Giersberg-Kapelle im Süden steht in Sichtlinienverbindung mit der nordöstlichen Kapelle Maria Lindenberg. Beide diagonalen Sichtlinien kreuzen sich beim künstlichen Kulthügel Tarodunum.

Diese Sichtlinien, die ein geomantisches Netz über ganz Europa bilden, haben ganz praktische Bedeutung, insofern man sich über sie mittels Rauch- oder Feuerzeichen verständigen und wichtige Nachrichten übermitteln konnte. Gleichzeitig haben sie auch spirituelle Bedeutung, die mit dem Sonnenlauf und den Jahreszeiten zu tun haben, ähnlich den Steinkreisen von Stonehenge und Carnac. Diese spirituelle Bedeutung erschließt sich im Umkehrschluss über die Symbolik in den christlichen Sakralräumen, die dort aufgenommen wurde, um den Ort einer christlichen Umdeutung zu unterziehen.

Die Vielzahl der Flüsschen prägte vor allem die Schlangensymbolik und die Schlangenverehrung, gegen die sich die Kirche vehement wehren musste. Die Legende spricht von einer »Schlangenplage«, von der die Menschen befreit werden mussten (H. Göttner Abendroth, S. 144). Schlangen beziehungsweise Drachenschlangen sind Symbolfiguren für die aus dem Erdinneren hervorquellenden Flüsse. Die Befreiung von der

»Schlangenplage« gelang nach der Legende der Maria, weshalb man ihr zu Ehren die Schlangenkapelle errichten ließ. Die Maria der nördlich gelegenen Schlangenkapelle trägt aber noch die Symbole der Erdgöttin: In einen schwarzen Mantel gehüllt steht sie mit einem schwarz gekleideten Jesuskind auf der schwarzen Erdkugel, um die sich eine dunkle Schlange windet. In der Praxis der Abrenuntiation, der kirchlich betriebenen Abweisung und Bannung der alten Naturverehrung, findet man nun die entscheidenden Hinweise auf genau die alten spirituellen Spuren, die sie austilgen wollten.

Ebenfalls auf der Nordseite des Tals, weiter westlich, weisen die Augen im Kelch der hl. Ottilie nach der alten Symbolik auf die Quellaugen im Schoß der Erde. Ihr auf der Sichtlinie gegenüber erstrahlt in der südlich gelegenen Barbarakapelle die weiße Göttin Brigid in Gestalt der hl. Barbara mit Kelch und Turm, um ihre erweckenden Seelenfunken der Inspiration überall auszustreuen. Ihr Kelch oder Gral steht aber gleichfalls für die schöpferische Vulva der Göttin und flankiert nicht von ungefähr gemeinsam mit dem Augenkelch der hl. Ottilie die schmale Öffnung des Dreisamtales in Richtung Freiburg. Die rote Göttin findet sich symbolisch direkt an der Talöffnung in der Kirche von Ebnet: eine rot gewandete Maria mit strahlendem Vulva-Herzen über sich und einer silbrigen Schlange am Ende einer wulstigen, von ihrem Schoß wallenden Rockfalte. Somit wären auf der Nord-Süd-Achse alle drei Aspekte der Großen Göttin beieinander: die rote Göttin in der Mitte, die schwarze im Norden und die weiße im Süden, in gleicher Anordnung wie die drei Jungfrauen von Klerant. Man darf annehmen, dass hier in der Mitte, bei der Roten an der Talöffnung, erotische Liebeskulte stattgefunden haben.

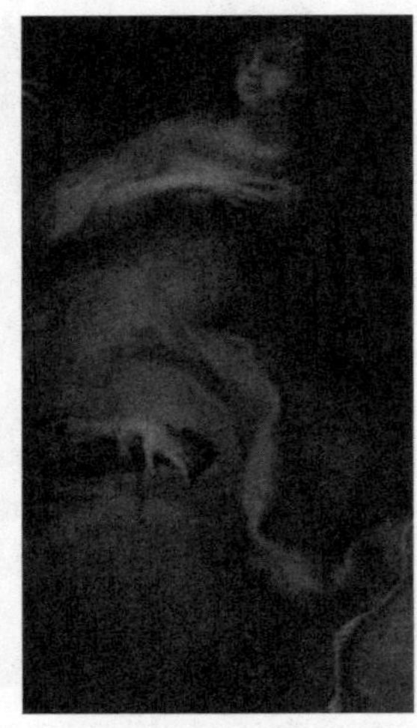

Abb. 45: Die rote Schlangengöttin: Maria in der Kirche von Ebnet

Auf der südlichen Talseite steht die Giersberg-Kapelle mit der kleinen Lindenbaummaria, hinter der ebenfalls die weiße Brigid gesehen werden kann, deren heilige Bäume ja die Linden sind. Sie wird alljährlich – ein echter

Abrenuntiationsritus – in der Fasnachtszeit in Kirchzarten als Brigitti-Hex in Form einer Strohpuppe verbrannt.

Dem Giersberg diagonal gegenüber liegt die Lindenberg-Kapelle auf einem Plateau voll prächtiger Linden. Hier erscheint auf einem Bildstock nach einer Legende einem Hirtenknaben eine helle Maria in Weiß und Lichtblau bei einer großen Linde. Auf dem Hochaltar der Kapelle leuchtet die Sonnengöttin als goldene Strahlenmadonna vor rotem Hintergrund.

Vom Lindenberg aus betrachtet, geht die Sonne zur Wintersonnenwende genau über dem Giersberg im Südwesten unter. Über dem Lindenberg, also im Nordosten, geht die Sonne zur Sommersonnenwende, vom Giersberg aus gesehen, auf. Man könnte bei dieser diagonalen Sichtlinie von einer Sommerlinie sprechen. Diese verläuft also von der sternenbekränzten Himmelskönigin auf dem Giersberg zur Sonnengöttin auf dem Lindenberg.

Abb. 46: Die weiße Frau auf dem Lindenberg erscheint dem Hirtenknaben

Abb. 47: Die Sonnengöttin auf dem Lindenberg

Geht man hinter dem Giersberg im Tal des Flüsschens Brugga weiter aufwärts, so trifft man auf das Kloster Oberried. Die Brugga entspringt aus einer Quelle im Innern der Kirche. Hier ist auf einem Seitenaltar eine ekstatische Maria in rotem Gewand zu sehen. Auf dem Hochaltar thront

Gottvater und hält demonstrativ ein flammendes Marienherz mit seiner linken und ein Jesusherz mit seiner rechten Hand. Auf beiden Herzen steht ein Kreuz. Die acht Flammen des Marienherzens bilden zusammen mit den sieben Schwertern, die in ihm stecken, und dem Kreuz eine Achtblatt-Rosette, die an das kosmische Venussymbol der sumerischen Inanna erinnert. Dazu sagt H. Göttner-Abendroth: »Diese landschaftliche Stelle wurde vermutlich so intensiv und lustvoll verehrt, dass Gottvater selbst eingreifen musste, um diesen Kult durch seine abstrakte göttliche Liebe zu ersetzen. Seine Liebe ist jedoch nicht von Lust, sondern von Kreuz und Schwertern geprägt.« (S. 161)

Geht man vom Lindenberg weiter in nordwestliche Richtung, so trifft man hinter dem alten Observationsberg »Hochgericht« in östlicher Richtung auf das Kloster St. Märgen. Dort steht die Große Zyklusgöttin mit ihrem Heros in ihren Farben Weiß, Rot und Schwarz als beeindruckende romanische Madonna mit ihrem Vulvasymbol, dem roten Apfel.

Abb. 48: Weiß-schwarz-rote Madonna, Gnadenbild im Kloster St. Märgen (weiße Kappe, schwarzes Oberteil, roten Überwurf und Rock)

Die andere diagonale Sichtlinie zwischen dem sogenannten Kreuzberg im Südosten und der Schlangenkapelle im Nordwesten kann als Winterlinie bezeichnet werden, denn an der Kreuzbergkapelle geht – von der Schlangenkapelle aus betrachtet – die Sonne zur Wintersonnenwende auf und markiert damit den Beginn des Winters. Der gesamte Bergrücken aber, auf dem die Kapelle steht, heißt eigentlich Winterberg, den man abrenuntiatorisch zum Kreuzberg umbenannt hat. Hier, am Eingang zum »Höllental«, findet sich die schwarze Göttin des Todes auf dem Hauptaltar in Form der Schmerzensmutter, die den sakralen König, Symbol des Menschen und der gesamten Schöpfung, in den Tod geführt hat und beweint. Sie nimmt ihn nun in ihren mütterlichen Schoß

Abb. 49: Die Todesgöttin auf dem Winterberg (Pieta in der Kreuzberg-Kapelle)

Abb. 50: Seelenhüterin auf dem Winterberg (Schutzmantelmadonna der Kreuzberg-Kapelle)

auf, um seine Wiedergeburt vorzubereiten. Wie die Erdmutter ist die Schmerzens-Mutter hier von großartigen Pflanzenornamenten umgeben, Hinweise auf den ewig grünenden Garten der Anderswelt.

Genau auf der Rückseite an der Außenwand der Kapelle aber ist die Göttin als junge Schutzmantelmadonna mit zwei Schutzbefohlenen unter ihrem Mantel dargestellt, das andere Gesicht der Todesgöttin. Diese ist völlig identisch mit der winterlichen Frau Holle, die mit ihren Seelchen im Schutz ihres weißen Mantels durch die Winterlandschaft zieht. Die Winterlinie verläuft also von der erdhaften, schwarz gekleideten Schlangengöttin zur Todesgöttin auf dem Winterberg am Eingang zum Höllental. Das Höllental wurde wegen seiner Unzugänglichkeit und Tiefe als Eingang zur Anderswelt der Göttin, als Eingang zur Hohl der Hel, angesehen.

Die Ost-West-Linie wird von den beiden Tagundnachtgleichen im Frühling und im Herbst bestimmt, wenn die Sonne im Osten auf- und im Westen untergeht. Der Ostpunkt wird von der Burg Wiesneck (Weißeneck) markiert, die ihren Namen von der weißen Frau hat, die dort nach der örtlichen Sage auch am hellen Tag umgehen soll. Hinter dieser Sage steht die Erinnerung an die Göttin Ostara, die Göttin des Lichts und des Lebens, die Göttin des Frühlingserwachens und der aufgehenden Sonne. Die Ost-West-Linie zieht sich durch Tarodunum, Zarten und Ebnet bis zum Freiburger Schlossberg. Dort, also im Westen, sitzt der Sage nach die weise Alte mit ihrem großen Schlüsselbund, mit dem sie das Tor zum Seelenberg auf- und zuschließen kann. Hier auf der Seite des Sonnenuntergangs ist der Platz der Göttin der Unterwelt, die in der Tiefe des Berges den geheimen Wissensschatz von Tod und Leben hütet.

Der Begriff des Landschaftstempels bezeichnet treffend, um was es in der Landschaftsmythologie geht. Sie bringt uns die Landschaft mittels einer ganzheitlichen Sehweise nahe. Es ist die Sehweise unserer alteuropäischen Vorfahrinnen. Durch sie gibt die Betrachterin und weise Empfinderin dem Geschauten eine umfassende spirituelle Bedeutung. Dadurch erhöht sich einerseits der Erlebniswert der Landschaft für die Betrachter, andererseits werden die Betrachter selbst mit ihrem Denken in die landschaftliche Vernetztheit eingebunden, quasi Teil der Landschaft. Denkerisch stellt die ganzheitlich Wahrnehmende Bezüge zwischen Zeit und Raum her, also zwischen kosmischen Bewegungen und landschaftlichen Gegebenheiten. Das Betrachtete und die Betrachterin kommen zu einer spirituellen Einheit. So wird die Sinnenerfahrung zur Sinnerfahrung in einem sinnlich und lustvoll erlebten Landschaftstempel.

III

Kennzeichen einer matriarchalen Gesellschaftsstruktur

Die Philosophin und Matriarchatsforscherin Heide Göttner-Abendroth hat in ihren Büchern über das Matriarchat heutige matriarchale Kulturen in Asien, Amerika und Afrika beschrieben. Europa ist der einzige Kontinent, dessen matriarchale Sozialstrukturen restlos ausgemerzt wurden.

Sozialer Mittelpunkt matriarchaler Kulturen ist die Muttersippe. In der Muttersippe leben die Großmütter einer Sippe mit ihren Brüdern und mit ihren Töchtern und Söhnen und deren Kindern, weiblich und männlich, zusammen. Nachfolgerin der Sippenmutter wird meist eine der Jüngsten aus der Tochtergeneration.

Die Mutterlinie ist die bindende. Das bedeutet, dass eine enge Bindung zwischen Mutter und Tochter besteht. Die Mutter unterstützt ihre Töchter, besonders in der Zeit ihrer Niederkunft und danach. Die Mutter der Mutter begleitet ihre Enkeltöchter während der Erstmenstruation und führt sie ins Leben einer Frau ein, in die sexuellen, ökonomischen, sozialen und religiösen Muster ihrer Gesellschaft (Initiation). Sie erhält den Namen einer Ahnin, als deren Wiederverkörperung sie gilt, und wird gleichzeitig als Abbild der lebensschaffenden Göttin angesehen. H. Göttner-Abendroth schreibt in Matriarchat II,1, S. 163:

> Mutterschaft ist im Matriarchat nicht nur eine biologische, sondern zugleich eine kulturschaffende Handlung. Nach ältestem

matriarchalem Glauben werden die Kinder … als von den Geistern der Ahnen empfangen angesehen. Sie kehren von ihrem Jenseitsland durch Wiedergeburt in die eigene Sippe zurück.

Exkurs zur Bedeutung der Mutter-Tochter-Bindung für den sozialen Zusammenhalt und für die persönliche Lebenskräftigung

In der Primatenforschung entdeckt man immer mehr, wie vielfältig das evolutionäre Angebot ist, durch das Gruppenkohärenz garantiert wird. Auffallend dabei ist die Bedeutung der Muttertiere für die Ausbildung sozialer Kompetenzen. In der Ethnologie ist die große Friedfertigkeit matriarchaler Gesellschaften allgemein belegt. C. Meier-Seethaler (München 2001) verweist auf Chr. Sigrist, wenn sie schreibt:

> Es gibt bis heute Ethnien, die nicht einmal ein Wort für »befehlen« oder keine grammatikalische Befehlsform (Imperativ) kennen, weil ihr gemeinsames Handeln auf gegenseitigen Übereinkünften bzw. auf dem freiwilligen Respekt gegenüber erfahrenen Mitgliedern beruht. (*Jenseits von Gott und Göttin*, S. 62)

Wissenschaftler haben patriarchale Familien der vergangenen 200 Jahre untersucht und festgestellt, dass da, wo es möglich war, dass die Mutter der Mutter ihre Tochter während ihrer Kinderzeit unterstützte, die Enkel im Durchschnitt auffallend älter wurden. Diese Beobachtung, die bis in die Gegenwart reicht, ist ein Hinweis auf die natürliche lebensstärkende Verbindung zwischen der Mutter der Mutter und ihren Töchtern.

Neurowissenschaftler haben festgestellt, dass es Unterschiede bei dem gibt, was Ichbewusstsein bei Menschen auslöst. Während in westlichen Industriegesellschaften das Ich-Zentrum des Gehirns nur reagiert, wenn der Proband von sich selbst redet, reagiert es bei sippenorientierten Menschen anderer Kulturkreise auch, wenn der Proband von seiner Mutter spricht. Daraus kann man schließen, dass Individuation und Sippenbindung einander nicht ausschließen, im Gegenteil, dass nämlich eine breitgefächerte Bindungsgemeinschaft das Ichbewusstsein erweitert und stärkt, zumindest, sofern diese Bindungsgemeinschaft egalitär-akzeptierend und nicht hierarchisch-unterdrückend oder konkurrenzhaft-spaltend auf seine Mitglieder wirkt.

Es besteht in der traditionellen Muttersippe auch eine besondere Bindung zwischen Bruder und Schwester, insofern der Mutterbruder oft die Rolle des sozialen Vaters für die Kinder seiner Schwester innehat. Dies kommt auch im Parzival zum Ausdruck, wo der Mutterbruder Trevrizent sich in besonderer Weise für die Entwicklung seines Schwesternsohnes Parzival verantwortlich fühlt. Auch Wodans Mutterbruder Mimir hatte für ihn eine bedeutsame wegweisende Funktion (s.o.). In vielen matriarchalen Völkern gibt es gar keine Bezeichnung für »Vater«, so etwa bei den Mosuo in China.

Dort wird der Besitz und alles Vermögen der Sippenmutter übergeben. Die Arbeitskraft einer jeden dient der Sippengemeinschaft. Sippenmitglieder werden unterstützt, zum Beispiel, wenn sie studieren. Andererseits fließt alles Geld, das Sippenmitglieder außerhalb erwirtschaften, in das Vermögen der Sippe. Die Sippe ist die identitätsstiftende Gemeinschaft für den einzelnen. Die Frauen haben die Kontrolle über sämtliche Güter.

Alle wichtigen Dinge werden vom Familienrat entschieden. Dabei wird unter dem Vorsitz der Sippenmutter Konsens angestrebt, das heißt, es wird so lange argumentiert und überzeugt, bis eine Einigung erzielt wird. Es herrscht niemand. Was zählt, ist die Kompetenz, Klugheit und Erfahrung des einzelnen. Auch die Sippenmutter hat als Hohepriesterin nur ratgebende (Seins-)Macht und keine Befehlsgewalt. Ihr Rat wird auf der Grundlage freiwilliger Akzeptanz angenommen. Sie hat keinen Erzwingungsstab aus Polizei, Justiz oder Militär.

Die Sippe wird nach außen im Dorfrat von Männern vertreten. Ein weiblicher Dorfrat aus Sippenmüttern kommt heute nur selten vor. Die Delegierten der Muttersippe brauchen den Konsens ihrer Sippen. Sie sind ihren Sippenmüttern Rechenschaft schuldig. Auch im Dorfrat gilt wie im Familienrat das Konsensprinzip. Ein Sippenvertreter hat im kommunalen Sippenverband natürlich einen klareren politischen Auftrag, und seine

Sippenrepräsentanz hat mehr Gewicht als ein gewählter Parteivertreter in unseren Gemeinderäten, der verdeckt immer auch seine persönlichen Interessen und die seiner Klientel mitverfolgt (Lobbyismus).

Matriarchale Staaten sind Stammesbündnisse von Gleichen, wie wir sie vom alten Israel und von den nordamerikanischen Irokesen kennen. Sie werden durch wechselseitige Liebesbeziehungen gefestigt. Meist sind die Gesellschaften zweigeteilt in Frauen und Männer. Daher gibt es im Delegiertenwesen bei den Irokesen Doppelbesetzungen bis in die umfassendsten Gremien: weibliche und männliche Stammeshäuptlinge und weibliche und männliche Ligahäuptlinge.

Ein König ist zur Staatsgründung nicht nötig. Der matriarchale Häuptling oder König hat auf Stammesebene sakrale Funktion als Sohngeliebter der Göttin, verkörpert durch die Stammesmutter und Priesterkönigin in der Heiligen Hochzeit. Er organisiert als ihr guter Hirte oder ihr Gärtner mit Jahresbeginn die Arbeit der Männer. Im Herbst stirbt er als Abbild der Natur mit dieser einen symbolischen Tod.

Frauen haben die priesterlichen Ämter entweder alleine inne, oder sie teilen sich die Ämter mit den Männern.

Die Domäne der Frau ist das Feld, das Haus und der Herd. Der Herd ist ein heiliger Ort, an dem die Ahnen und Ahninnen verehrt werden.

Matriarchale Gesellschaften sind Solidargemeinschaften, die ihr Zusammenleben nach dem Prinzip des Ausgleichs regeln. Dorffeste und gegenseitige Hilfe dienen dazu, einen ökonomischen Ausgleich unter den Sippen herzustellen, und verhindern, dass größere wirtschaftliche Unterschiede zwischen den Sippen entstehen. Feste zu bestreiten und Hilfe zu geben, bringen hohe Anerkennung und sind erstrebenswert. Die Anhäufung von Gütern dagegen stellt keinen Wert dar. Mit natürlichen Ressourcen wird nachhaltig umgegangen, das heißt, Pflanzen und Tiere werden nur so weit der Natur entnommen, wie es deren eigenem Erhalt nicht abträglich ist. Dies bedeutet auch eine genaue Geburtenregelung. Sie liegt innerhalb der Sippe allein in der Verantwortung der Frauen und Mütter. Clemens Kuby erwähnt in seinem Dokumentarfilm über die Todas in den Nilggiribergen Südindiens, dass die Frauen während der Jahrtausende ihrer Existenz mittels eines Pflanzensaftes das Gleichgewicht zwischen Stammesgröße und Nahrungsressourcen stabil halten konnten.

Hinter diesem Prinzip der ökologischen Lebensbalance steht eine tief verwurzelte mütterliche Spiritualität, in der der Mensch sich als Geschwister der Mitgeschöpfe erlebt, von derselben Urmutter geboren und in ihren Mutterschoß zurückkehrend. Die eindrucksvollen Wandbilder in den großen Kulthöhlen Südfrankreichs sind ein lebendiges Zeugnis für diese vorgeburtliche und nachtodliche uterale Einheit der Geschöpfe.

Diese umfassende Solidarität ist darum auch – gemäß dem Symbol des Rautennetzes – folgerichtig auf das Umfeld des Stammes ausgedehnt. Mit ihrem Umfeld stehen die matriarchalen Völker in einem wechselseitigen Tauschhandel. Das Gastrecht wird heilig gehalten. Über Liebesbeziehungen werden Verbindungen über die Grenzen hinweg gehalten. Diese erweiterte Solidargemeinschaft wurde von den patriarchalen Eroberern zerschlagen und von willkürlichen imperialistischen Grenzziehungen durchkreuzt.

Liebesbeziehungen werden in matriarchalen Gesellschaften zwischen den Sippen einer Kommune gepflegt. Eine Hochzeit im Sinne einer Eheschließung gibt es in matriarchalen Kulturen nicht. Sexualität dagegen gilt als ein hoher Wert, denn aus befriedigender Sexualität kommen Fruchtbarkeit, Gesundheit, Frieden und Kultur (vgl. die Bedeutung der Heiligen Hochzeit).

Die freien Liebesbeziehungen können kürzer oder dauerhaft sein. Dabei wählt immer die Frau den meist jüngeren Mann und nicht umgekehrt. Dann besucht der Geliebte die Frau, um ihr beizuwohnen. Die Bibel spricht von der Besuchsehe (Ri. 15,1). Es ist auch möglich, dass der Mann in der Sippe der Frau lebt. Dann muss zwischen den Sippen geklärt werden, ob auch seine Arbeitskraft der Sippe seiner Frau gehört und wie hoch die Entschädigung ist, die seiner eigenen Muttersippe dafür zusteht. Kaum wird eine Frau ihre Sippe verlassen und zur Muttersippe des Mannes wechseln.

> Darum wird ein Mann Vater und Mutter verlassen
> und seiner Frau anhangen, und sie werden ein Leib.
>
> Gen. 2,24

Dennoch kommt es auch vor, dass die Frau zur Muttersippe ihres Lebensgefährten gebeten wird, besonders dann, wenn es dort an Frauen fehlt oder wenn sie den Platz der Matriarchin einnehmen soll. Wenn die Frau zu ihrem Liebhaber geht, bleiben die Kinder in ihrer Muttersippe. So berichtet es Iris Bubenik Bauer von den Mosuo in China, bei denen sie dreizehn Jahre gelebt hat. Sie erlebte die innige Beziehung und Fürsorglichkeit der Muttersippe, in der stets genug Zärtlichkeit für jeden vorhanden war, also Zärtlichkeit für alle.

Der Vorteil dieser Lebensgemeinschaften ist der, dass

- für den einzelnen eine dauerhafte Bindungskontinuität und eine relative Versorgungssicherheit besteht, von der Kindheit bis ins hohe Alter.
- die Auflösung einer Liebesbeziehung nicht bedeutet, dass auch die Versorgungs- und Bindungsgemeinschaft in Mitleidenschaft gezogen wird und sich neu organisieren muss.
- die Kinderbetreuung ökonomischer gestaltet werden kann.
- die Haushaltsführung sich ökonomischer gestaltet, sowohl hinsichtlich der Arbeit als auch hinsichtlich der Gerätschaften.
- auf der Basis der Muttersippe eine funktionierende demokratische Solidargemeinschaft aufgebaut werden kann.

Die hochpatriarchale Vaterfamilie

In einer hochpatriarchalen, wie zum Beispiel der islamischen Vaterfamilie herrscht der Mann und Vater. Um sicher zu sein, dass alle Kinder von ihm sind, muss er seine Frau kontrollieren, ohne dass er sich je völlig sicher sein kann. Die moslemische Frau darf nicht alleine, sondern nur in männlicher Begleitung das Haus verlassen. Sie muss sich zum Teil völlig mit einer sogenannten Burka oder einem Tschador bedecken (Iran, Afghanistan, Tschad). Begeht eine Frau Ehebruch, so wird sie nach der Scharia mit dem Tod durch Steinigung bestraft (Iran, Saudi Arabien).

Selbst in dem als recht liberal geltenden Indonesien wurden nach eigener Beobachtung 1996 auf einer Schiffsreise von Sumbawa nach Flores alle moslemischen Ehefrauen in einen speziell dafür vorgesehenen Raum gebracht, und die Zugangstüre wurde von außen abgeschlossen. In Lukas Hartmanns Roman »Auf beiden Seiten« (© 2015 Diogenes Verlag AG Zürich) erzählt der moslemische Dolmetscher Amadou aus dem bitterarmen, bürgerkriegsgeschüttelten Tschad (S. 236f),

> … er wolle vorankommen, er wolle genügend Geld, um eine zweite Frau zu heiraten und eine gebrauchte *motocyclette* zu kaufen, er wünsche sich mindestens acht Kinder. Von Geburtenkontrolle halte er nichts, Kinder seien der einzige Reichtum, auch für Männer wie ihn, die auf dem *collège* waren. … Seine Töchter … schicke er auf eine islamische Schule, wo man den Tschador trage und der Kontakt mit dem anderen Geschlecht verboten sei, die größte Schande wäre es, wenn sie mit vierzehn, fünfzehn geschwängert würden. Die Jungen hingegen sollten westlich erzogen werden, das sei später gut für die Karriere. … Gleichberechtigung sei eine westliche Idee, die der Natur der Frauen widerspreche.

Die moslemische Frau muss mit dem Vollzug der Ehe – meist ist es eine von den Vätern beschlossene Zwangsheirat – ihre Vaterfamilie verlassen, also ihre Mutterbindung weitgehend unterdrücken, und bei der Familie ihres Mannes leben, auch deren Namen annehmen. In der Regel hat sie es dort nicht leicht. Sie steht unter Druck, der Vaterfamilie einen männlichen Nachfolger zu gebären. Bei ihrer Niederkunft und danach ist es nicht selbstverständlich, dass sie von ihrer eigenen Mutter betreut wird. Dies wird die Familie ihres Mannes, vor allem, wenn es sich um einen Enkelsohn handelt, kaum zulassen. Der Mann bleibt seiner Familie loyal verbunden. Die Frau bleibt aber heimlich ihrer eigenen Familie loyal verbunden, dies um so stärker, je mehr sie in der Familie ihres Mannes unter Druck steht. Daraus folgen nach meiner Erfahrung als Berater moslemischer Ehepartner unlösbare Konflikte in der Ehe, die für beide Teile zur Misere, für die Frau aber zu einer schmerzlichen Angelegenheit werden kann, da dem Mann Gewalt zugestanden wird. Eine Trennung wird der Frau moralisch nicht erlaubt. Der Mann aber darf seine Frau zurückschicken, wenn es ihm nicht gelungen ist, sie zum Schweigen zu bringen, und er genug hat von ihrer Unzufriedenheit und ihren Klagen. Eine Scheidung aber wird von beiden Herkunftsfamilien als Schande erlebt.

Die spätpatriarchale Kleinfamilie

In einer spätpatriarchalen Kleinfamilie bleibt die Namensgebung den Partnern überlassen, möglicherweise ein erster Konflikt. Es wird erwartet, dass beide die Loyalität zu ihren Herkunftsfamilien lockern zugunsten ihrer ehelichen Loyalität. Das bedeutet, dass die Bindungsgemeinschaft der Herkunftsfamilie durch die neue eheliche Bindungsgemeinschaft ersetzt werden muss. Dies wird oft nicht ausreichend geleistet. Bei der Geburt des ersten Kindes muss die eheliche Bindungsgemeinschaft um die elterlich-familiäre erweitert werden. Bei bleibender starker Loyalität des Mannes zu seiner Herkunftsfamilie zerbrechen die Ehen oft schon in den ersten Jahren. Bleibt die Mutter infolge einer engen Mutter-Tochter-Beziehung ihrer Familie gegenüber loyal verbunden, bleibt die Ehe erhalten, sofern ihr Mann sich gemäß Gen. 2,24 verhält und im großelterlichen Spannungsfeld loyal zu seiner Frau und deren emotionalen Präferenz für die eigene Herkunftsfamilie steht. Dann wird er auch zulassen können, dass die Mutter seiner Frau ihre Tochter nach ihrer Niederkunft betreut, ungeachtet der Empfindungen seiner eigenen Eltern. Gehen die Loyalitätsaufspaltungen weiter, haben die Eltern des Mannes als Großeltern unter Umständen schmerzliche Verluste hinzunehmen.

Gelingt trotz all dieser patriarchalen Widrigkeiten eine Kernfamiliengründung als Bindungs- und Versorgungsgemeinschaft, dann wird es natürlich höchst dramatisch, wenn sich das Paar wieder trennt. Die Liebesbeziehung muss aufgelöst werden, während die Elternpartnerschaft und die Eltern-Kind-Bindung bestehen bleiben soll (Scheidungsfamilie). Dem Kind muss von den Eltern die Möglichkeit gegeben werden, sich zwischen zwei Teilfamilien hin und her zu bewegen, nämlich der der Mutter und der des Vaters. Kein Elternteil darf das Kind emotional alleine für sich in Anspruch nehmen. Bei anhaltendem Konflikt wird aber genau dies von den zerstrittenen Eltern konkurrenzhaft betrieben, was zu einer Traumatisierung des Kindes führt.

Die so wichtige Bindung der Kinder zu ihren Eltern, vor allem zur Mutter, muss also mit ihrem Erwachsenwerden gelöst werden. Die Loyalitätsbindung zu den eigenen Eltern muss gegenüber der ehelichen Loyalität zurücktreten. Dies aber wirkt sich wiederum nachteilig aus, wenn die Eltern alt geworden sind und Bindungsnähe über Jahrzehnte nicht wirklich gelebt wurde. Dann ist die Wahrscheinlichkeit hoch, dass sie, vor allem die Eltern des Mannes, sofern sie keine Tochter haben, einsam leben und von Pflegepersonal notdürftig betreut werden müssen.

Dennoch scheint in einer spätpatriarchalen, hochtechnisierten, kapitalistischen Gesellschaft eine Kleinfamilie, eine Scheidungsfamilie, eine neugegründete Stieffamilie oder das Singledasein den vordergründigen Wirtschaftsinteressen dienlicher zu sein als eine Sippenstruktur, denn je kleiner die sozialen Lebenseinheiten sind, desto dienlicher sind sie den Mobilitätsanforderungen der spät-patriarchalen Globalgesellschaft. Auch politisch stehen Kleinfamilien den übergeordneten Partikularinteressen weniger im Wege als größere Lebensgemeinschaften und Sippen. Mit den ökonomischen und familienpsychologischen Folgekosten müssen aber die Familien selber oder auch der Staat, also die Steuerzahler, zurechtkommen.

Angesichts der ständigen mühsamen, oft missglückenden familiären Um- und Neustrukturierungsaufgaben fragt man sich, wie lange sich das Ehe- und Kernfamilienmodell noch hält. Ist die Ehe als staatlich bevorzugte Institution nicht ein überfrachtetes Auslaufmodell? Sollte nicht vielmehr jede Bindungs- und Versorgungsgemeinschaft Privilegien erhalten, eine Liebesbeziehung dagegen frei bleiben, frei auch von ökonomischen Vorteilen? Würden der Institution Ehe die Privilegien entzogen, so wäre das nach der vollen Anerkennung der weiblichen Sexualität und nach der vollständigen Gleichstellung von Mann und Frau der dritte Schritt zur Überwindung des Patriarchats.

Bezeichnend für matriarchale Sozialstrukturen ist die von weiblich-mütterlichen Werten geprägte Sippe. Die Männer vertreten ihre Sippen im Gemeinderat. Dort gelten dieselben Prinzipien: Egalität, Konsensualität und ökonomisches Ausgleichsbestreben. Das bedeutet, dass die mütterlichen Werte von der Muttersippe in die Gesellschaft hineinwirken. Im Spätpatriarchat dagegen herrschen außerhalb der Familie die Spielregeln oder auch die Intrigen und Betrügereien des Kampfes, weshalb auch vom »feindlichen Leben« draußen gesprochen wird. Die Kernfamilie soll als heiliger Hort möglichst verschont bleiben, wenigstens so lange sie selber nicht vom Auseinanderbrechen bedroht ist. Gleichzeitig müssen die Jungen, zunehmend aber auch die Mädchen, auf dieses feindliche Leben draußen vorbereitet werden und sich im Konkurrenzkampf behaupten lernen. Dies geschieht vor allem in der Schule, die darum oft zu einer großen Herausforderung gerade für Familien mit ausgeprägt weiblich-mütterlichen Werten werden kann. In der spätpatriarchalen westlichen Gesellschaft klaffen nämlich derzeit die Werte innerhalb und außerhalb der bürgerlichen Kernfamilie weit auseinander. Innerhalb der Familie konzentrieren sich immer mehr weiblich-mütterliche Werte: Partnerschaftlichkeit, Konsensualität auch zwischen Eltern und heranwachsenden Kindern, liebevolle Betreuung und Pflege der Kinder auch durch die Väter, einander freigeben bei Scheitern der Liebesbeziehung oder neuer Partnerwahl statt Eheerhalt trotz fehlender Liebe. Außerhalb der Familie aber – und manchmal auch innerhalb – herrschen immer härtere patriarchale Bedingungen: Ökonomisierung und Gewinnmaximierung, Konkurrenzkampf, Hierarchie, Ausbeutung und Parasitismus. Dies kommt drastisch im letzten Kapitel von Michael Kleebergs Roman »Vaterjahre« (München 2014) zum Ausdruck, in dem geschildert wird, wie in dem Augenblick, an dem am 11. September 2001 die beiden Verkehrsflugzeuge, von Islamisten gelenkt, in die Zwillingstürme der Welthandelsorganisation in New York rasen, die Hamburger Handelsfirma des Vaters Charly Renn in höchster Aufregung und rasend schnell 26.000 Tonnen Kautschuk verkauft, ehe der Kautschukpreis weltweit in den Keller rast und die Firma ruiniert wäre. Dies gelingt den eifrig telefonierenden Händlern mit knapper Not. Während die Angestellten diese Firmenrettung am Abend ausgelassen feiern, fährt Charly nach Hause, um mit seinen Kindern und der Mutter vom todkranken Hund Bella Abschied zu nehmen, der noch am selben Abend eingeschläfert werden soll. Die inselhafte Intimität der heilen Kleinfamilie, die auf dem phantasierten Floß der Wohnzimmercouch zusammenkuschelt, und ihr Umgang mit dem bevorstehenden Tod des Hundes, stehen in krassestem Gegensatz zur Brutalität des Lebens draußen, das seine Bilder auch ins Renn'sche Wohnzimmer schickt: Während sich die kleine Familie ein letztes Mal liebevoll um ihren Hund Bella schart, tauchen auf dem Fernsehschirm die Bilder der zusammenstürzenden Zwillingstürme auf, die winzigen, im Fallen sich drehenden Körper und die betroffenen Gesichter der Feuerwehrleute. (S. 482f)

Altes Schlaflied
(reflektiert die matriarchale und die patriarchale Wirklichkeit)

1.
Schlaf, Kindlein, schlaf.
Der Vater hüt' die Schaf.
Die Mutter schüttelt's Bäumelein,
da fällt herab ein Träumelein.
Schlaf, Kindlein, schlaf.

2.
Maikäfer flieg.
Der Vater ist im Krieg.
Die Mutter ist in Pommerland,
Pommerland ist abgebrannt.
Maikäfer flieg.

IV

Sechs Seinswerte der Mutterordnung

im Unterschied zu den herrschenden Wertkonstrukten des Patriarchats

Die Werte der Mutterordnung sind im Unterschied zu denen der Vaterordnung keine dem Leben aufgenötigten männlichen Konstrukte wie Keuschheit, Wirtschaftswachstum, Machtstreben, Ruhm und Ehre, Heldentum, Besitz, Gehorsam, Todesverachtung. Es sind vielmehr Seinswerte, also Werte, die sich aus dem Leben selbst ableiten lassen wie Nachhaltigkeit, soziale Kompetenz, Fürsorglichkeit, Konsens, Ehrfurcht vor dem Leben, Versöhnung und Heilung, Ausgleichsstreben, Todesannahme. Die patriarchalen Werte enthalten durch ihre fundamentale Negation des mütterlichen Ursprungs ein hohes Destruktionspotential, wogegen die matriarchalen Werte ausschließlich Lebenswerte mit hoher ökologischer und psychosozialer Integrationskraft sind.

Die vormenschliche natürliche Evolution war ökologisch, wenn keine Naturkatastrophen größeren Ausmaßes die Entwicklung störten, intakt. Es war eine Entwicklung allein aus der der Materie und der Natur innewohnenden Wirkkraft. Der matriarchal orientierte Mensch versuchte, eine Kultur im Einvernehmen mit der Natur aufzubauen. Erst der patriarchale Mensch positionierte sich außerhalb der Natur, ihr gegenüber. Aus dieser hybriden Position fing er an, Dinge und Gedanken zu produzieren, die mit dem Leben – weder mit dem biologischen noch mit dem sozialen – nicht vereinbar waren. Die Männer entwickelten sich zu einer Art schnellen Eingreiftruppe zur Gestaltung der Welt nach eigenen Vorstellungen und Wünschen, die sich nicht unbedingt am *Oikos* des Lebensganzen orientierten. Die egoistische, mann-menschliche Motivation war hoch. Das Handeln, die Aktivität, die Zielerreichung, das Yang wurde wichtigster Lebensmodus und steigerte sich bis zu Getriebensein und Hektik. Die Kunst des Nicht-Handelns, das Yin, geriet immer mehr an den Rand.

Als Ergebnis aus beiden Faktoren – Weltgestaltung nach eigenem Gutdünken und permanent zunehmender Aktionsmodus – stellt sich nun ein immer rascheres Ansteigen des Destruktivitätspotentials heraus. Dabei besteht ein offenkundiger Zusammenhang zwischen der sich steigernden Produktion gewinnbringender aber zerstörerisch wirkender Produkte – verknüpft mit Produktionsverhältnissen und Handelsbeziehungen, die der materiellen Ungleichheit Vorschub leisten – und der Zunahme destruktiver Ideologien als brachiale Antwort auf die zerstörten biologischen und sozialen Lebensgrundlagen.

Das katastrophale Ende dieses globalen Prozesses von zunehmender Destruktivität liegt auf der Hand. Die schreckliche symptomatische Reaktion der Natur, des Klimas, der angsterfüllten menschlichen Psyche und so weiter dient letztlich einer radikalen Wiederherstellung des globalen Gleichgewichts, wenn die politisch Verantwortlichen es nicht fertigbringen, den spätpatriarchalen, zügellos räuberischen Kapitalismus zu bremsen. Es ist eine irrwitzige patriarchale Größenphantasie, zu glauben, man könne der zornigen Chumbaba, Symbolfigur für die geschändete Frau und die missbrauchte Mutter Natur, einfach den Kopf abschlagen (erzählt im Gilgamesch-Epos) oder man müsse den Endiger Loki nur fesseln (nordischer Mythos, in dem die Asen Loki fesselten, um ihren Untergang zu verhindern), um der tödlichen Katastrophe zu entrinnen. Dies funktioniert ebenso wenig wie das groteske Lösungsmodell Alexanders des Großen, den komplexen Weisheitsknoten einfach durchzuschlagen. Dieses Buch soll ein Beitrag dazu sein, die prekäre Lage zu erkennen und den Destruktionsprozess zu entschleunigen.

Die prekäre Situation zwingt zu einer ganzheitlichen Sehweise und zu einer globalen Kooperation. Die Aufspaltung der Wissenschaft in

Fachdisziplinen mit jeweils irrwitzigen Aufgabenstellungen, wie etwa die Optimierung von Scheibenwischermotoren für die Automobilindustrie oder die Entwicklung einer Würstchensortiermaschine, muss in eine kooperative Wissenschaft transformiert werden, die sich den wirklichen Herausforderungen des Lebens stellt und gemeinsame Aufgaben formuliert, etwa die Optimierung einer am Kreislauf der Natur und ihrer Ressourcen orientierten Lebens- und Wirtschaftsweise einer landschaftlichen Region oder die Entwicklung einer Schule, an die ein subsistenzwirtschaftlicher bäuerlicher Lehrbetrieb direkt angebunden ist.

Ein erster Schritt in diese Richtung wäre eine entsprechende Bewertung von Industrieprodukten, Organisationsformen und Ideen nach ihrem Lebenswert. Hat das, was Menschen hervorbringen, einen hohen Lebenswert, dann verfügt es über eine hohe Integrationskraft. Integrationskraft ist das Kriterium, mit dem das menschliche »Produkt« – sei es ein Gegenstand, eine Organisation oder ein Gedankengebilde – daran gemessen wird, wie sehr es sich ökologisch ins Lebensganze einfügt. Produkte mit hoher Integrationskraft erfüllen drei Voraussetzungen:

- Sie fügen sich, soweit es sich um Dinge handelt, ins ökologische Ganze, sind also in ihrer Anwendung lebensverträglich und ohne Rest recycelbar.
- Sie fördern die Integrationsfähigkeit, Konsensfähigkeit und das Einfühlungsvermögen eines einzelnen Menschen.
- Sie fördern das kooperative Miteinander zwischen den Menschen und zwischen Mensch und Natur.

Jedes Produkt, das nicht restlos recycelbar ist, jeder Stoff, der das Ökosystem stört, jede Waffe, jede ausbeuterische Handelsvereinbarung, jede Ideologie, die spalterische Interessen verfolgt, hat einen bestimmten Destruktionswert im Blick auf unser biologisches Leben (Symbolgestalt der Leibin), unsere Seele (Symbolgestalt der Seelin) und unser soziales Zusammenleben (Symbolgestalt der Liebin). Kluge Mathematikerinnen könnten sicher den Destruktionwert (DW) beziehungsweise die biopsycho-soziale Verträglichkeit, also die Integrationskraft (IK) eines Produkts, eines Verhaltens oder einer Idee bestimmen, wenn das Produkt, das von Menschen Hervorgebrachte, einer allgemeinen Anwendung und öffentlichen Wirksamkeit zugeführt werden soll.

Man könnte sich fragen:
Wie hoch ist der bio-psycho-soziale Destruktionswert eines Autos?
Wie hoch ist der bps DW eines Atomkraftwerks?
Wie hoch ist der bps DW eines Spritzmittels?
Wie hoch ist der bps DW eines Segways (Elektrofahrzeug für Fußgänger)
Wie hoch ist der bps DW einer Motorsense?
Wie hoch ist der bps DW eines Panzers?
Wie hoch ist der bps DW der Welthandelsorganisation?
Wie hoch ist der bps DW einer bilateralen Geschäftsbeziehung?
Wie hoch ist der bps DW einer streng hierarchischen Organisation?
Wie hoch ist der bps DW des katholischen Amtsverständnisses?
Wie hoch ist der bps DW eines Parteiprogramms?
Wie hoch ist der bps DW des Abkommens der EURO-Länder mit Griechenland vom 12. 7. 2015?
Oder positiv gefragt:

Wie hoch ist die biopsychosoziale Integrationskraft der aufgezählten Produkte, der Handelsbeziehungen oder der propagierten Ideen?

Diese Fragen bewirkten eine andere, eine ehrlichere Kosten-Nutzen-Analyse als die, die sich nur am Gewinn für den Produzenten des jeweiligen materiellen, organisatorischen oder geistigen Produkts orientiert.

1. Kreisendes Sein statt Weltherrschaftsvision und Science Fiction

Die Natur bewegt sich in Kreisen: der Kreislauf des Jahres, der Rhythmus von Tag und Nacht, von Ebbe und Flut, unser Blutkreislauf, unsere Atemluft, der Kreislauf des Wassers, der Monatszyklus der Frau. Die Schlange ist das Symbol dafür, das Sinnbild für diese alte Erkenntnis. Zyklus und Rhythmus bedeuten Wiederholung, und Wiederholung bedeutet Sicherheit. Die Menschen sind beruhigt und freuen sich, wenn der Storch im Frühjahr wiederkommt und auf dem Dach nistet. Ich war sehr beunruhigt, als der Ruf des Pirols am 1. Mai nicht zu hören war. Und ich bin traurig darüber, dass er seit 2010 nicht mehr in der unteren Murraue erklingt. Im Kreisen der Natur gibt es auch Veränderung, Entwicklung, doch die geschieht langsam, fast unmerklich. Diese Langsamkeit ist Teil ihrer Weisheit.

Es gibt Völker wie etwa die Aborigines in Australien, die existieren seit 40.000 Jahren, sehr gut angepasst in ihre Umwelt, das heißt ihr Eingepasstsein (engl. *fitting*) ist sehr hoch. Sie würden wohl noch weitere 40.000 Jahre existieren, wenn die Europäer ihre Kreise nicht gestört hätten. Die Aborigines bewegten sich in komplexen Kreisen auf ihren traditionellen, geheimnisumwobenen *songlines.* Sie ließen ihre Pflanzen und Tiere sich vermehren und nahmen selber nicht überhand.

Die Menschen auf der Kanarischen Insel Hierro versuchen dasselbe mit modernen Mitteln. Sie nutzen ausschließlich erneuerbare Energien, Windkraft, Wasserkraft, Sonnenenergie, und sie betreiben ökologischen Ackerbau, das heißt, sie nutzen eine natürliche Humusbildung und benötigen keine künstlich hergestellten chemischen Produkte. Dafür nehmen sie in Kauf, dass ihre Früchte etwas teurer sind.

Ihre Bevölkerung nimmt nicht zu, und die natürliche Umwelt mit ihren Tieren und Pflanzen wird bewahrt. Sie sind zufrieden und sind froh, Herrenos zu sein. Sie lieben ihre schöne Insel. Sie betreiben sanften Tourismus und pflegen ihre Tradition, vor allem ihre Tanzprozession zu Ehren ihrer jungfräulichen Mutter auf dem Berg, wo auch ihr heiliger Baum steht.

Der patriarchal geprägte Mann sieht sich völlig anders. Er will Herr sein, Machthaber: *pater familias* und Herr der Natur, Herr des Landes, Beherrscher des Marktes und Herr der Geschichte. Sein Denken verläuft linear: Er will vorwärts, treibt nach vorn. Das mag mit den indoeuropäischen Raubzügen zusammenhängen, die ihn schon nach Europa getrieben haben, nach Indien und China. Von Europa aber trieb es ihn weiter – jetzt unter dem christlichen Kreuzeszeichen –, weiter bis nach Amerika und Afrika, um als Kolonialherren das Land zu besiedeln, die Bevölkerung auszurotten, zu versklaven oder zu »zivilisieren« und Gold nach Hause zu schaffen. Und noch heute treibt es ihn weiter – jetzt unter dem Zeichen demokratischer Freiheit und liberaler Wirtschaft – bis in die entlegensten Gebiete angestammter indigener Völker, um sich die Rohstoffquellen zu sichern. Dabei kooperiert er mit den korrupten Regierungen der ausgebeuteten Länder.

So hat sich der Kleiderkonzern Benetton in Argentinien 535 Hektar des Volks der Mapuche mit Hilfe der Regierung unter den Nagel gerissen. Westliche Konzerne beuten seit Jahrzehnten im Nigerdelta die Ölvorkommen aus mit verheerenden Folgen für Land und Leute. Sie spülen jährlich 1 Billion Dollar (!) in die Hände der nigerianischen Machthaber, während (2016) westliche Hilfsorganisationen Tausende Mütter mit Kleinkindern vor dem Hungertod zu retten versuchen. Will ein Staat – wie etwa das Bolivien unter Evo Morales – nicht länger Handlanger westlicher Konzerne bleiben und sich aus Knebelverträgen lösen, die ihn auf Jahre hinaus abhängig machen, ohne dass die Bevölkerung auch nur einen Schritt weiterkommt, so drohen ihm nach den derzeitigen Welthandelsgesetzen Strafen in Milliardenhöhe oder, wenn er die Strafe nicht bezahlt, massive wirtschaftliche Sanktionen, die den nach Unabhängigkeit strebenden Staat allmählich aushungern (zum Beispiel Kuba).

Das patriarchale Geschichtsbewusstsein ist linear und geht davon aus, dass sich die Geschichte vom Primitiven zum Höheren hin entwickelt (Fortschrittsglaube). Um so überraschter ist der Forscher, wenn er erkennen muss, welch hohe Kunstfertigkeit und gestalterisches Vermögen die Menschen besaßen, die die südfranzösischen Kulthöhlen vor 35.000 (!) Jahren bemalt haben. Das können keine »Primitiven« gewesen sein.

Alle Vaterreligionen und patriarchale Ideologien sind ebenfalls linear angelegt. Selbst ein buddhistischer Meister hat die Vorstellung, von Wiedergeburt zu Wiedergeburt höher gestiegen zu sein, bis er schließlich hoffentlich nach seinem Tod das Nirwana erreicht. Es gibt in allen sogenannten Vaterreligionen einen Schöpfungsanfang und ein Weltende. Das Ende besteht in einer letzten Schlacht oder dem jüngsten Gericht. Bei Marx bringt die Weltrevolution das Ende der alten Klassengesellschaft. Am Ende der Geschichte kommt die Alleinherrschaft des Vatergottes, des erwählten Volkes, der Partei oder der entsprechenden ideologischen Prinzipien. Auch die scheinbar ideologielose Moderne tradiert das lineare Geschichtsbild: Die technische Entwicklung geht immer weiter, wird immer »perfekter« und »naturunabhängiger« bis zur Science Fiction.

Interessant ist, dass der Welt unter dem Patriarchat tatsächlich eine Apokalypse droht, als sei dies die eigene, sich selbst erfüllende Prophezeiung des Patriarchats.

2. Vernetztes Denken statt Durchsetzen partikularer Machtinteressen

Die Werte der Mutterordnung ergeben sich logisch aus der matriarchalen Weltsicht und ihrem Seinsverständnis. Grundlegende Erkenntnis ist die der Vernetzung und Verbundenheit, sowohl räumlich als auch zeitlich. Diese Erkenntnis, die im Symbol des Rautennetzes (s. Kap. II, 4) sinnbildlich zum Ausdruck kommt, ist sehr alt und gleichzeitig hoch modern. In der Moderne sprechen wir vom systemischen Denkansatz beziehungsweise vom ökologischen Denken. Systemisches oder ökologisches Denken findet immer mehr Einzug auch in unsere Alltagswelt. Diese Sichtweise schult das Denken in Zusammenhängen. Dies war offenbar auch unseren Vorvorfahren nicht fremd.

Es gibt Systemgrenzen, die erlauben, ein System von seinem Umfeld zu unterscheiden. Ein System ist zum Beispiel eine Schule, ein Betrieb, eine Kommune, eine Familie, ein Biotop, eine Landschaft, aber auch ein Organismus ist ein System und letztlich das gesamte Globalsystem. Schon immer stehen wir im Weltnetz (germanisch *Urlag*) miteinander in Verbindung. Jedes Element eines Systems steht mit den anderen Elementen in wechselseitigem Austausch. Von daher ist jedes einzelne in seiner Entwicklung ins Ganze eingebettet. Darum spricht man auch von der Ko-Evolution eines Systems (s. die 2x5+1 Axiome in Kap. II, 4).

Paulus hat ebenfalls die wechselseitige Abhängigkeit gesehen, wenn er an die Korinther schreibt:

> Nun aber gibt es viele Glieder, doch nur einen Leib.
> Das Auge kann aber nicht zur Hand sagen: Ich bedarf deiner nicht,
> oder wiederum der Kopf zu den Füßen: Ich bedarf eurer nicht…
> Und wenn ein Glied leidet, so leiden alle Glieder mit.
>
> 1. Kor. 12,20-21,26

Diese wechselseitige Abhängigkeit erkennen wir heute weltweit, doch weniger im positiven Sinn als vielmehr im Sinne einer globalen Krise: Klimaerwärmung mit ungeahnten Folgen, Ausbeutung und Hunger, Überbevölkerung, Vermüllung, Kriege und Terror, Flüchtlingsströme und so weiter. Diese krisenhafte Entwicklung rührt daher, dass einschneidendes

Tun nicht wirklich zu Ende gedacht wird. Jedes militärische Eingreifen, jede Kapitaltransaktion, jede Erfindung und Produktion, jeder Coup wird von kurzfristigem Denken gesteuert. Die langfristigen Kosten und Folgen werden weder bedacht noch einkalkuliert, etwa bei der Frage des Atommülls oder der Abholzung der Regenwälder oder der Flussbegradigungen oder der Überdüngung… Man könnte sagen, dass wir unser Leben auf der Grundlage einer gewaltigen Fehlberechnung fristen. Diese Fehlberechnung auf der Grundlage eines ausschnitthaft kurzsichtigen Denkens wider besseres Wissen ist typisch für das spätpatriarchale System, in dem es nur ums schnelle Geld geht, um den Coup. Und diese Kurzsichtigkeit ist typisch für feige, mutlose Politiker, die nur an die nächste Wahl denken oder sich von lobbyistischen Interessen leiten lassen.

S. Kuntze zitiert in seinem Buch den Ministerialdirigenten Siegfried Heesemann vom Bundesministerium für Wirtschaft und Energie, der noch 1955 feststellt:

> Die unschädliche Abführung radioaktiver Abfallstoffe ist eine Aufgabe, die gelöst werden muss, *bevor* der Bau eines Reaktors in der dicht besiedelten Bundesrepublik vertreten werden kann.
>
> S. Kuntze S. 163f

1976 – viele AKWs waren längst gebaut (!) – entscheidet sich Niedersachsens Ministerpräsident Albrecht für Gorleben als Lagerort für radioaktiven Abfall, obwohl dieser Salzstock nach dem wissenschaftlichen Gutachten von Professor Lüttig zu einer dritten Gruppe weniger geeigneter Standorte gehört. Als in einem Gespräch zwischen beiden Männern der Professor entsetzt nach dem Grund für diese schreckliche Entscheidung fragt, antwortet ihm Albrecht, er habe so auf Anraten seines Nachbarn entschieden, da er mit einem grenznahen Atommülllager die »Ostzonalen« (= abfällige Bezeichnung der damaligen DDR) ärgern könne. (S. Kuntze, S. 172)

Aufgrund der Katastrophe von Tschernobyl (1986), beschloss die rotgrüne Bundesregierung 2002 in Absprache mit den Energiekonzernen den vertraglich festgelegten Ausstieg aus der Kernenergie bis 2022. Diese ließen acht Jahre untätig verstreichen. Sie strichen riesige Gewinne ein, die aber nicht in den Ausstieg investiert wurden. Sie spekulierten vielmehr auf eine Rücknahme des Gesetzes, die dann mit der schwarz-gelben

Regierung 2010 erfolgte. Doch aufgrund der Katastrophe von Fukushima im März 2011, nahm die schwarz-gelbe Regierung schon ein halbes Jahr später ihre vertraglich festgelegte Entscheidung wieder zurück. 2016 haben die Energiekonzerne nun beim Verfassungsgericht Klage eingereicht. Sie fordern staatliche Hilfe in Milliardenhöhe für den Rückbau ihrer Anlagen und die Entsorgung des hochgiftigen Abfalls, weil sie vom beschlossenen Ausstieg »überrumpelt« und geschädigt worden seien.

Die interessengeleitete Kurzsichtigkeit durchströmt auch unsere Schulen und Hochschulen: Ökologie ja, aber man muss schließlich… und kann deshalb nicht nur… so schön das vielleicht wäre. Das Denken in Wissenschaft, Wirtschaft und Politik ist bis heute weder konsequent ökologisch noch zukunftsorientiert, sondern setzt sich aus einer gefährlichen Mischung aus Feigheit, Bequemlichkeit und kurzfristigen persönlichen Interessen zusammen, die vielen Katastrophen zugrundeliegt. (S. Kuntze, S. 170)

Den stetig zunehmenden wirtschaftlichen Gewinnen der Konzerne und Banken beziehungsweise die Kosten für deren Rettung entspricht die jährlich zunehmende staatliche Überschuldung auf Kosten der künftigen Generationen. Die einen stehen jetzt schon am Abgrund des Systems wie etwa Griechenland, doch auch Deutschland befindet sich auf demselben Weg, denn der Fehler liegt im System, nicht nur bei den Griechen. Das System der spätpatriarchalen, neokapitalistischen Männerwirtschaft lässt das Geld, das anfänglich, nach der Währungsreform, noch einigermaßen gleichmäßig verteilt war, mit zunehmender Geschwindigkeit auf die Seite weniger fließen, weshalb die Masse allmählich verarmt. Nach einem Bericht der Nicht-Regierungsorganisation (NGO) Oxfam für das Weltwirtschaftsforum in Davos 2015 besitzen die 80 reichsten Personen beziehungsweise Konzerne jetzt schon das halbe Weltvermögen. 3500 Milliarden Dollar kursieren derzeit – einer Zeit, in der man in der Lage ist, alles zu überwachen! – in dunklen Kanälen abseits der Bankenaufsicht (Schattenbanken, Briefkastenfirmen in Steueroasen). Nach Recherchen der Organisation LobbyControl nehmen schätzungsweise 20.000 Lobbyisten in Brüssel Einfluss auf die EU-Institutionen. Sie schmieren EU-Parlamentarier, damit sie keine reglementierenden Gesetze erlassen. So bekommt nach einer Recherche der Sunday Times zum Beispiel der ehemalige Innenminister von Österreich, Ernst Strasser, von jedem seiner

»Kunden« 100.000 € jährlich. Zur Zeit der Recherche hatte er fünf solcher Schmiergeld zahlenden »Kunden«.

Der Staat, der von den Steuern der Bevölkerung lebt und für die Bevölkerung zu sorgen hat, verschuldet sich unvorstellbar hoch gegenüber den Gläubigerbanken. Irgendwann – Griechenland war wegen seiner korrupten Steuerverwaltung ein erster Vorbote – gibt es einen Riesencrash. Wie soll dann ein »Rettungspaket« aussehen? Manche erkennen aber auch rechtzeitig einen äußeren oder inneren Feind, auf den sie all unsere Aufmerksamkeit und Ängste lenken können, und riskieren einen Krieg oder Bürgerkrieg.

Es entsteht ein selbstverschuldeter Teufelskreis: Wenn in einem Krieg alles zerstört wurde, besteht in der Wiederaufbauphase zunächst relative Gleichheit. Die Schere zwischen Arm und Reich ist nicht so extrem weit auseinander. Sehr bald aber werden wieder Organisationen und Betriebe mit hierarchischen Strukturen aufgebaut. Die Gesetze begünstigen den Aufbau, damit die Wirtschaft und der Kapitalmarkt wieder floriert. Doch weil es dabei in der Hauptsache um die Durchsetzung partikularer Interessen geht, entstehen langfristig Ausbeutungsverhältnisse. Das ursprünglich gleich verteilte Geld fließt immer mehr in die Taschen weniger und wird dort gehortet. Die Schere zwischen Arm und Reich geht weit auseinander. Der Prozess mündet schließlich in eine gesellschaftliche oder gar in eine globale Schieflage und ein großes Ungleichgewicht. Konzerne und Banken haben mehr Einfluss auf das Geschehen als die Politik. Terror und Krieg, Aufstände und Flüchtlingsströme sind letztlich die Folgen solcher Schieflagen.

Es lässt sich ein patriarchaler Kreislauf aus vier Phasen ausmachen:

Patriarchale spalterische Freund-Feind-Ideologien leisten dabei nützliche Motivationsarbeit: Gläubige und Ungläubige, sittenstrenge und freizügige Gesellschaften, freie Marktwirtschaft und sozialistische Lenkung. Diese Ideologien bieten den Legitimationsrahmen patriarchaler Machtkämpfe.

Die Loslösung des Mannes vom Lebensganzen und seine Selbstüberhebung über die Seinsmacht des Weiblich-Mütterlichen führt in jeder Form des Patriarchats immer wieder erneut in ein ungezügeltes aggressives Verhalten, das sich selbst nicht stoppen will, sondern immer in der gegenseitigen Zerstörung endet. Im Heldentum, im Gesichtswahren und Sich-ja-nichts-gefallen-Lassen geht es nicht mehr darum, eine Frau zu gewinnen oder Kinder zu schützen. Vielmehr besteht an der Front der machtpolitischen Auseinandersetzung eine absolute Fixierung darauf, sich durchzusetzen, koste es, was es wolle. Selbst ein Hirsch weiß, wann er den Platz verlassen muss.

Derzeit halten der islamistische Terror (Islamischer Staat, IS) und der rohstofffressende, verbrauchsexzessive Wirtschaftsterror (Klimaerwärmung, Gier nach den arktischen Ölvorkommen) die Welt in Atem. Die Aggressivität dieser Systeme ist kaum zu stoppen, und ich habe den Verdacht, dass weder die »friedlichen« Moslems noch die »friedlichen« Demokraten »ihre« jeweiligen Terror-Männer wirklich ernsthaft stoppen wollen. Demokratie und Wirtschaftsliberalismus hängen ideologisch genauso zusammen wie Islam und Islamismus. In Zeiten der Auseinandersetzung gibt es immer die Tendenz zur Radikalisierung. Die Fundamentalisten der jeweiligen Ideologie bestimmen da offen oder heimlich die Einstellung ihrer Anhänger. An der Frage der Mohammed-Karikaturen wird deutlich, dass die Kraft nicht ausreicht, die jeweilige Terrorideologie von »Freiheit« (Neoliberalismus, Libertinismus) einerseits und »Gesetz« (Scharia) andererseits grundsätzlich zu hinterfragen, weil mann selber – auch als friedlicher Demokrat einerseits, als gläubiger Moslem andererseits – mit seiner jeweiligen Ideologie untrennbar verbacken ist: Die einen sind stolz darauf, nichts heilig zu halten, und können wirtschaftlich buchstäblich »über Leichen gehen«. Die anderen sind in göttlich-richterlichem Maße, das heißt in einem vernichtenden Maße (Todesstrafe!), empört darüber.

Nicht anders ist der Konflikt in der Ostukraine zu bewerten: Hier treffen in einem einzelnen Land unterschiedliche nationalistische Interessen aufeinander (wir Ukrainer – wir Russen), die auf der strukturell höheren Konfliktebene von den alten Ost-West-Ideologen einer anachronistischen Nato ausgenutzt (endlich haben wir wieder einen klaren Feind unseres amerikanisch-neokapitalistischen Westblocks!) und von Russlands konsequent ausgegrenztem autokratischen Putin (die müssen uns wieder als Weltmacht ernst nehmen!) systemlogisch gemäß dem alten Blockdenken beantwortet werden.

Es ist Gesetz in einem System, dessen Identität auf einer patriarchalen Ideologie begründet ist, dass immer die Hardliner, die strengen Fundamentalisten und Vertreter der »reinen Lehre« die Oberhand behalten, denn sie fordern Loyalität und »Linientreue«. Die Oberhand der Falken im jeweiligen Lager verhindert auch jede Konfliktlösung zwischen Israelis und Palästinensern.

In weiblich-mütterlich geprägten Gesellschaften wären solche lebensfeindlichen Unsinnigkeiten gar nicht denkbar, weil frau weder geneigt wäre, dumme Freund-Feind-Ideologien zu entwickeln, noch so viel gute, männliche Kraft und Intelligenz für ein irrsinniges machthaberisch-festgefressenes Eskalationsszenario freistellen würde.

3. Bedarfsorientierung und Diversifikation statt Wachstumsideologie und Monokultur

Wenige Agrarkonzerne, Reedereien, ein paar Pharmariesen, die Auto- und die Rüstungsindustrie, die Börsen und Großbanken, die Energiekonzerne, ein paar Handelsketten, Netzbetreiber und Medienhersteller bestimmen unser Leben. Ihre Gewinne müssen stetig steigen. Steigen sie weniger als im Vorjahr, wird schon geklagt, dass es dem betreffenden Konzern schlecht gehe.

Kartellämter verhindern zwar Preisabsprachen, aber nicht die Ausweitung und Marktbeherrschung eines Konzerns. Durch übermäßiges Auswachsen und Gigantifizierung gehen Nischen verloren. Nischen aber sind wichtig zur Diversifikation von Leben. Diversifikation bedeutet Lebensvielfalt, und sie hält Lösungspotential für Krisenzeiten bereit. Je vielfältiger ein kulturelles, wirtschaftliches und biologisches System aufgestellt ist, um so flexibler kann es sich in Krisen verhalten. Je monokultureller, hierarchischer und gigantischer ein System organisiert ist, um so hilfloser und schwerfälliger reagiert es auf Krisen, um so aufwendiger verläuft seine Rettung und um so irreversibler ist sein Zusammenbruch.

Die südeuropäischen Staaten, die viele kleinere subsistenzwirtschaftliche Betriebe haben, stehen unter Druck, ihr Bruttosozialprodukt zu erhöhen. Sie sollen gute Bedingungen für Großinvestoren schaffen, obwohl das den Ruin tausender Kleinbetriebe bedeuten würde. Wachstum, so die offizielle Lehre, bedeutet Arbeitsplätze, was aber nicht stimmt. Vielmehr heißt Wachstum Ausweitung der Konzerne, und diese erhöhen ihre Gewinne durch Rationalisierung und Automatisierung, und die wiederum geht einher mit Entlassungen, und das bedeutet, dass die Verteilungsschere immer weiter auseinandergeht. Vom neuerlich steigenden Bruttosozialprodukt der Iren nach der Bankenkrise haben nur wenige etwas. Leute werden aus ihren Wohnungen vertrieben, weil sie die Miete nicht mehr bezahlen können. Das Alte wurde gerettet. Diversifikation war nicht gefragt. Systemiker reden von einer Lösung erster Ordnung. Es ist nur eine Frage der Zeit, wann sich die Krise wiederholt. Nötig wäre eine Lösung zweiter Ordnung: Die Schaffung einer Vielfalt von biologischen, kulturellen und wirtschaftlichen Nischen, in denen Leben möglich ist.

Die Riesen zerstören die Vielfalt, weil sie sich molochartig alles einverleiben müssen. Um Gewinne einzufahren, muss verkauft und verbraucht werden. Bedarfe müssen geweckt werden für immer neue Produkte. Altes wird nach kurzer Zeit weggeworfen, weil es unmodern geworden ist oder nicht mehr funktioniert. Die begrenzte Funktionsdauer von Geräten garantiert ihren fortwährenden Absatz. Reparaturen lohnen sich nicht. Unmengen von Müll werden produziert.

Außerdem müssen die Moloche weit ausgreifen wie Riesenkraken. Produkte werden bis zur Fertigstellung auf Europas Straßen mehrmals zwischen Ost und West hin- und hergefahren. Konzerne müssen in Billiglohnländern produzieren lassen, wo die Frauen froh sind, dass sie wenigstens ein wenig Geld verdienen, um sich und ihre Kinder zu ernähren. Oft sind es viele Kinder, Zeichen der männlichen Potenz einerseits, erhoffte

Altersversorgung andererseits. Wenn eine Näherin in Bangladesch das Dreifache für eine Jeans bekommen würde – was die Näherinnen der eingestürzten Fabrik gefordert haben – würde die Jeans bei uns noch lange nicht das Dreifache kosten, sondern nur 1,50 € mehr, denn die Näherin verdient nur 50 Cent an jeder Jeans. Nur dem Auftraggeber würde bei Millionen Jeans eine Menge Geld verlorengehen, also bleibt der Lohn der Frauen bei 50 Cents – ein Hungerlohn.

Wem also dient die Wachstumsideologie? Was, fragt man sich, muss denn hier eigentlich leben und was sterben? Es geht nur ums Wachstum und Überleben der Konzerne und um ihre Gewinnsteigerung. Der Preis der neoliberalen Denk- und Wirtschaftsweise ist hoch. Ihre Widersprüche sind evident. Die Teufelskreise werden dennoch immer weiter bedient. Je dreister die Lügen, um so glatter gehen sie durch. Das hat auch die lange Diskussion um Stuttgart 21 gezeigt: Wie schnell sind Ausnahmegenehmigungen für bedenkliche Baugruben erteilt worden. Wie oberflächlich sind Alternativvorschläge abgetan worden. Das Prestigeobjekt, das eine führende Männerriege einst vom Hubschrauber aus ins Auge gefasst hat – einschließlich des riesigen, vielversprechenden Baugrunds, der entsteht, wenn die Gleisanlagen des Kopfbahnhofs durch die acht Gleise des Tiefbahnhofs ersetzt werden – muss gebaut werden, »weil Stuttgart schließlich auf der Tangentiale Paris-Bratislava liegt«, so die lächerliche Begründung des Infrastruktur- und Technikvorstands der Bahn, Volker Kefer, während der Schlichtungsverhandlungen unter Heiner Geißler im Herbst 2010.

Alle Widersprüche und Lügen gipfeln in dem Satz: Die Dinge sind so kompliziert geworden, da können nur noch wenige Fachleute mitreden. Aber es ist das System, das immer komplizierter aufrecht zu erhalten ist. Und es sind die Lügen, die immer komplizierter begründet werden müssen, und die Spielregeln des spätpatriarchalen Neoliberalismus, die immer schwerer zu rechtfertigen sind. Die Machtverhältnisse und die Interessen, die dahinterstehen, sind leicht durchschaubar, wenn man eins und eins zusammenzählen kann. Das Denkverbot erinnert an zutiefst hochpatriarchale Zeiten, in denen es auch hieß, die Leute müssten es ihren Kirchenmännern überlassen, die Bibel auszulegen, weil nur sie die Texte richtig verstünden.

Matriarchale Denkweise geht von Bedarfsorientierung aus:

Wir brauchen nicht mehr als das, was wir brauchen. Und wenn die Produkte qualitativ hochwertig sind, brauchen wir nur einen einzigen Kühlschrank im Leben und eine einzige Waschmaschine und einen PC, alles zu 100 % recycelbar und in die Natur rückführbar. Und weil ein Schuhmacher am Ort ist, kann ich bei ihm auch meine abgelaufenen Schuhe neu sohlen lassen. Meine Stereoanlage kann auch repariert werden, weil um die Ecke eine Werkstatt ist. Fleisch brauchen wir vom Metzger nur einmal in der Woche, weshalb es nicht in Massen produziert werden muss. Dafür essen wir mehr Bio-Gemüse vom Markt. Unseren Strom beziehen wir vom kommunalen Windrad. Unser Wasser von den Stadtwerken. Die Bedarfswirtschaft ist kommunal und regional organisiert. Die öffentlichen Verkehrsmittel sind günstig, zum Teil sogar kostenlos, weshalb sie rege benutzt werden. Unser Mutterland grünt und blüht, weil wir das irrsinnig gewordene Vaterland verraten und verlassen haben. Unsere Bevölkerung bleibt seit Jahren konstant, und die Luft ist rein.

4. Landschaftspflege und Schönheit statt Raubbau und Verhässlichung

Ähnlich zufrieden und glücklich waren, so sieht man es auf Wandbildern, die Menschen auf Kreta zur Zeit der minoischen Kultur. Die Prähistorikerin Renate Riemeck schreibt in dem Bildband »Vermächtnis der Vergangenheit« von 1955:

> Was Evans auf Kreta entdeckte, übertraf alles, was man bis zu diesem Augenblick über die alten Völker erforscht hatte. Er fand die Reste der Paläste von Knossos und Phaistos, die alles, die größten Schlösser von Europa, in den Schatten stellen. Er holte Tongefäße von zauberhafter Form aus der Erde – glänzend und frisch, als hätte sie gestern jemand zufällig am Wege stehen lassen. Er grub Mauern aus, an denen Wandbilder mit märchenhaften Blumen, fliegenden Fischen, Hirschen, Stieren, Löwen, Pavianen und Greifen dargestellt waren – und alles so vollendet und schön, dass man

nur voller Bewunderung vor ihnen stehen kann. Evans bereicherte die Wissenschaft von den alten Völkern mit einer überraschend großen Erkenntnis: Es hat auf europäischem Boden ein Volk gelebt, das lange vor den Griechen und Römern Werke der Malerei und der Baukunst zu schaffen verstand, die von einer überwältigenden Schönheit erfüllt sind. … Der Palast von Knossos ist beinahe ein Labyrinth. … Und doch gab es Wasserleitungen, die frisches Quellwasser bis in die obersten Stockwerke brachten, und Badezimmer, die auf das bequemste und prachtvollste eingerichtet waren. Überall waren die Wände mit den schönsten Gemälden bedeckt. Licht fiel von oben durch kunstvoll angelegte Schächte bis in die untersten Etagen ein, wo die Vorratsräume, Werkstätten und Küchen lagen. Hohe Tonnengefäße mit Öl waren hier in den Magazinen gelagert. 7500 Liter müssen allein in den Gefäßen aufbewahrt gewesen sein, die Evans hier entdeckte. … Auf den Wandbildern finden wir nur weibliche Gottheiten, und den Opferdienst versorgen Frauen, heilige Priesterinnen, denen beim Priesterdienst die Männer nur helfend dienen durften. Und dabei trugen sie Frauenkleider. Das Volk der Kreter war dunkelhäutig und schwarzhaarig und von schlankem, zierlichem Körperbau. Die schmalhüftigen aber breitschultrigen Männer waren bartlos und trugen als Kleidung nur einen Lendenschurz. Die Frauen aber waren geschminkt und in die elegantesten Gewänder gekleidet. Sie schnürten sich enge Mieder um und trugen die elegantesten Reifröcke, die reichgestickt in mehreren Stufen zu Boden fielen. Stöckelschuhe und reizvoller Halsschmuck, Ohrringe und Handschuhe waren auch modern. … Man hat die herrlichsten Krüge, Schalen und Vasen ausgegraben. Und sie sehen aus, als wären sie heute in dem feinsten und teuersten Kunstgeschäft einer Großstadt gekauft. Mit wunderbaren Blumen aller Art geschmückt, mit sanft schwingenden Linienmustern verziert und mit der zartesten Glasierschicht überzogen, wirken sie wie die Schöpfungen eines heute lebenden Künstlers. Alles ist in Kreta heiter, freundlich, spielerisch. … Hier schlägt nicht die Peitsche des Antreibers auf die gekrümmten Rücken der keuchenden Sklaven. Es gibt keine finsteren Mauern und hohen Wälle, die die

> Palaststadt schützend und drohend zugleich gegen die Außenwelt abschließen. Nirgends hat man auf Kreta eine Befestigung ausgegraben. Einladend und gastlich bot sich die Insel dem Fremdling dar. Die Kreter waren ein friedliebendes Volk, ohne Eroberungslust, ohne Kampfgier. Aber sie waren doch reich. Sie lebten im Wohlstand und Genuss, trieben Handel mit anderen Völkern und führten die Erzeugnisse ihres Gewerbefleißes aus.

Also: Die Kreter kannten weder Kriege noch Festungen. Vielmehr war ihr gesamtes Leben von Schönheit gerahmt und von kleinräumigem Miteinander getragen. Fröhlich kehren die Schnitter vom Feld. Keine Verhässlichung, keine schnell hinmontierten Gewerbehallen, keine irrsinnigen Flussbegradigungen (wegen ein paar Wiesen und verrückt gelegener Bauplätze!), keine überdüngten Böden, keine Monokulturen, keine Pestizide, keine sterbenden Vögel, Bienen und Schmetterlinge, keine asphaltierten Feldwege, keine Riesenfelder ohne Hecken und Raine, keine brausenden, stehend rollenden, federnd hüpfenden, bikenden, rollerbladenden und raftenden Menschen, keine hell erleuchteten Straßen bei Nacht, kein Lärm… Darum waren sie glücklich auf ihrer Insel, und die Reiselust hielt sich folglich auch in Grenzen.

Das Stichwort Lärm wird von Michael Kleeberg in seinem Roman »Vaterjahre« (München 2014) aufgegriffen und anschaulich gemacht. Es ist der Lärm von Rasenmähern, Schweißbrennern, Dampfdruckreinigern, Laubsaugern, Motorsensen, Kettensägen, Häckslern, Stubbenfräsen, Flexen, Mopeds… alles Männerspielzeuge,

> …die die Industrie den Hausbesitzern, all den Anwälten und Ärzten und Managern und Maklern, die nicht mehr jagen und töten und vernichten können und wollen, zur Sublimation ersonnen hat, damit wenigstens die Stille vergewaltigt werde. (S. 72)

Und er fragt am Ende, was dies wohl bedeute, signalisiere und uns mitteile.

Ja, die Moderne hat ihren Preis, da müssen wir mitziehen. So etwa »argumentierte« in der Öffentlichkeit ein Lehrer, der auch Gemeinderat war und dazu beitrug, der Imbisskette Mc Donald's eine Baumöglichkeit am

Ort zuzugestehen. Seitdem sind die Straßengräben bis weit ins Umfeld vermüllt, und die Eltern haben – zu dem Kampf um Fernsehen, Videospiele und Smartphone – eine Kampfplattform mehr, nämlich die, den Kindern klarzumachen, dass es nicht gut ist, bei Mc Donald's Fastfood zu essen. Gesundes und umweltschonend produziertes Essen empfehlen ja auch die Lehrer, wenn sie gerade nicht im Gemeinderat »konservativ« (?) abstimmen. Die meisten Eltern können aber den Kampf nicht permanent führen, ihre Kinder vom Konsum- und Medienterror zu schützen. Und die meisten Leute sind auch überfordert, für sich die gesunden Nahrungsmittel unter der Flut von Ungesundem herauszufinden, die auf den Markt kommen darf. Irgendwie besteht kein politischer Wille mehr gegen die rücksichtslose Schädigung der Lebensqualität. Jede Familie muss sich selber schützen, muss sich ihre Insel bewahren. Doch nur wenige können das.

Für alle Leiden und Kränkungen der alleingelassenen Familien aber muss der Staat aufkommen, der Steuerzahler. Doch die Störungen nehmen zu – wie auch die Zahl der Flüchtlinge zunimmt – wenn die Ursachen der Ursachen – des Kriegs in Syrien, des Hungers in Afrika, der Ängste in unseren Familien – nicht behoben werden.

5. Seinsmacht und Konsensprinzip statt Machthaberei und Hierarchie

Die engagierte Vordenkerin und Patriarchatskritikerin Gerda Weiler betont die Seinsmächtigkeit der Göttin im Unterschied zu patriarchaler Machthaberei. Die Seinsmächtigkeit der Göttin zeigt sich in der Kompetenz des pflanzlichen Wachstums, in der Entwicklung der Natur, in den kosmischen Abläufen, aber auch in Schwangerschaft und Geburt und in der Weisheit eines Mannes oder einer Frau. Seins-mächtig ist mein Verstand, meine Begabung, meine Liebe, meine Hilfsbereitschaft, meine Fertigkeiten und mein Können. In einem matriarchalen Gemeinwesen hat diejenige Einfluss, der die anderen diesen Einfluss geben, weil sie überzeugt.

Das Patriarchat dagegen stattet Menschen mit formaler Macht und mit Machtbefugnissen aus, die sie berechtigt, Probleme zu lösen, unabhängig davon, was es mit den von dieser Lösung Betroffenen macht. Machthaber können sich mit Gewalt durchsetzen. Die mit Macht ausgestatteten machen andere ohnmächtig, ängstlich und lassen sie verstummen, auch in liberalen Gesellschaften. Machthaber verhalten sich um so willkürlicher und machthaberischer, je mehr Macht sie besitzen. Diese Macht wird nicht selten von der Rücksichtslosigkeit oder Gewalt bestimmt, die sie ausüben. Militärische Gewalt steht dabei an höchster Stelle, weil sie die größte Drohung und Bedrohung darstellt.

Gewalt spielt in jeder Form von Machthaberei eine Rolle. So kann auch die Rolle des Mannes und Vaters in einer Familie mit Hilfe seiner physischen Überlegenheit gegenüber Frau und Kindern machthaberisch definiert sein. Seine Autorität gründet auf der Angst der Frau und der Kinder vor ihm und seiner Gewalt.

Das Wort Hierarchie bedeutet eigentlich »heiliger Ursprung«, meint Quelle und Ei und Samen. Die patriarchale Bedeutung des Wortes Hierarchie jedoch ist »heilige Ordnung« und meint die Ordnungsmacht von oben nach unten. Die Autorität des Machtinhabers wird durch Hierarchie gesichert, durch Befehl und Gehorsam. Dabei steht der Inhalt des Befehls nicht zur Diskussion. Dies wird in der Geschichte von der Opferung Isaaks durch seinen Vater Abraham (Gen. 22) sehr anschaulich erzählt. Gott befiehlt Abraham, ihm seinen Sohn zu opfern, und Abraham ist bereit, es zu tun. Die Mutter wird nicht ins Geschehen eingeweiht. Jede Mutter würde Sturm laufen! Der patriarchale Redakteur der Geschichte spricht vom vorbildlichen Glauben und Gehorsam Abrahams. Ein Engel verhindert letztlich die Opferung des Kindes. Für den himmlischen Machthaber war es offenbar nur ein Test. Das ist patriarchale Hierarchie, und sie beginnt schon mit der patriarchalen Konstruktion des Sündenfalls (Gen. 3), in der behauptet wird, der Mensch müsse Tod und Geburtswehen und die Mühen der Arbeit für seinen Ungehorsam als Strafe erleiden. Die väterliche Autorität braucht bedingungslosen Gehorsam. Die patriarchale Angst besteht darin, dass Unordnung und Chaos ausbrechen würde, wenn dieses Prinzip aufgeweicht würde. Jedem Chef, jedem Herrscher und jedem Vater muss gehorcht werden, sonst droht das Chaos. Aber das größte Chaos erzeugt das streng autoritär organisierte Militär! Die größte Verheerung schafft das Heer!

Im Matriarchat muss ausgehandelt werden, was getan wird. Die Entscheidung erwächst aus einem Gruppenprozess und ist nicht die einsame Entscheidung eines Herrn, dem alle andern zustimmen müssen. Die matriarchalen Kulturen sind meisterhaft in der Gestaltung konsensualer Prozesse. Es entspricht der Tradition, dass jede Entscheidung einstimmig getroffen werden muss. Dies geht in seiner Grundhaltung weit über eine Parteiendemokratie und ihre Abstimmungspraxis hinaus. Der konsensuale Prozess dauert länger. Aber man nimmt sich die Zeit, denn man will alle ins Boot holen, denn nur so hat die Gemeinschaft Bestand. Es geht dabei nämlich nicht nur um Entscheidungsfindung, sondern um den Zusammenhalt.

Nach Kriegen und schon während der Kriege hatten immer für kurze Zeit die Frauen das Sagen. Wehte da in den Mutterfamilien und ansatzweise auch darüber hinaus nicht ein kooperativerer Wind, trotz aller Not?

Über Befehl und Gehorsam erreicht man sein Ziel schneller. Ohne Hierarchie kann sich ein patriarchaler Mensch keine Gesellschaftsordnung vorstellen. Unser Geschichtslehrer der 7. Klasse im Gymnasium fragte uns: Wo kann niemals nach demokratischen Spielregeln gehandelt werden? Er gab nach einer längeren Pause (!) selbst die Antwort: beim Militär und in der Schule. Aber seine Antwort war nicht vollständig, denn es gibt noch mehr Hierarchien: Jede Universität, jedes Unternehmen, jeder Betrieb, jede Bank, jede Verwaltung, jedes Krankenhaus, jede Partei, jede Gewerkschaft und jede Familie hat ihre Hierarchie. Und sowohl innerhalb der Hierarchien als auch zwischen ihnen herrschen Rivalität und Konkurrenzkampf um Macht und Geld. Die Hierarchie gibt den Rahmen vor. Innerhalb dieses Rahmens werden in modernen Betrieben kooperative Teamprozesse gefördert, zumal sie die Effektivität erhöhen (Scram-Teams). Die Konkurrenzsituation ist verfeinert, aber nicht weniger spürbar.

Aber viele junge Männer und vielleicht auch Frauen wollen sich doch auch im Kampf erproben, sich mit anderen messen. Der Sport bietet da eine gute Möglichkeit, mit Kampfeslust und Aggression gut umgehen zu lernen, quasi fair nach Spielregeln und – das ist besonders wichtig – in einem würdevollen Rahmen:

- Die Kampfpartner reden vor dem Wettstreit respektvoll mit- und übereinander.
- Es treten immer nur gleichwertige Partner zum Wettstreit gegeneinander an. Es ist nicht möglich, dass die »Schwergewichte« die »Leichtgewichte« erledigen oder Männer Frauen fertigmachen.
- Es gilt die Gleichheit der Mittel. Man trifft in derselben Sportart aufeinander.
- Regeln bestimmen, was im Kampf erlaubt ist und was nicht. Ein Schiedsrichter wacht über die Einhaltung der Regeln.
- Sieg bedeutet die Demonstration einer Überlegenheit, nicht aber den Tod oder den Existenzverlust des anderen.
- Die Würde des Verlierers geht durch den Wettstreit nicht verloren.
- Dies geschieht v. a. durch entsprechende Rituale unmittelbar nach dem Wettstreit, wie wir sie von japanischen Kämpfern kennen oder von Kindern, wenn sie nach dem Spiel »high five« machen. Die Rituale sollen eine verlässliche und würdevolle Rahmung für die Kämpfenden bieten. Das Lebensnetz, in dem sie sich bewegen, muss erhalten bleiben. Der Sieger bleibt ruhig, springt nicht aus der Kiste, während der Verlierer seine Niederlage als beschämend erleben muss. Beide Seiten reden achtungsvoll über- und miteinander, wie es unser derzeitiger Bundestrainer Joachim Löw vorbildlich praktiziert. Wichtig ist natürlich, dass dem Wettkampfpartner auch im Intimbereich der eigenen Vertrauensgruppe Respekt gezollt wird.

Männerwüten – was kostet die Welt, Mutter Erde?

Warum nur
müssen Männer,
Männer, die führen,
alles dem einen opfern:
dem Gefühl, überlegen zu sein?

Dabei spielt Geld eine wichtige Rolle,
Macht und Geld,
und alle gehorsamen Mitläufer

haben Anteil daran,
Anteil am Gut und am Geld,
an Raubgut und Raubbau
und am Gefühl, überlegen zu sein,
wirtschaftlich, kulturell, technisch, auch militärisch,
ungeachtet des Preises,
den ihr heutiges Herrsein morgen kostet.

Nicht Schönheit, nicht Stille,
nicht Liebe, nicht Leben,
nein, Macht und Geld,
hört Vatersöhne und Vatertöchter!
zählen vor allem,
und nicht der Preis, den euer Streben langfristig kostet!

Gegenüber Frauen und Kindern,
gegenüber Konsumenten und Konkurrenten,
gegenüber Arbeitslosen und Obdachlosen,
gegenüber Flüchtlingen und Fremden,
gegenüber Afrika und den Afrikanern,
gegenüber Russland und den Russen,
gegenüber Griechenland und den Griechen,
gegenüber Flüssen und Meeren
muss sich das hiesige Herren-Ich,
ob Mitläufer oder Führer,
strukturell überlegen fühlen.

Durch Lärm und Asphalt,
durch Beton und Prestige,
durch neuste Modelle, ex und hopp!
durch Atomkraftwerke, ex und ??
durch Gutachten und Gesetz,
durch Lüge und Manipulation,
durch Gewalt und Bestechung,
durch zügellose Renditen und übersteigerte Gewinne
muss das Herrenmenschen-Ich siegen

hier und heute,
ohne die Zeche zu zahlen,
die das Morgen in Rechnung stellt.

Und wenn dieses Ich verliert, ganz unten
vielfach verliert und gekränkt ist
und nur gehorsam sein soll,
und sogar daheim verliert an Autorität?

Dann gibt's den gemeinsamen Feind,
von allen für schuldig befunden.
Im Namen Gottes!
Tod dem Feind!

Was kostet die Welt,
wenn niemand gewinnt,
Mutter Erde?

6. Vermittlung und Heilung statt Gesetz und Strafe

Geraten in matriarchalen Kulturen Sippen miteinander in einen Konflikt, den sie selber nicht lösen können, weil sie sich gegenseitig beschuldigen, vielleicht sind auch noch Dritte in den Streit hineingezogen worden, dann sieht man das Grundproblem darin, dass der soziale Friede und Zusammenhalt (hebräisch *Schalom*-Zustand) gestört ist. Das Gemeinwesen ist in Gefahr, den Zusammenhalt zu verlieren und auseinanderzubrechen. Die Konsequenz ist, dass man miteinander in einen sozialen Verhandlungsprozess treten muss. Dieser besteht darin, dass ein Vermittler und Heiler mit den Beteiligten zusammen nach Wegen der Verständigung und des Ausgleichs sucht. Dies gilt auch, wenn im Zuge der Auseinandersetzung Leid zugefügt wurde oder ursächlich ein Verbrechen geschehen ist (vgl. dazu Mt. 5, 23-25; 7,1).

In patriarchalen Gesellschaften läuft es dagegen ganz anders: In einem Gesetzescodex sind die Normen festgehalten, die den Friedenszustand beschreiben und die jeder einzelne zu beachten hat. Darüber hinaus gibt es eine Fülle von denkbaren Einzelvergehen, die im Strafrecht aufgelistet sind und für die ein Strafmaß festgelegt ist. Die Aufgabe des Gerichts besteht darin, den Sachverhalt zu ermitteln und am Ende des Prozesses ein rechtmäßiges Urteil zu verkünden. In diesem wird entweder eine Konfliktpartei Recht bekommen oder ein nachweislich Schuldiger gemäß den gesetzlichen Bestimmungen bestraft. Damit ist der Fall erledigt. Die verfahrensbeteiligten Anwälte vertreten die Interessen ihres jeweiligen Mandanten und wirken darum konfliktverstärkend. Zwar bleiben auch familiengerichtliche Sorge- und Umgangsrechtsverfahren zum Leidwesen vor allem der betroffenen Kinder von anwaltlicher Konfliktverschärfung nicht verschont, doch setzt sich hier bei den Verfahrensbeteiligten immer mehr das Modell der Konsensfindung (»Elternkonsens«) durch.

In der patriarchalen Gesetzgebung geht es nur insoweit um die Herstellung von Ausgleich und um die Bekämpfung von Ungerechtigkeit, soweit diese den Rahmen der bestehenden, rechtlich abgesicherten Machtinteressen und Eigentumsverhältnisse nicht gefährden, also lediglich soweit es sich um karitative Hilfen innerhalb der bestehenden Macht-und Eigentumsverhältnisse handelt.

Die Hortung von Privateigentum ist immer ein bedeutsamer patriarchaler Machtfaktor gewesen. (Nur in ausgeprägt ideologisch organisierten Patriarchaten wie den Kirchen und den Einheitsparteien tritt er hinter den ideologischen Machtfaktor.) Die Sicherung des Privateigentums spielt darum juristisch im Patriarchat immer eine herausragende Rolle. Vom Eigentum, also vom Landbesitz, von den Produktionsmitteln, vom Kapital, und von den dieses Eigentum steigernden, gewinnmaximierenden Handelsverträgen und Freihandelszonen (ohne Schutz für die kleineren, lokalen Betriebe und »Tante-Emmma-Läden«), hängt dauerhaft die Macht der Herrschaftsklasse ab, die uneingeschränkt Einfluss haben und den Markt beherrschen will. Darüber hinaus gilt für das neoliberale Spätpatriarchat: Je erfolgreicher, das heißt gewinnbringender, die Herrschaften auf Kosten anderer Volkswirtschaften handeln, um so größer ist die Chance, dass die Mehrheit des eigenen Volkes gut leben kann und diejenigen bürgerlichen Parteien, die die Reichen nicht allzu sehr behelligen, ebenfalls an der Macht bleiben.

Exkurs zur Bedeutung des Eigentumsschutzes in der Redaktionsgeschichte der Zehn Gebote

Schon in der Redaktionsgeschichte der Zehn Gebote des Alten Testaments (Ex. 20) kann man sehr schön die Zunahme der Bedeutung des Eigentumsschutzes im Patriarchat ablesen.

Die Urform des patriarchalen Dekalogs enthielt ein einziges Gebot zum Schutz des Eigentums, nämlich:

> Du sollst das Haus deines Nachbarn nicht begehren: Du sollst nicht seine Frau begehren, nicht seinen Sklaven noch seine Sklavin, nicht sein Rind noch seinen Esel, noch etwas, was dein Nachbar hat. (17)

Adressat aller Gebote ist immer der israelitische Mann. Geschützt wird hier das Eigentum des israelitischen Mannes. Die Frau gilt als sein Eigentum(!), weil zu seinem Haus gehörig. Dieses Gebot bildet ein Gebotspaar, zusammen mit dem anderen Gebot, das sich ebenfalls auf das nachbarschaftliche Zusammenleben bezieht, nämlich:

> Du sollst keine falsche Zeugenaussage ablegen (vor Gericht) gegen deinen Nachbarn. (16)

Das Gebot: Du sollst nicht stehlen, bezog sich ursprünglich auf Menschen und hatte die Bedeutung:

> Du sollst (den Volksgenossen) nicht rauben (also ihn nicht versklaven). (15)

Es ist ursprünglich ein Gebot zum Schutz der Freiheit des israelitischen Mannes und bildete ein Gebotspaar zusammen mit dem Gebot zum Schutz des Lebens des Israeliten:

> Du sollst (den Volksgenossen) nicht töten. (13)

Die drei übrigen Gebotspaare dienten dem Schutz der Ehe und Familie, dem Schutz des Kultes und dem Schutz der Alleinherrschaft und Unverfügbarkeit Gottes. Der alte patriarchale Dekalog hatte also vermutlich fogende paarige Form (nach H. Geese, Tübingen 1970):

Ich bin Jahwe, dein Gott.

I. Schutz der Alleinherrschaft und Unverfügbarkeit Gottes:
Du sollst keine anderen Götter neben mir haben.
Du sollst dir kein Gottesbild machen...

II. Schutz des Kultischen:
Du sollst den Namen des Gottes Jahwe nicht missbrauchen.
Gedenke des Sabbattages, dass du ihn heilig haltest.

III. Schutz der patriarchalen Ehe und Familie:
Du sollst nicht in die Ehe eines Volksgenossen einbrechen.
Du sollst deinen Vater und deine Mutter ehren.

IV. Schutz der Nachbarschaft (Gerichtsverfahren und Eigentum):
Du sollst keine falsche Zeugenaussage machen gegen deinen Nachbarn.
Du sollst das Haus deines Nachbarn nicht begehren.

V. Schutz von Freiheit und Leben in der Volksgemeinschaft:
Du sollst (deinen Volksgenossen) nicht berauben.
Du sollst (deinen Volksgenossen) nicht töten.

Schon im Alten Testament selber wurde das Gebot zum Schutz der Freiheit (15) als ein Gebot zum Schutz des Eigentums missverstanden und als drittes von drei Kurzgeboten aufgereiht:

Du sollst nicht töten.
Du sollst nicht ehebrechen.
Du sollst nicht stehlen.

Durch diese Aufreihung ging die paarige Ordnung verloren, und aus den ursprünglich fünf Gebotspaaren wurden zehn aneinandergereihte Einzelgebote.

Martin Luther hat nun in dem ursprünglichen Gebot zum Schutz des Eigentums zwei Gebote gesehen:

Du sollst nicht begehren deines Nächsten Haus.

und:

> Du sollst nicht begehren deines Nächsten Weib, noch seinen Knecht, noch seine Magd, noch seinen Ochsen, noch seinen Esel, noch alles, was dein Nächster hat.

Zusammen mit dem siebten Gebot (nicht stehlen) gibt es nun im protestantischen Katechismus drei Gebote zum Schutz des Eigentums: 1. Du sollst nicht stehlen. 2. Du sollst nicht begehren deines Nächsten Haus. 3. Du sollst nicht begehren deines Nächsten Weib, noch seinen Knecht, noch seine Magd...

Da nun Luther durch die Aufteilung des zehnten Gebots ein Gebot zu viel hatte, musste er, um wieder auf die Zahl zehn zu kommen, ein Gebot zusammenziehen. Das machte er mit dem ersten und zweiten. Das Bilderverbot ist für ihn Teil des ersten Gebots:

> Du sollst keine anderen Götter neben mir haben. Du sollst dir kein Gottesbild anfertigen...

Es ist anzunehmen, dass die patriarchalen Redakteure zur Zeit von König David (um 1.000 v.u.Z.) einen ursprünglichen Dekalog aus fünf Gebotspaaren vorfanden, den sie mit den entsprechenden Umstellungen in ihre Schriftrolle aufnahmen und in den Zusammenhang des sogenannten 2. Buch Mose (Ex. 20) einbauten. Es ist außerdem sehr wahrscheinlich, dass auch diese ursprüngliche Form der fünf patriarchalen Gebotspaare keine Erfindung eines einzelnen oder einer Gruppe, sondern das Ergebnis einer längeren früheren matriarchalen Weisheitstradition war, denn in der mündlichen und schriftlichen Weitergabe heiliger Worte betätigte man sich eher als Redakteur, als Umformulierer oder Ergänzer, denn als literarischer Erfinder.

Nimmt man nun den apodiktischen Stil aus dem Text und formuliert aus der Perspektive der Frau positiv und dem Leben zugewandt, dann beschreiben die fünf Gebotspaare einen positiven matriarchalen Ordnungsrahmen. Die heiligen Worte könnten folgenden Sinngehalt gehabt haben:

Ich bin Eva, die Mutter allen Lebens, fürchtet euch nicht:

I. Unantastbar ist die Würde der Mutter Natur
Ihr seid, weil ich bin.
Aus meinem Schoß entspringt die Vielfalt des Lebens.

II. Heiligung ihrer Seinsmacht
Ich bin in euren Landschaften zu Hause und trage viele Namen.
Wahrt die Schönheit meiner Orte und feiert die Zeiten meines Werdens und Vergehens.

III. Achtung von Fürsorge und Liebe
Erhaltet eure Versorgungs- und Bindungsgemeinschaft.
Lebt eure Liebe als Frauen und Männer in Lust und Achtsamkeit.

IV. Achtung der Vitalinteressen und des kooperativen Miteinanders
Höret auf die Grundanliegen des Menschseins und erhaltet sie euch.
Teilt miteinander Arbeit und Brot, dass ihr auch miteinander feiern könnt.

V. Achtung von Gleichheit und Geschwisterlichkeit
Achtet die Vielfalt des Lebens gleichwertig.
Achtet die Solidargemeinschaft und heilt sie, wo sie zu zerbrechen droht.

Patriarchale Rechtsmodelle sind dazu da, den Status quo der vorhandenen Macht- und Besitzverhältnisse zu erhalten. Jede Form von Ausgleichsdenken würde dies gefährden. Darum ist es auch im modernen Spätpatriarchat geradezu unmöglich, andere Grundrechte als die freiheitlichen und die den Besitz garantierenden gelten zu lassen. Das Recht auf Arbeit und Auskommen, Heimat und Bindung würden das patriarchale System gefährden. Das matriarchale Rechtsmodell aber zielt gerade auf Ausgleich. Noch im israelitischen Frühpatriarchat sind Bestimmungen des Ausgleichs aus dem vorangegangenen Matriarchat aufgenommen, etwa das Gebot, armen Volksgenossen zu helfen, keinen Zins zu verlangen oder alle fünfzig Jahre einen Schuldenschnitt durchzuführen.

> Am Versöhnungstage sollt ihr in eurem ganzen Lande die Posaune erschallen lassen. So sollt ihr das fünfzigste Jahr weihen und Befreiung ausrufen im Lande für alle, die darin wohnen; als Halljahr soll es euch gelten. Da sollt ihr ein jeder wieder zu seinem Besitz und ein jeder wieder zu seinem Geschlecht kommen. (Lev. 25, 9f)

Das matriarchale Rechtsmodell zielt aber nicht nur auf Ausgleich, sondern es gestaltet unter dem Gerichtsbaum – bei uns war es die Gerichtslinde der Holle – ausschließlich vermittelnde Prozesse. Der Journalist Ryszard Kapuscinski bemerkt im Buch über seine vierzigjährige Afrikaerfahrung:

> Wenn sich im Dorf zwei Menschen zanken, dann wird das unter dem Baum tagende Gericht nicht etwa versuchen, die Wahrheit zu ergründen und festzustellen, welche der beiden Seiten recht hat, sondern es wird sich nur damit beschäftigen, den Konflikt beizulegen und beide Seiten zu versöhnen, indem es beiden gleicherweise recht gibt. (*Afrikanisches Fieber*, S. 311)

Diese Form der Wiederherstellung der Solidargemeinschaft durch Versöhnung und Heilung war und ist generelle Praxis in Kulturen, die in ihrem Rechtsverständnis an der Mutterordnung orientiert sind. Deutsche Traumatherapeuten berichteten mir von Versöhnungen in Afrika zwischen ehemaligen Milizsoldaten und den Familien, die durch die marodierenden Soldaten Angehörige verloren haben. Tagelang versuchen schamanische Heilerinnen zwischen den Soldaten und den Familien unter imaginärer Einbeziehung der Ermordeten zu vermitteln und einen für alle gangbaren Weg zu finden. Als Ergebnis kann zum Beispiel herauskommen, dass die Familie und ihre Toten zur Versöhnung bereit sind, wenn der Mörder ein Jahr lang bei der Familie lebt und für sie arbeitet. So oder ähnlich muss man sich auch die langjährige Versöhnungsarbeit vorstellen, die nach dem Ende des Apartheidregimes in Südafrika überall geleistet wurde. In der Wahrheits- und Versöhnungskommission wurde versucht, Täter und Opfer in einen Dialog zu bringen, um so für die Zukunft Frieden zwischen den zerstrittenen Bevölkerungsgruppen zu schaffen.

Diese Vorgehensweise des »Gerichts unter dem Baum«, der die Gegenwart der Großen Beth repräsentiert, beruht auf dem matriarchalen Verständnis, dass durch Streit und Gewalt das Gemeinwesen und der Zusammenhalt gefährdet sind und dass diese nur durch Vermittlung und Versöhnung, also durch Heilung des Bruchs, wiederhergestellt werden können. Es erscheint nach matriarchalem Verständnis unsinnig, einen Streit durch einen Richterspruch, der einer Partei Recht gibt, beizulegen oder ein Vergehen durch eine Geld- oder Gefängnisstrafe für die Täterin zu sühnen. Es wird bei unseren Gerichtsverfahren so getan, als gehe es nur um Schuld gegenüber einer Ordnungsautorität, gegenüber dem Familienvater oder Gott und seinen Geboten, gegenüber dem Staat und seinen Gesetzen. Nach matriarchalem Verständnis aber geht es um Versöhnung zwischen Opfer und Täter und beim Ausgleich zwischen zerstrittenen Personen, Familien oder Bevölkerungsgruppen in erster Linie um Heilung und um den Erhalt des Zusammenhalts der vom Unheil bedrohten Solidargemeinschaft. Es geht um den Erhalt des Lebensnetzes. Im Patriarchat ist die Fähigkeit zur Versöhnungsarbeit weitgehend verlernt worden. Seit Paulus liegt der Fokus der Versöhnung auf der Beziehung zwischen Mensch (Sünder) und Gott (Gekränkter). Im zwischenmenschlichen Bereich weiß man hauptsächlich etwas von Konfliktlösungen durch hierarchische Machtinstanzen. Bei uns sind Gesetzeskenntnisse und Argumentationsfertigkeiten gefragt. Beim Geschäft der Vermittlung aber geht es vor allem um die Einfühlung in die Ängste der Konfliktpartner, um ihre hinter ihren vordergründigen, unvereinbaren und strittigen Lösungspositionen stehenden allgemein nachvollziehbaren Lebensinteressen und zentralen Anliegen. In der Versöhnungsarbeit geht es um Heilung und Wiedergutmachung zwischen Täterin und Opfer.

Vitale Interessen und seelische Bedarfe als gemeinsame Basis zur Versöhnung

Die mediative Vermittlungsarbeit geht konkret davon aus, dass das Leben auf bestimmten natürlichen Lebensrechten beruht, die jede versteht und sowohl für sich selbst als auch für jede andere anerkennt. Diese

Lebensrechte könnte man auch als vitale Interessen, zentrale Anliegen oder existenzielle Bedarfe bezeichnen. Darüber gibt es einen globalen Konsens, unabhängig davon, wo man sich befindet. Ohne Kenntnis und Anerkennung dieser Vitalinteressen kann ein Konsens nicht erzielt werden. Ich kenne 8 (7 + 1) solche Vitalinteressen und Grundrechte der globalen menschlichen Solidargemeinschaft. Die ersten sieben sind die Grundlage bei der inhaltlichen Konfliktregulierung. Das achte Vitalinteresse spricht das Recht auf Wiedergutmachung und Heilung an, wenn die Lebensrechte 1 – 7 verletzt wurden:

Recht auf Heimat:
sich in einer Landschaft zu Hause fühlen können.

Recht auf Arbeit und Ausgleich:
für sich und die eigene Bindungsgemeinschaft im Rahmen einer Ausgleichsgesellschaft sorgen können.

Recht auf Zukunft:
eine Vision im landschaftsbezogenen Lebensraum der Gemeinschaft entwickeln und verfolgen können.

Recht auf Feiern:
die Möglichkeit haben, in der eigenen Kulturgemeinschaft Feste zu feiern.

Recht auf Bindungssicherheit:
Bindungsvielfalt leben können auf der Basis von Bindungstoleranz.

Recht auf Erotik:
eine Liebespartnerschaft frei wählen können.

Recht auf einen humanen Tod:
ummantelt und einen mütterlichen Tod sterben können.

Recht auf Heilung und Wiedergutmachung bei Verletzung der Vitalinteressen (1 - 7):
in einer Kultur der Wiedergutmachung und Heilung von Verletzungen leben.

Die Vitalinteressen 1 - 7 möchte ich nun kurz beschreiben:

Heimat

Eine Heimat (italienisch *Màtria*, Muttererde) zu haben, ist ein wichtiger Bestandteil von Lebensqualität. Es bedeutet Verwurzelung in der Kulturgemeinschaft und in der heimatlichen Landschaft, es bedeutet Mutterland. Nimmt man das Recht auf Heimat ernst, dann wird man landschaftliche Eingriffe und Veränderungen nur langsam und unter Berücksichtigung der emotional-sozialen und ökologischen Bedeutung von Gegebenheiten wie Bachverläufe, Baumbestand, Hecken, Feldwege, Treffpunkte und so weiter angehen. Nimmt man Heimat ernst, braucht man sich wohl bei den Leuten, die in ihr leben, um den Erhalt von Biosphären nicht zu sorgen. Die Bildung von ansässigen Sippen fördert eine Verbundenheit zu der Landschaft, in der man lebt und aufgewachsen ist, sie fördert Heimatbezogenheit.

Der Ich-Erzähler in Siegfried Lenz' Roman »Heimatmuseum« offenbart sich:

> Heimat, das ist für mich nicht allein der Ort, an dem die Toten liegen; es ist der Winkel vielfältiger Geborgenheit, es ist der Platz, an dem man aufgehoben ist, in der Sprache, im Gefühl, ja, selbst im Schweigen aufgehoben, und es ist der Flecken, an dem man wiedererkannt wird; und das möchte doch wohl jeder eines Tages: wiedererkannt, und das heißt: aufgenommen werden. (Hamburg 1978, S. 120)

Heimat ist eng verbunden mit der Seinsmacht der Landschaft, die alles geschichtliche Kommen und Gehen überdauert. Darauf bezieht sich jedenfalls ein alter, von Jesaja aufgenommener Text, wenn er den verzagenden König Ahas angesichts der assyrischen Bedrohung damit tröstet, dass er das Oberhaupt zur Stadt und die Stadt zu ihrer Landschaft gehörig sein lässt (Jes. 7,8f). Der überdauernde Bezugspunkt war jedoch ursprünglich wohl nicht das Oberhaupt, sondern die Landschaft als göttliche Mutter allen Lebens in ihr. Auf unsere Landschaften übertragen könnte man ormulieren:

> Wie die Stadt am Hohentwiel das Haupt des Hegaus ist,
> so gehört ihr Stadtoberhaupt der Hegäuin.

Wie die Stadt an der Ohrn der Hohenlohe Haupt ist,
so gehört ihr Stadtoberhaupt der Hohenlohin.
Wie der Ort an der Murr Haupt ihres unteren Tales ist,
so gehört ihr Ortsoberhaupt der Murmerin.

Und dies unabhängig davon, welcher Provenienz das Stadtoberhaupt ist. Durch eine solche Einstellung gewinnt der Mensch Souveränität gegenüber politischen Verschiebungen. So kann ein Bauer in Oskar Maria Grafs Buch *Das Leben meiner Mutter* sagen: Es ist mir gleichgültig, wer uns regiert, die Bayern oder die Franzosen, Hauptsache, wir können unserer Feldarbeit nachgehen und werden in Ruhe gelassen. Und Patrice Nganang weiß in seinem Buch »Der Schatten des Sultans« (Wuppertal 2011) über Joseph Ngono, den Vater der Protagonistin Sara, als er nach dem 1. Weltkrieg aus Deutschland in sein nun von Franzosen besetztes Kamerun zurückkehrt:

> ...in seinen Augen änderten die neuen Flaggen nicht den Geruch der Erde nach dem Regen. Die Erde zu Hause blieb rot und auf ewig lehmig. (S. 253)

Arbeit

Arbeiten bedeutet zunächst einmal, sich und seine Familie bzw. Sippe durch Arbeit ernähren zu können. Dies ist ein vitales Interesse jeder Generation. Arbeit dient aber nicht nur der Ernährung, sondern ist als ein geselliges Tun mit der Gemeinschaft und für die Gemeinschaft auch sinnschöpfend. Darum ist die Bemerkung in Alfred Komareks Krimi *Blumen für Polt* nicht nur nostalgisch zu verstehen:

> Maschinen hatten die vordem gesellige Arbeit auf dem Feld und im Weingarten einsam werden lassen. In den Traktorkabinen sorgten Kofferradios für lautstarken Zeitvertreib. (A. Komarek, *Polt*, Innsbruck-Wien 2012, S. 230)

In der Arbeit kann jede ihre Kompetenz entwickeln, und: Wer körperlich arbeitet, schläft gut. Hanna Arendt hat in ihrer *vita activa* eindrucksvoll und klar den Segen der Arbeit beschrieben:

> Der Segen der Arbeit … ist die menschliche Art und Weise, der Seligkeit des schier Lebendigen teilhaftig zu werden, die wir mit allen Kreaturen teilen. Und ein in der Arbeit sich verbrauchendes Leben ist der einzige Weg, auf dem auch der Mensch in dem vorgeschriebenen Kreislauf der Natur verbleiben kann, in ihm gleichsam mitschwingen kann zwischen Mühsal und Ruhe, zwischen Arbeit und Verzehr, zwischen Lust und Unlust mit derselben ungestörten und unstörbaren, grundlosen und zweckfreien Gleichmäßigkeit, mit der Tag und Nacht, Leben und Tod aufeinanderfolgen. Den Lohn für Mühe und Arbeit zahlt die Natur selbst, der Lohn ist Fruchtbarkeit; er liegt in dem stillen Vertrauen, dass, wer in Mühe und Arbeit sein Teil getan hat, ein Teil der Natur bleibt in Kindern und Kindeskindern. (S. 92ff)
>
> Diesen Segen, den das Arbeiten über ein ganzes Leben breiten kann, kann das Herstellen niemals leisten … Außerhalb des vorgeschriebenen natürlichen Kreislaufs, in dem ein Körper sich erschöpft und regeneriert … gibt es kein bleibendes Glück, und was immer diese kreisende Bewegung aus dem Gleichgewicht bringt – die Not der Armut, wenn an die Stelle der Erholung das Elend tritt und die Erschöpfung ein Dauerzustand wird, oder die Not des Reichtums, wenn der Körper sich nicht mehr erschöpft und daher an die Stelle der Erholung die bare Langeweile, an die Stelle der Fruchtbarkeit die Sterilität der Impotenz tritt – … vernichtet die elementare Sinnlichkeit, die der Segen des Lebendigen ist. (S. 97)

Zukunft

Einer Vision nachgehen können, ist ein vitales Interesse, da es mit dem inneren Feuer zusammenhängt, mit dem Eros, der eine beflügelt, einer ganz persönlichen Sache nachzugehen. Es hat etwas zu tun mit Berufung, also mit der inneren Seelenstimme, die ernstgenommen werden will. Jeder und jede hat eine Vision, in der sich das Seelische äußert und die dem individuellen Leben Sinn gibt. Oft erkennt man erst gegen Ende des Lebens, wie die Lebensereignisse sich fügen und ein Ganzes ergeben.

Eine matriarchale Vision fügt sich immer in die Gemeinschaft und ins ökologische Haus ein, weist aber über den Status quo hinaus und bedeutet eine segensreiche, langsame Entwicklung. Eine Vision hängt eng zusammen mit gelebter, individueller Freiheit, mit Freiheit in Bezogenheit. Wenn ein junger Irokese im Rahmen seiner Initiation auf Visionssuche geht, wird er immer von der Weisheit der Muttergemeinschaft und von der göttlichen Landschaft geleitet, in der sein Leben begonnen hat und in der sein Leben Erfüllung finden wird. Man sagt, eine junge Frau muss nicht (sie kann aber) auf Visionssuche gehen, weil sie mit der Menstruation und später mit Schwangerschaft, Geburt und Stillzeit ihre Initiation als Frau und ihre Vision auf natürliche Weise erhält.

Visionssuche ist immer mit Ego-Erschütterung verbunden: Das ungebundene Ich, das sich auf Äußerlichkeiten wie Ehre, Geld, Größe, Macht und so weiter stützen will und darin zu Maßlosigkeit neigt, weil diese Werte den Seelenbedarf nur kurzfristig befriedigen, wird zermahlen, ertränkt oder verbrannt, und aus dem symbolischen Tod kommt ein in sich ruhender Mensch mit einem klaren, wachen und unerschütterlichen Selbst (Seelenkern). Die Frau erlebt diese Häutung und Ego-Erschütterung durch das Gebären. Der Mann durchläuft andere Erschütterungen, zum Beispiel durch das Höhlenerlebnis, das ihn ins Innere einer Höhle führt, ins Innere des Mutterschoßes, wo er sich einfach ernährt, bis er im Bewusstsein seines Geborenseins und seiner geschöpflichen Verbundenheit die Höhle wieder verlässt (s. Kap. V, 2).

Eine Vision ist etwas Individuelles und gleichzeitig etwas für die Gemeinschaft. Sie motiviert mein Leben auf Zukunft hin. Sie gehört damit zum Seelenkern meines Lebens. Wichtig ist, dass dieses Vitalinteresse im Rahmen von Erziehung und Bildung fortwährend Beachtung findet.

Feste feiern

Festen und Feiern ist ein vitales Interesse. Es bedeutet Lebensfreude, Honig des Lebens, Lebensversüßung. Dies geschieht mit befreundeten Menschen und mit Verwandten, hat also ganz elementar mit Gemeinschaft zu tun. Tanz und Gesang, Spiel und Spaß sind Elemente des Festens und Feierns. Doch der Anlass muss nicht immer ein freudiger sein. Auch der Tod eines lieben Menschen wird feierlich begangen. Tanz und Gesang sind dann von Trauer und Abschied gestimmt. Doch auch dies geschieht in und mit der Gemeinschaft. Feste und Feiern sind oft mit Ritualen des Übergangs verbunden: Geburt eines Kindes, Tod eines Menschen, transformatorische Neugeburt nach einem häutenden initiatorischen Ereignis. Feste begleiten aber auch das Jahr, feiern die Lebenskräfte der Natur und unterstützen die Lebenskräfte des Menschen (siehe Kapitel VI).

Matriarchale Feste und Feiern sind landschafts- und kulturbezogen. Naturbedingt sind sie Landschaftsfremden gegenüber nicht schwer zu vermitteln, denn sie sind in ihrem Symbolgehalt von jederfrau nachvollziehbar. Nur patriarchale Feste und Feiern haben exklusiven Charakter und setzen die Kenntnis der für eine bestimmte Glaubensgemeinschaft spezifischen theologischen Konstruktionen und Bedeutungsgebungen voraus.

Bindung

Bindungssicherheit ist lebenswichtig für ein Kind. Ein Kind würde ohne die Sicherheit einer emotionalen Bindung sterben, auch wenn es ernährt und saubergehalten würde. Bindung vermittelt sich durch Zuwendung in Sprache und Körper. Über eine sichere Bindung (Immer, wenn ich dich brauche, bist du für mich da.) entsteht Vertrauen und letztlich Selbstvertrauen. Auch Erwachsene brauchen Bindung. Isolationshaft ist eine der schlimmsten Foltermethoden in Gefängnissen.

Bindung ist wechselseitig und schließt loyales Verhalten ein. Bindung schafft eine Sphäre der Intimität und des Vertrauens. Sieht sich ein Kind im Rahmen einer Trennung oder Scheidung genötigt – um seiner Loyalitätsaufspaltung zwischen Mutter und Vater zu entgehen –, die Bindung zu einem Elternteil zu kappen, durchläuft es einen zutiefst traumatisierenden Prozess. Es leidet unter schweren Schuldgefühlen. Diese Schuldgefühle muss das Kind aber mitsamt der Liebe zu dem betreffenden Elternteil verdrängen, um überhaupt leben zu können. Es spürt darum nicht, dass es einen Elternteil und seine Liebe zu ihm verraten hat. Erst viel später, als Heranwachsende oder Erwachsene, wird sich das »Kind« dessen oft schmerzlich bewusst.

Bindung ist langfristig angelegt. Eine Bindung zu lösen oder ganz zu verlieren, ist immer mit Trauer und Schmerzen verbunden. Bindung lässt sich durchaus über räumliche Distanz aufrecht erhalten. Selbst der Tod eines geliebten Menschen löst die Bindung nicht schlagartig auf. Abschiedsprozesse laufen behutsam und langsam ab.

Die Ablösung heranwachsender Kinder, die Ablösung eines Paares von ihren (oft miteinander konkurrierenden) Herkunftsfamilien, die Neubindung zweier Ehepartner aneinander und der Bindungsaufbau dieser Eltern zu ihren Kindern, dann die Trennung der Eheleute und der Versuch beider Elternteile, die Bindung zu ihren Kindern zu erhalten, danach die Bildung einer oder mehrerer Stieffamilien ... das alles sind Vorgänge in der Entwicklung der spätpatriarchalen Kleinfamilie (s. Kap. III, 2), die oft an die Grenzen des emotional Leistbaren gehen, und nicht selten folgt ein Scheitern dem nächsten. Die Muttersippe kennt diese Prozesse nicht, da die lebenslange Sippenbindung nicht mit der temporären Liebesbeziehung eines Paares gekoppelt ist.

Bezeichnenderweise erhöht gerade das Streben nach Gleichberechtigung der Geschlechter die Schwere der Problematik in der spätpatriarchalen Kleinfamilie. Wenn eine Frau in gleicher Weise wie der Mann ihren Platz in der beruflichen Welt beansprucht, und der Vater im Gegenzug fast dieselbe Bindung zum Kind aufbaut wie die Mutter, dann sind gute familiäre Entwicklungen nur möglich, wenn eine Vielfalt von Bindungen auf der Basis einer großen Bindungstoleranz gelebt werden kann. Die Bindungen der Kinder an die Eltern und Stiefeltern, an die Großelternpaare und die Stiefgroßeltern und Bindungen an professionelle Bindungspersonen, ohne dass die Kinder Angst haben müssen in einen Loyalitätskonflikt zwischen emotional miteinander konkurrierenden Erwachsenen zu geraten – dies wird die wichtigste sozialpsychologische Aufgabe des gesellschaftlichen Kollektivs für die kommende Zeit sein. Gelingt die Entwicklung einer grundlegenden Bindungstoleranz im familiären Gefüge, dann könnten Männer mütterlicher werden und Frauen und Männer mehr Zukunftsverantwortung und Ehrfurcht vor dem Leben in die außerfamiliäre Welt von Wirtschaft, Handel und Politik hineintragen. Dazu sind Strukturveränderungen erforderlich, die Neid, Eifersucht, Konkurrenzkampf und Machthaberei entkultivieren – zugunsten von Lebenspflege und Kooperation.

Liebespartnerschaft

Eine Liebespartnerschaft frei leben zu können, ist ein vitales Interesse. Dies bedeutet eine freie Wahl der Liebespartnerin. Die Liebe kennt keine patriarchalen Grenzen und lässt sich nicht einsperren. Dies wird in der spätpatriarchalen, liberalen Welt auch weitgehend anerkannt. Doch die Liebe zwischen zwei Menschen wird meist in die Institution Ehe eingebunden, die als Basis familiärer Bindungsgemeinschaft angesehen wird. Trennen sich Eheleute, ist die gesamte Bindungsgemeinschaft und ihre Ökonomie betroffen. Dies ist in der Muttersippe nicht so. Sie besteht als ökonomische und bindungspsychologische Familiengemeinschaft weiter, unabhängig von den Liebesbeziehungen, die zwischen den Sippen gelebt werden.

Patriarchales Denken verlangt die Kontrolle der weiblichen Sexualität. Der hochpatriarchale *Pater familias* will die Sicherheit, dass seine Kinder auch wirklich seine eigenen Kinder sind, und sieht die Frau und ihre Sexualität als sein Eigentum. Er selber dagegen muss sich in seinem Liebesleben nicht unbedingt einschränken. In der spätpatriarchalen Ehe sind diese hochpatriarchalen Einseitigkeiten aufgeweicht. Die weiblich-mütterliche Seite scheint im Zuge der Gleichberechtigung trotz gesamtgesellschaftlich vorherrschender Männerdominanz quasi im sukzessiv entstehenden Freiraum an Seinsmacht zu gewinnen. Es ist nun eher die Frau, die im Blick auf den familiären Zusammenhalt auf eheliche Treue Wert legt. Und es ist eher die souveräne Frau, die sich trennt, wenn ihr Partner in Macho-Manier die Partnerschaftlichkeit verletzt, mit Zärtlichkeit geizt, die Erotik vernachlässigt oder sich vor Kinderaufgaben drückt. Habe ich ein vitales Interesse, Liebe und Bindungspartnerschaft zusammen zu leben, hat das zur Konsequenz, dass ich Liebe nicht frei leben kann, solange ich am Erhalt der Bindungspartnerschaft (Ehe) ernsthaft interessiert bin.

Vision aber wäre langfristig die grundsätzliche Trennung von Liebesbeziehung und ökonomischer Bindungsgemeinschaft (sprich: Fürsorge), um die Familienbindungen sicherer zu machen und die Liebe von ihrer Koppelung an Elternschaft und Ökonomie zu befreien. Vorstellbar wären langfristige Lebens- und Bindungsgemeinschaften als Vertrauens- und Pflegeraum für die gemeinsamen Kinder und die alternden Erwachsenen. Sexualität muss innerhalb der Sozialsippe tabu sein. Natürlich ist die

Integration eines Liebespartners in die Sozialsippe möglich, besonders dann, wenn er leiblicher Elternteil ist. Der langfristige Verbleib beider leiblichen Eltern in der Sozialsippe auch nach Beendigung ihrer Liebesbeziehung wäre sicher wünschenswert, jedoch – zumindest wenn Bindungstoleranz noch nicht ausreichend entwickelt ist – nicht immer möglich. Ein erster Schritt in Richtung Trennung von »Geschlechterliebe« und »Fürsorge« wäre die staatliche Förderung der Familie und anderer Formen von Bindungsgemeinschaften anstatt einer Förderung der Ehe.

Sterben

Einen mütterlichen Tod sterben zu können, ist im globalen Patriarchat so wenig selbstverständlich wie ein mutterorientiertes Leben zu leben. Wie der gewaltsame Tod durch Waffengewalt, durch Unter- und Mangelernährung und durch mangelnde ärztliche Versorgung zum patriarchalen Machtkampf gehört, so gehört auf der anderen Seite eine gewaltsame Verlängerung des Lebens dazu. Auch die Ärztinnen werden im Kampf gegen den Tod aufs Leben eingeschworen. Dies ist zweifellos vernünftig, solange es um Heilung geht, aber nicht, wenn Mutter Tod an die Türe pocht. In einer patriarchalen Klinik gibt es keine Sterbenden, es gibt nur Patientinnen. Und je nach Befund greifen dieselben medizinischen Algorithmen bei Neunzigjährigen wie bei Vierzigjährigen. Pflegeheime sind dann auch gut gefüllt. Und es wird danach geschaut, dass die »Deckenguckerinnen« – Insider-Bezeichnung für apathisch daliegende, starr auf die Zimmerdecke schauende Pflegefälle – mittels diverser Mittel und Präparate noch möglichst lange am Leben gehalten werden. Man fragt sich, um wessen Interesse es dabei geht.

Palliative Medizin denkt anders. Palliativ heißt »ummantelnd«. Palliative Medizin ist also eine Medizin, die bereit ist, den Tod anzunehmen, und Sterbenden hilft, ihren Tod anzunehmen. Ummantelnde Ärztinnen und Pflegekräfte gehen mit der Sterbenden das letzte Stück Weg, nehmen ihr die Schmerzen und sind bei ihr im Bewusstsein ihres nahenden Endes. Sie helfen den Angehörigen, mit der Sterbenden zu reden und ihr all das zu ermöglichen, was sie auf dieser letzten Wegstrecke noch erleben möchte. Eingehüllt in den Mantel der Großen Mutter (vgl. Schutzmantelmadonna Abb. 50), soll die Sterbende Abschied nehmen können und hinübergehen. Das heißt, einen mütterlichen Tod sterben können. Lukas Hartmann lässt in seinem Roman »Auf beiden Seiten« (© 2015 Diogenes Verlag AG Zürich) seinen Protagonisten Mario erzählen, wie er einen Weg zu seiner Mutter in ihrer Sterbestunde suchte:

> Ihr Gesicht war kantig, und wenn sie etwas von sich fernzuhalten versuchte, wirkte es wie gemeißelt. Die Züge weichten sich auf, als sie im Sterben lag, unter der runzligen Haut schien die junge Frau durchzuschimmern, an die ich mich mit Mühe erinnerte. Der Zufall hatte es gewollt, dass ich an diesem Abend der einzige Besucher in ihrem Zimmer war. Sie hatte es abgelehnt, ins Krankenhaus transportiert und an Schläuche angeschlossen zu werden; das würde ja, sagte sie kaum noch verständlich, ihr Leben bloß um ein paar Tage verlängern. Erst vor kurzem hatte sie mir anvertraut, warum ich Mario heiße. Ich hatte immer gedacht, die Eltern hätten den Namen des Klangs wegen gewählt. Es war aber eine versteckte Ehrung für Mario Lanza, den italienischen Tenor, den sie verehrt hatte wie keinen Zweiten. Sein Santa Lucia hatte sie sich auf einer alten Schallplatte unzählige Male angehört. Das Lied konnte sie auswendig, und als sie nun mit brüchiger Stimme die Stelle sang »Venite all'agile barchetta mia«, erinnerte ich mich an die Melodie. Vater mochte diese Musik nicht, den Namen hatte sie zwar durchgesetzt, aber ihm zuliebe gab sie – da war ich drei oder vier – die zerkratzte Platte weg, so wie sie auch mit Malen aufgehört hatte. Ihr Geständnis hatte mich gerührt, jetzt fiel es mir, an ihrem Bett sitzend, wieder ein. Ich hielt lange ihre vogel-leichte Hand in meiner; ich sah auf ihre zarten Finger und Knöchel und spürte plötzlich an meinem Daumen ihren sachten Puls. Die Hände passten nicht zu ihrem schwer gewordenen Körper, der sich unter der Bettdecke abzeichnete, und doch war es undenkbar, dass sie andere haben sollte. Ich erinnerte mich, wie oft sie einst mit diesen Fingern den Rhythmus eines Kinderlieds auf meine Handfläche geklopft hatte. Ich musste erraten, was es war. Die Berührung kitzelte, ich lachte, aber fast immer summte ich nach kurzer Zeit die richtige Melodie. Nun fing ich mit diesem alten Spiel an, Santa Lucia sollte

> es sein, was ich ihrer Hand mitteilte, und ganz leise pfiff ich dazu. Sie lächelte, murmelte etwas, plötzlich röchelte sie, dann blieb ihr der Mund halb offen, und ich wusste: Jetzt hatte sie die Grenze überschritten, und ich hatte es versäumt, ihr zu danken. Nicht ihr Tod erschütterte mich in diesem Augenblick, sondern mein Versäumnis. (S. 43f)

Derzeit wird viel über den assistierten Suizid (Tod auf Verlangen) diskutiert. Dieses Problem ist – wie alle nicht-technischen, menschlichen Probleme – nicht juristisch zu lösen. Vielmehr ist auch hier die entscheidende Frage die nach der Liebe, nach der emotionalen Rahmung, nach dem schützenden und hüllenden Mantel. Fühlt sich die Leidende geliebt und beschützt und in ihrer Würde geachtet und wertgeschätzt oder glaubt sie, sie sei es nicht länger wert, zu leben, weil sie nur zur Last fällt? Die Antwort auf diese Frage kann nur im Rahmen der Intimität einer liebevollen familiären Bindung erspürt werden. Eine juristische Regelung aber berührt diese Frage nicht. Sie legt vielmehr einen bürokratischen Ablauf fest, der in seiner Standardisierung sehr Gefahr läuft, dass eine Leidende in ihrem Gefühl, ihr Leben sei nicht mehr wert und würdig, durch das gesellschaftlich geregelte und ärztlicherseits ermöglichte Angebot Bestätigung findet. Weil es die Leidenden und Sterbenden sind, die uns, ebenso wie die noch Ungeborenen und die Säuglinge und Kinder, im Blick auf unsere Bindungsfähigkeit und Bindungsbereitschaft so unbedingt herausfordern, stellen sie den stärksten und anhaltendsten matriarchalen Widerspruch zum spätpatriarchalen kapitalistischen System dar. Und weil die Kinder und die Alten auf die so nahe Grenze zur Anderswelt hinweisen und mit ihren Körpern die Brücke sind, die uns mit dem Lebensnetz mit unserer Vergangenheit und mit unserer Zukunft verbindet, deshalb stehen gerade sie in der Mutterordnung im Zentrum. Darüber, dass sie im Zentrum bleiben, wachen die Frauen, denn Frauen sind Hecksen, sind Hecken-sitzerinnen, Grenzgängerinnen, die die Grenzen durchlässig halten, die binden und lösen und die Schlüsselgewalt innehaben. Männer täten gut daran, wenn sie dabei auf die Frauen hörten und ihnen in jedem spezifischen Fall diese Souveränität ließen.

Die patriarchalen Konfliktlösungen führen in die patriarchale Hölle

Die sieben beschriebenen Vitalinteressen sind identitätsbildend, das heißt, sie definieren, wer ich im Rahmen meiner Gemeinschaft bin: eine Beheimatete, eine Mitversorgende und Versorgte, eine Visionärin, eine Feiernde, eine Angehörige, eine geliebte Liebende, eine, die eine mütterliche Tödin erwarten darf. Es geht um Vitalinteressen, um existenzielle Bedürfnisse unserer Seelen. Sie sind für jeden von uns nachvollziehbar. Konflikte ergeben sich, wenn diese Vitalinteressen als solche weder wahrgenommen noch allseitig anerkannt werden noch gesichert sind. Dies erzeugt vielfältig Trauer, Angst und Verletztheit und auf der Täterseite Schuld. In einer Vaterordnung sind diese Vitalinteressen fortwährend in Gefahr, weil sie im System keinen anerkannten Platz haben und als Mangel erlebt werden. Zudem sind die weichen Emotionen, mit denen wir auf diesen spürbaren Mangel reagieren, verpönt und hoch schambesetzt, weshalb sie bei Männern eher in Wut, bei Frauen eher in Depression umschlagen und also kaum bewusst werden. Die Depression führt zu Rückzug und Apathie, die Wut führt in aggressives Denken und Handeln. So werden in den mannigfaltig sich ergebenden Konflikten machthaberische Positionen gegenüber dem »Gegner« oder »Feind« (= jemand, der »meinen Interessen im Weg« steht) vertreten und unvereinbare, strittige Lösungen im eigenen Interesse verfolgt: Politische Konflikte will man im eigenen Interesse militärisch lösen, Welthandel wird im eigenen Interesse konkurrenzhaft und ausbeuterisch betrieben, Bindungen zum Kind werden exklusiv beansprucht, weil überall der Rivale steht, der alles ja für sich haben will. Die Konfliktparteien geraten in den unauflöslichen Teufelskreis einer symmetrischen Eskalation. Unter der Wut aber liegen die Ängste, die Trauer und Verletzungen, die durch den chronischen Kampf nicht heilen und sich nicht beruhigen können, im Gegenteil: Sie wirken als Motor, die den Kampf immer wieder mit neuer Motivation versorgen.

Hinter dem aggressiven Kampfgebaren an der Oberfläche, also auf der patriarchalen Symptomebene, liegt letztlich die große unbewusste Angst, mit den Lebensrechten auch den Sinn des Lebens zu verlieren.

Statt über unsere Ängste zu reden und uns über unsere Vitalinteressen klarzuwerden, statt sie zu erkennen, zu formulieren und uns gegenseitig zuzuerkennen, pflegt man eine misstrauische, darwinistische Weltsicht, die das kämpferische So-Sein als Sein schlechthin definiert: Das Leben *ist* Kampf, *ist* Fressen und Gefressen-Werden, und jeder muss sehen, wo er bleibt, wobei immer der Stärkere gewinnt. Das patriarchale Symptom des Kampfes wird so zum Lebensmodus schlechthin erklärt, und mit ihm vergrößern sich die Lebensängste.

Der Kampf kann, wenn er von primitiven, spalterischen Freund-Feind-Ideologien angeheizt wird, mörderische Formen annehmen, sowohl auf der familiären als auch auf der politisch-wirtschaftlichen Ebene: wir/ich = gut = Freund und ihr/du = böse = Feind. Im Extremfall kann die Schädigung des Feindes wichtiger sein als das eigene Wohlergehen (Selbstmordattentäter, erweiterter Suizid, Krieg bis zur Selbstvernichtung). Um der Destruktion entgegenzusteuern, wird versucht, mit polizeilich-juristischen oder militärischen Mitteln, also mit dem Einsatz von zusätzlicher, noch stärkerer Gewalt von oben, den Kampf der Streithähne zu beenden. Doch diese patriarchalen Mittel verschärfen eher den Kampf oder lassen ihn nach dem »Sieg« einer Seite später um so heftiger wieder aufflammen (siehe Erster und Zweiter Weltkrieg).

Man(n) gerät in einen höllischen Strudel stets sich wiederholender kämpferischer »Lösungen«, die die darunter liegende Problematik nicht mehr erkennen lassen und ein »Mehr desselben« produzieren, bei dem die inadäquaten (unangemessenen) »Lösungen« das Problem sind (Paul Watzlawick). Wir geraten durch solche Teufelskreise in »die Hölle«, die an verschiedenen Orten und zu verschiedenen Zeiten und auf den verschiedenen Ebenen unser Dasein bedroht. Sie bedeutet letztlich jedoch immer die Zerstörung des Lebensnetzes und des Lebenskontinuums durch Kampf und Gewalt. Die Leute des (sunnitischen) IS sind derzeit auf der globalen Ebene vielleicht die Höllenhunde, der monotheistisch motivierte Terror und Krieg ist die zugespitzte Symptombildung der patriarchalen Welt, aber er umfasst nicht das ganze patriarchale Spektrum von Weltbeherrschern und Beherrschten, von Glaubensabsolutisten und ungläubigen Hunden, Rassisten und Untermenschen, von Gewinnern und Verlierern, die letztlich, wenn die Wälder gerodet, das Wasser verseucht, der Boden ausgelaugt, die Luft verpestet, das Wetter katastrophal und das letzte Pulver verschossen ist, alle Verlierer sind. Die Seele – auch die der Kriegsherren, der Rassisten, Nationalisten, Fundamentalisten und Wirtschaftsterroristen – bleibt dabei auf der Strecke.

Die vitalen Interessen und seelischen Grundbedarfe in der globalen menschlichen Solidargemeinschaft können nur im Rahmen einer symbolischen Ordnung der Mutter volle Wertschätzung bekommen. Dabei bedarf es zweier Dinge, um den Schalomzustand der Solidargemeinschaft sicherzustellen: Institutionen für vielfältige Versöhnungsarbeit und die grundlegende pädagogische Vermittlung von Ambiguitätstoleranz.

Versöhnungsarbeit	Wir sind bereit, zugefügtes Leid wieder gutzumachen.
Wiedergutmachung und Konsens	Wir anerkennen den Konsens als einzigen Weg zur Konfliktlösung.
Ambiguitätstoleranz	Wir anerkennen unsere Geschwisterlichkeit trotz aller Unterschiedlichkeit auf der Basis einer symbolischen Ordnung der Mutter.

a) Versöhnung als mütterliches Rechtsprinzip (8. Vitalinteresse)

Versöhnung ist als »Gericht unter dem Baum« ein mütterliches Rechtsprinzip auf allen Ebenen des Lebens. Es geht dabei um die Wiederherstellung des sozialen Friedens. Dies gilt bei familiären Konflikten ebenso wie bei politischen, bei chronisch konflikthaften, unvereinbaren Positionen ebenso wie bei schuldhaften Vergehen. Eine wirkliche Lösung kann nur eine heilende, geduldige Versöhnungsarbeit bringen.

Wiedergutmachung: Als erstes müssen gegenseitige und einseitige Verletzungen von der jeweiligen Täterin anerkannt und bedauert werden. Denn es ist in diesem Zusammenhang auch ein Grundrecht und vitales Interesse (das 8.), dass meine Verletzung und zugefügtes Leid von der Täterseite gesehen und anerkannt wird, auch wenn es – wie so oft – unbeabsichtigte, sogenannte Kollateralschäden waren. Dabei ist immer auch wichtig, dass die »Opferseite« offen ist für eine Entschuldigung und für Wege der Versöhnung. Vielleicht geht es »nur« darum, den Schmerz gegenseitig zugefügten Leids gemeinsam auszudrücken und sich gegenseitig beim Wiederaufbau zu helfen, wie es nach dem Balkankrieg sinnvoll gewesen wäre und zum Teil auch gemacht wurde. Vieleicht muss aber auch von beiden Seiten nach konsensfähigen, wiedergutmachenden Ausgleichshandlungen gesucht werden, wie etwa zwischen Deutschland und Israel nach dem Holocaust, Ausgleichshandlungen, die das Opfer versöhnen und die Täterin auf Zukunft hin entschulden. Vielleicht genügt das aufrichtige: »Tut mir leid. Ich weiß, was ich dir damit angetan habe« gegenüber einem Partner, um wieder eine Gesprächs- und Verhandlungsbasis herzustellen.

Vermittlung: Entscheidend aber für die weiteren Verhandlungen, die auf einen inhaltlichen Konsens abzielen und damit eine längerfristige Konfliktlösung und ein friedvolles Zusammenleben garantieren, ist, dass die ersten sieben vitalen Interessen, sowohl die eigenen wie auch die der Konfliktpartnerin, hinter den Streitpositionen erkannt, formuliert und wechselseitig anerkannt werden. Danach kann man miteinander nach kooperativen Lösungen und Umsetzungen suchen, die die Lebensinteressen aller Beteiligten berücksichtigen, so dass alle »Gewinnerinnen« sind. Drei Schritte der Mediation, die ich anhand eines Drei-Welten-Modells visualisieren möchte, kennzeichnen im einzelnen diesen erlösenden Transformationsweg, den uns die ternäre (dreifältige) Tod-im-Leben-Göttin anbietet :

1: Der Abstieg in die Unterwelt. Der Abstieg zur verbannten Erdmutter. Die Schwarze.

Um ernsthaft eine Heilung anzustreben, muss man hinuntersteigen in »die Unterwelt« der gesellschaftlich unangesehenen, schambesetzten, uneingestandenen und verdrängten Gefühle der Konfliktpartnerinnen, wo sich seelisches Elend, Hilflosigkeit und Mangel, Schmerz und Trauer, Ängste und Misstrauen befinden. Diese müssen bei den Konfliktpartnerinnen gesucht, erkannt, von ihnen ausgesprochen und von der Vermittlerin ernstgenommen werden. Die vermittelnden Heilerinnen und Heiler müssen sich wahrlich auf eine lange Suchwanderung begeben, bis sie die verbannten Unterweltskinder gefunden haben. Es gehört Muttermut dazu, diesen elenden, leidenden, geschwächten und misshandelten

Seelen oder Seelenanteilen zu begegnen und das Elend der Seelenmutter ins Bewusstsein zu stellen. Es muss geschaut werden, auf welchen drohenden Mangel sich die Ängste, auf welchen tatsächlichen Mangel sich die schmerzlichen Gefühle beziehen. Geht es um eine zerstörte Heimat? Geht es um den Verlust von Arbeit beziehungsweise von geselliger und kooperativer Arbeit, die im Blick auf das Lebensganze als sinnvoll erfahren wird? Geht es um das Verstummen von Visionen, um den Verlust von Visionen und Perspektiven, um die Angst vor den herrschenden Machtverhältnissen und Denkweisen? Geht es um die Ausdünnung und Entleerung von Freizeit, von Festen und Feiern? Geht es um Vereinsamung und um den Verlust oder den drohenden Verlust von Beziehung und Bindung? Geht es um die Gefühlsentleerung in der Erotik? Geht es um die Einsamkeit im Alter und um die Angst vor einem nicht ummantelten, nicht emotional gerahmten Sterben?

2: Der Aufstieg in den Himmel. Das Leuchten der Himmelskönigin. Die Weiße.

Hat man beim Abstieg in die Unterwelt das unerlöste Leid betrachtet und verstanden, dann erfolgt seine »Erlösung«. Sie besteht darin, den Mangel und die Ängste umzuformulieren und die dahinterstehenden vitalen Interessen und seelischen Bedarfe klar und deutlich zum Ausdruck zu bringen, so dass jede sie klar und deutlich und über alle Grenzen hinweg »am Himmel« leuchten sehen kann, gleichsam eingewoben in Freyjas Brisingamen, in den goldenen Brustschmuck der Himmelskönigin. Dann sind wir gefragt, ob wir uns gegenseitig diese Lebensinteressen zuerkennen als kulturell selbstverständliche Grundrechte auf Heimat, auf Arbeit, auf Visionen, auf Feste und Feiern, auf Bindung, auf Liebe und auf ummanteltes Sterben. Ganz natürlich werden wir uns darüber klar werden und zueinander sagen: Das ist das Recht eines jeden Menschen auf der Welt, weil diese Rechte zur Würde jedes einzelnen Menschen gehören und zur Würde unserer Gesellschaft als ganzer! Jetzt sind wir aufgeklärte Menschen, weil wir den Muttermut haben, uns offen und angstfrei zu unserem seelischen Bedarf zu bekennen, uns zu öffnen, zu »outen« und zu uns selbst zu stehen und der anderen dasselbe Interesse zuerkennen.

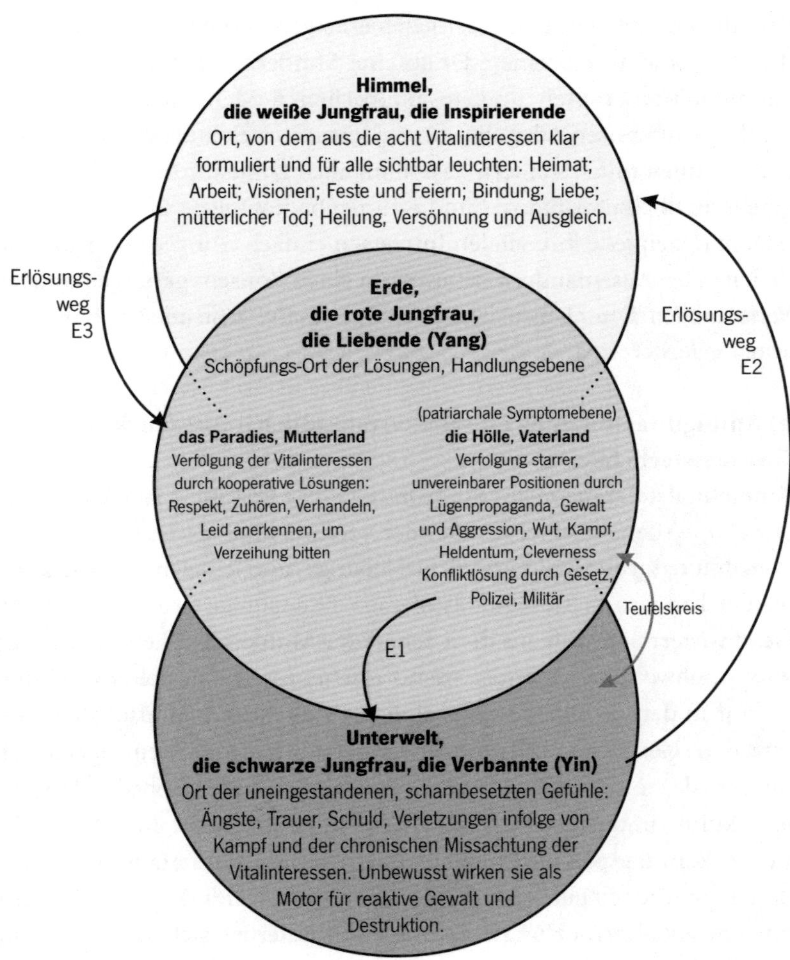

Der heilende Weg durch die drei Welten

3: Die Lösungen auf der Erde. Der paradiesische Garten. Die Rote. Schließlich geht es darum, nach Lösungen »auf der Erde« zu suchen, nach Denk- und Handlungsabläufen, die den vitalen Interessen aller Beteiligten Rechnung tragen. Es geht um eine Umwandlung, um die Transformation der Schlachtfelder des Kampfes in »das Paradies« eines vernünftigen irdischen Zusammenlebens und Zusammenarbeitens, in dem die Lebensinteressen einer jeden ernstgenommen werden, so ernst, dass niemand als einzelne oder als eine Minderheit für ihre einmal erkannten, zuerkannten und ausgesprochenen Menschenrechte gegen mächtige Interessen oder alles für sich beanspruchende Machthaberinnen kämpfen muss, sondern dass allmählich familiäre, betriebliche und gesellschaftliche Strukturen und Rahmenbedingungen entwickelt werden, in denen jede ihre vitalen Interessen einfach lebt, weil sie lebt, und in denen bei Auseinandersetzungen um einen Konsens gerungen und bei Verletzungen dieser Lebensinteressen unmittelbar heilende Versöhnungsarbeit geleistet wird.

b) Ambiguitätstoleranz als selbstverständlicher Ausdruck von Geschwisterlichkeit

Ambiguitätstoleranz meint die grundsätzliche Erlaubnis von Anderssein ohne eine schnelle ablehnende oder vereinnehmende Reaktion. Wenn Versöhnungsarbeit das mütterliche Heilungs- und Rechtsprinzip genannt werden kann, so ist Ambiguitätstoleranz die adäquate Grundhaltung von Geschwistern, die sich aus dem Schoß der Mutter allen Lebens geboren wissen, obwohl sie einander fremd erscheinen. Denn die eine Mutter nimmt in den verschiedenen regionalen Zonen und Landschaften verschiedene Gestalt an. Weil aber die Kinder den Landschaften angemessen sind, aus denen sie stammen, *müssen* sie in Gestalt und Aussehen, in Sprache und Kultur unterschiedlich sein (Diversifikation, siehe Kap. IV, 3). So steuert zum Beispiel die dunkle beziehungsweise helle Hautfarbe durch die entsprechende Filtrierung des Sonnenlichts die Bildung von Folsäure, um eine gute Entwicklung des Kindes im Mutterleib sicherzustellen. Die Vielfalt der Menschen und ihrer Kulturen entspricht der Vielfalt ihrer Landschaftsmütter. Alle, die diese Weisheit begriffen haben, haben bereits das Vaterland und den spalterischen Vatergott als dessen oberste Instanz verraten und beginnen der Vielfalt des Lebensnetzes und seiner Transformationskraft und damit der integrativen Frauenkraft zu vertrauen (siehe Kapitel V).

Sowohl die Versöhnungsarbeit als auch die Ambiguitätstoleranz gefährden die Grundlagen des Patriarchats, weil sie auf Ausgleich angelegt sind: Sowohl die patriarchale Gesetzgebung und die patriarchale Konfliktregulierung mittels judikativer und exekutiver einschließlich militärischer Gewalt als auch alle patriarchalen Freund-Feind-Spaltungen, die Subjekt-Objekt-Spaltung und die Mensch-Natur-Aufspaltung können Schritt für Schritt beiseitegelegt werden und damit auch »Schwert und Hunger« (patriarchale Symptomebene).

Sophia, die göttliche Weisheit, die durch die »mannmenschliche Gesellschaft« (Gerda Weiler) und ihren in einer statischen Männerdreiheit symbolisch gefassten Logos von der Erde vertrieben wurde und seitdem tief verletzt in der Unterwelt umherirrt, wird wieder als Himmelskönigin anerkannt und beginnt, eine Wohnung bei den Menschen zu beziehen. Wie sie sich schon seit ewigen Zeiten in der Natur, in den Zyklen ihres angestammten Hauses, entfaltet, so will sie sich auch in unseren Herzen, zwischen den Menschen und zwischen dem Menschen und der Natur entfalten.

> Sie (die Weisheit) kann der Tradition zufolge aber nur da Einkehr halten und wiederkommen, wo sie entbehrt, ersehnt und erwartet wird … wo Frauen sich schmerzlich bewusst sind, was ihnen fehlt, wenn es keine Bilder des göttlich Weiblichen mehr gibt, weder in ihrer eigenen Seele noch in ihrer religiösen Tradition. Wenn sie dieser Sehnsucht Raum und Nahrung geben und anfangen, sich zu erinnern, werden die Drei Jungfrauen an Orten wieder auferstehen und ihren Wohnsitz nehmen, wo niemals ein Mensch von ihnen gehört hat und niemand ihre Anwesenheit vermuten würde. (E. Kutter, S. 110f)

Das Eva-Töchter-Lied
(vgl. Jes. 53,2-5,7)
(Die Mutter allen Lebens verheißt Befreiung für alle im Vaterland Leidenden durch ihre befreiten Töchter)

Wohlan, ergreifen werden's alle väterlichen Sündenbockopfer,
wenn meine Töchter vorangehen
in neugewonnener Selbstbestimmtheit;
sie werden aufstehen, emporgetragen und erhaben sein;

nicht um einen Ehrenplatz in Vaterland zu ergattern,
nicht um an der Spitze zu stehen,
vielmehr um in schwesterlicher Verbundenheit
die je eigene Kreativität und Lebenskraft
auf vielfältige Weise zu entfalten.
Wie sich die Vaterländischen über die in Knechtschaft entsetzten,
weil sie so unmännlich-schwach, so untermenschlich-unfähig,
so elend waren in Gesicht und Gestaltung,
so werden gerade sie wie aufblühende Rosen
die Supermänner, Herrenmenschen und Wohlsituierten überraschen,
und Könige werden ihren Mund vor ihnen verschließen.

Wie Keimlinge gehen sie still für sich auf,
wie einzelne Wurzeln aus dürrer Erde am Rande von Vaterland.
Sie selbst erkennen ihre Fähigkeiten, sie selbst nehmen sich ernst,
sie nehmen sich in schwesterlicher Weise an
und schenken einander Gehör.
Denn jetzt erkennen sie:
Sie waren die Allerverachtetsten und Unwertesten,
voller Schmerzen und Krankheit,
die, vor denen man wegschaute, verachtet und ohne Bedeutung,
weil sie von der Vaterordnung dazu gemacht wurden.
Und sie, sie beugten sich hin,
öffneten nicht ihren Mund,
wie Lämmer, die zur Schlachtbank geführt wurden,
wie Mutterschafe, die vor ihren Scherern verstummten,
öffneten sie nicht den Mund.
Der Männer Wahn ertrugen sie,
der Männer Schwachsein verkörperten sie,
und man hielt sie für die
aus eigener Untauglichkeit und Schuld Geplagten,
die von Gott-Vater Geschlagenen, Erniedrigten und Unbegünstigten!
Doch sie waren allein Opfer sich brüstender Männlichkeit,
Opfer, die Wirklichkeit zu sehen
mit den Augen des einzig für wahr und gültig gehaltenen Herrn.

Weil Überragenheit und Heldenhaftigkeit ausgelebt werden wollte,
kam über sie Leid.
Weil alles Gute auf den Ersten und Einzigen angesammelt wurde,
waren sie ohne Einfluss.
Weil die Vertreter der Wirklichkeitsdeutung
sich selbstherrlich verrannt hatten
und blind waren für ihre Ungereimtheiten
und sie durch Schönreden verdeckt hielten,
litten sie unter der von den Vatersöhnen uneingestandenen Schuld.

Da,
meine Töchter stehen auf,
und die Missbilligten auf Erden werden zu Erben meiner Weisheit.
Ich setze auf meine töchterlichen Abbilder
und auf meine erwählten Söhne, an denen ich Wohlgefallen habe,
dass sie die Mutterordnung unter die Völker tragen,
die Würdigung des Leibes, der Seele und der Liebe
im Einverständnis mit ihrer weisen Transformationskraft
von Sterben und Wiedergeborenwerden.
Sie brüllen nicht, noch erteilen sie Befehle,
noch dringen sie in die Häuser ein, noch walzen sie sie nieder.
Ein geknicktes Rohr zerbrechen sie nicht
und einen glimmenden Docht löschen sie nicht aus.
Getreu tragen sie meine Weisheit hinaus,
ohne zu verglimmen, ohne einzuknicken,
weil ich sie so lange ermutige, bis durch ihr eigenes Lebendigsein
die Mutterordnung wiederentdeckt wird auf Erden
und alle Ozeanküsten
die Rückkehr und Wiederkunft der Weisheit erleben
inmitten der Menschen.

V

Die Er-Innerung der Frauenkraft und die Initiation des Mannes

Die tragische Vertreibung der Segensreichen
(Das rätoromanische Margarethenlied, *La canzun da Sontga Margriata*, ins Schwäbische übertragen)

Vierzea Dag hen-de Margret gfehld
zu siebe Sommer uff de Alp.
D«Staffl isch se nundergschbrunge,
d«Schdoiblad, die had magisch g«sunge,
d«Brüschd uff oimol frei sin g«schbrunge,
schee und alb.
De junge Hirt war ganz beseeld.

Doch schreid-er glei,
weil's nedd derf sei:
Des mueß wisse unser Senn,
was für-n Zusenn mir do hen.

Wenn du's bhelsch bei dir,
will-i gebe dir
drei scheene Hemd,
die, je rueßiger, je weißer send.

Des will-i nedd, des nemm-i nedd.
Des mueß wisse unser Senn,
was für-n Zusenn mir do hen.

Wenn du's bhelsch bei dir,
will-i gebe dir
drei scheene Schof,
die dir, khosch-se dreimol schere,
zwanzgvier Krinn Woll beschere,
jedesmol.

Des will-i nedd, des nemm-i nedd.
Des mueß wisse unser Senn,
was für-n Zusenn mir do hen.

Wenn du«s bhelsch bei dir,
will-i gebe dir
drei scheene Küe,
jeden Dag, khosch dreimol melge,
in drei Gebse Milich schwelge,
jed«n Dag.

Des will-i nedd, des nemm-i nedd.
Des mueß wisse unser Senn,
was für-n Zusenn mir do hen.

Wenn du«s bhelsch bei dir,
will-i gebe dir
a scheene Wies,
die dued-dir, khosch dreimol mähe,
jedesmol en Heustock gäe,
jedesmol.

Des will-i nedd, des nemm-i nedd.
Des mueß wisse unser Senn,
was für-n Zusenn mir do hen.

Wenn du«s bhelsch bei dir,
will-i gebe dir,
a scheene Mühl,
Bursch, die tags Rogge mahlt
und nachts Weize mahlt,
ohn dass«d fülle musch.

Des will-i nedd, des nemm-i nedd.
Des mueß wisse unser Senn,
was für-n Zusenn mir do hen.

Und wenn«s deim Senn muesch zingge,
sollsch in der Erd vosingge, bis zum Hals.

O helf-mer, Margret! Helf-mer raus!
Nix sag-e-m Senn, nix au seim Haus.

Doch wie die Göttin hilfd-em raus,
schreit's de Hird no schlimmer naus:
Des mueß wisse unser Senn,
dass mir a Zusennin do hen.

Wenn's doch deim Senn muesch zingge,
sollsch drei Klafder dief vosingge!

Dann geht die Große Margret fort,
sagt allem ein Lebwohl am Ort:
mein lieber Senner, bhüedigod!
mein großer Käsgral, bhüedigod!
Bhüedi, Butterfaß, so gued!
Sei, kloi Feuerstell, behued!
Hab mit dir schdeds gschlofe gued.

Warum duesch des, lieber Hirt?
Hasch khoi Ohnung, was draus wird?

Bhüedigod mei Küele schee!
Ihr gebet bald khoi Milich me.

Ach, bhüedigode, all«s rundum,
wer weiß, wann-i wiederkumm!
Über'n Pass do geed-se schwer,
d'Kühe, de Kessl hindr-e her,
solang-se se hen säe khönne,
hen-se ned uffkhört zum Flenna.

An-re Quell kommd-se vorbei
und singt: O du Quelle mei,
jetzd vorsiegsch, weil-i-etz geh!
Noi, khoi Wassr-isch khomme me.

Am-me Hang kommd-se vorbei,
und singt: O du Berghang mei,
jetzd vordorsch, weil-i-etz geh!
Noi, khoi Pflenzle-isch khomme me.
O du, o, gueds Weid«gras mei,
jetzd vordroggnsch, weil-i geh,
und du grünsch-etz nimme fei.
Noi, khoi Hälmle-isch khomme me.

Wie-se had vorlasse all,
khommd St. Georg und St. Gall.
D«Glogge gelle wüedig naus,
bis-n-d Glöbbl fliege raus.

Erläuterungen zum Liedtext

Die Zeit war schon vaterländisch, und das Christentum hatte fast alle heiligen Plätze Europas besetzt. Wollte die Landschaftsgöttin dem Senn als Zusenn helfen, musste sie sich als Mann verkleiden, denn eine Zusenn*in* gab es nicht mehr. Dem jugendlichen Hirtenjungen zeigt sich die Göttin in ihrer weiblichen Schönheit und Souveränität auf ihrer heiligen Steinplatte. Es ist für ihn ein initiatorischer Augenblick. Doch der Junge fühlt sich bereits den vaterländischen Vorschriften loyal verpflichtet und traut sich nicht, diese zu verraten und zu korrumpieren. Die Göttin macht ihm immer größere Segensangebote, die in der Mühle gipfeln. Die magische

Mühle mahlt am Tag das dunkle, in der Nacht das helle Korn (Yin und Yang). Sie ist ein Hinweis auf die Kontinuität des kreisenden Lebens: Das Korn stirbt, um Leben zu ermöglichen, wobei am Tag das dunkle Korn – der Tod –, in der Nacht das helle Korn – das Leben – gemahlen beziehungsweise gewandelt wird. Damit erweist sich Margriata als die große Tod-im-Leben-Göttin. Doch sie muss erkennen, dass ihre Lebensangebote sogar bei jungen Leuten auf taube Ohren stoßen: Des will-i nedd, des nemm-i nedd! Darum muss sie ihre geliebte Landschaft samt allen Kulturgaben verlassen, die sie den Menschen brachte, etwa Käsekessel und Butterfass. Sie hat kein Bleiberecht mehr. Die Geschöpfe weinen und laufen ihr nach, denn sie spüren: Mit ihr geht auch ihr Segen weg. Die Quelle versiegt, die Wiese verdorrt. Nur die patriarchalen Kirchenglocken läuten ihr siegreich und wütend nach. Sie werden so heftig geläutet, dass die Klöppel herausfliegen; ein Bild dafür, dass es auf freiwilliger Basis nie wirklich gelungen ist, die paulinische Opferideologie an die naturbezogenen Jahreskreisfeste des Volkes anzubinden. Die freien Frauen (Jungfrauen), die subversiv den Winterkranz schmücken, im Mittwinter am Weihnachtsbaum stehen und im Frühjahr die Ostereier verstecken und den dreisträngigen Hefezopf servieren, werden zusammen mit den vielen »geistlich Armen« die Festpredigt des Pfarrers mit ihrer Kreuzestheologie meiden oder mit großem Befremden über sich ergehen lassen.

1. Die Erlösung der Frauenkraft und die Wiedergewinnung einer grundlegenden Spiritualität

»Erlösung« ist das Hauptmotiv vieler Dreifrauensagen. Die Ausgangssituation ist dabei die, dass ein junger Mann den »Drei Jungfrauen« oder einer Stellvertreterin begegnet. Dem Burschen wird das Angebot eines Schatzes gemacht, den er bekommt, wenn er den Mut hat, ihn zu holen. Wenn er die Aufgabe besteht, wird aber nicht nur er belohnt, sondern gleichzeitig werden die Frauen als Verkörperung der Frauenkraft erlöst, das heißt, ins menschliche Zusammenleben zurückgeholt. Erni Kutter führt hierzu einige Sagen an. Hier möchte ich nur die Nr. 40 aus F. Panzers »Bayrische Sagen« Band 2 anführen :

> Einst ging ein munterer Bauernknecht nach dem Karlsberg (bei Leutstetten, in den die Drei Jungfrauen verbannt sind), um Nüsse zu holen. Auf dem Weg begegnet ihm eine schöne Frau; er sagt zu ihr: »Ich küsse dich! Ich umarme dich!« (*I kuss di glei! I kreisch di glei!*) Die Jungfrau sagt: »Wenn du mir drei Küsse gibst, so werde ich dir so viel Geld geben, dass du und deine Kinder, so lang ihr lebt, genug haben.«
>
> Mit dem ersten Kuss ging es noch ganz gut, denn da war sie noch eine schöne Jungfrau. Als er aber zum zweiten Kuss kam, war sie eine Schlange, die er aus Schrecken nicht küssen konnte. Das dritte Mal erschien sie als der Teufel selbst; voll Furcht und Schrecken lief der Bauersknecht davon, bekam aber eine tüchtige Maulschelle und die Jungfrau sagte: »Weil du deine Worte nicht gehalten hast, bekommst du nichts.« (S. 150f)

In diesen Sagen erkennt Erni Kutter einen Initiationsritus, der dem Mann angeboten wird, um die Frauenkraft, die durch das Patriarchat in die Unterwelt verbannt und aus dem patriarchalen Bewusstsein (nicht aus dem Sein!) gedrängt wurde, für sich selbst und für die Menschen zu erlösen, das heißt, sie wieder zu erkennen und dadurch zu einem reicheren Leben zurückzukehren. Der »Schatz«, den er erhält, ist eigentlich die alte Frauenweisheit, das kulturelle Leben im Einklang mit der Natur und in Kooperation mit den Mitmenschen zu gestalten, und das damit verbundene allseitige Wohlergehen. Diese Weisheit ist mit der spirituellen Anerkennung der kosmischen weiblichen Transformations- und Wiedergeburtskraft verbunden.

Der Vorgang erinnert an das Abgeben von Macht und Einfluss an die Frau, wie er im Inanna-Mythos geschildert wird, in dem die Vatergötter der Himmelskönigin ihre Machtgaben zurückgeben. Der Vorgang erinnert aber auch an die Absolvierung von Hochzeitsaufgaben, die der Mann zu bestehen hat, ehe ihn die Frau erwählt. In vielen Märchen sind es Jahre, die der Mann für die Frau arbeiten muss, um sie zu erlösen, das heißt, sie zu erkennen und anzuerkennen und für sich zu gewinnen. In »Der arme Müllerbursch und das Kätzchen« muss er für die verwunschene Königstochter – ähnlich wie der werbende Jakob bei seinem Mutterbruder

Laban (Gen. 29,18) – sieben Jahre arbeiten: Holz hacken, mähen und ein Haus bauen. Das kostbare Handwerkszeug muss er aber immer wieder der Frau zurückgeben (s. Kap. II, 15). In »Das Mädchen ohne Hände« begibt sich der König auf eine siebenjährige Suchwanderung, wie wir sie umgekehrt von der treuen Göttin kennen, die im Herbst voll Trauer ihre Tochter beziehungsweise ihren Heros sucht. In »Rapunzel« irrt der Mann mehrere Jahre blind umher, bis er die Frau erkennt.

Nur: In den Dreifrauensagen kommen die »zu erlösenden Erlöser« nie zum Ziel. Der Grund dafür ist immer derselbe: Sie fliehen vor der dunklen Seite der Frau. Die Nachtseite, das Dunkle, das Schwarze, die Tödin macht ihnen Angst, und sie laufen davon. Sie wissen offenbar nichts mehr von ihrer Wiedergeburtskraft. Sie wenden sich von der zyklischen Erneuerungskraft des Frauenblutes ab. Sie sehen darin etwas Fremdartiges, Teuflisches, gemäß der kirchlichen Indoktrination, durch die, wie in der Kirche zu Klerant, die Göttin – in Klerant ist es Diana – als Teufelsdrachen(!) dargestellt wurde (E. Kutter, S. 24). Die patriarchale Botschaft dieser Sagen wäre dann: Einer Frau kannst du nicht trauen. Gerade wenn sie so lieb daherkommt, entpuppt sie sich zu einer Schlange, einer Hexe oder zu einem Drachen.

In der Tat müssen auch heute noch Männer im Umgang mit Frauen erst neu sehen lernen. Sie müssen erfahren, dass sie wirklich einem Blendwerk aufsitzen, wenn sie vor den Gefühlsäußerungen und Intuitionen ihrer Frauen fliehen oder meinen, sie über den Logos, also über Argumente und »vernünftige Ratschläge«, »zur Vernunft bringen« zu können, ohne sie verstehen zu müssen oder ihrer Seinsmacht zu vertrauen. Der männliche Logos weigert sich, in die Unterwelt der herausfordernden und darum abgewerteten und verbannten Emotionen (Trauer, Schmerz, Angst, Schuld) zu steigen (siehe Kap. IV, 6). Damit nimmt er aber sich selbst und dem Leben seinen Reichtum, seine Freiheit und sein Vertrauen. Eng und eindimensional ist das Leben im Patriarchat, vom Logos bestimmt und von der Angst vor dem Tod, und gerade deshalb vom Rot des Zorns und vom Blut der Gewalt und des Leidens gefärbt. Das Rot der Geburt des Lebens, der Liebe und des sich erneuernden Frauenbluts genießt keine vornehmliche Achtung und hat darum keinen wirksamen Einfluss auf das gesellschaftliche Leben. Letztlich steht die Autorität des

Männlichen und des Väterlichen auf dem Spiel. Wenn die Jungfrau dem jungen Burschen ihr Angebot macht, fordert sie seine Loyalität zum Vatergott und seinen Ordnungsprinzipien heraus, und das macht ihm Angst. Sie führt ihn im Grunde zurück zur Ursprungssituation: Willst du vom Weisheitsbaum essen oder nicht? Wenn du davon isst, bin ich wieder in meiner Seinsmacht anerkannt, und du bist weiser geworden. Als er die Schlange erkennt, rennt er davon, denn er kennt die patriarchale Drohung, die schwarze Magie, die mit der Schlange verknüpft ist, und sieht in ihr den Teufel, den Tod, das Leiden, die Mühsal (Gen. 3,17-19).

Also: Die Erlösung der Zyklusgöttin aus der patriarchalen Verbannung ins menschliche Bewusstsein steht noch aus, die Hochachtung der Großen Mutter, die den Tod in Leben, die Finsternis in Licht, die Nacht in Tag, den Winter in Frühling verwandelt, weil sie beides verkörpert, den Tod und das Leben, Saat und Ernte, Frost und Hitze, Sommer und Winter, Tag und Nacht (Gen. 8,22).

Darum fragen die Jungfrauen uns Männer: Wo sind die mutigen Burschen, die es wagen, die Schlange zu küssen und die Drachin zu umarmen? Wo sind die mutigen Männer, die keine Angst vor der roten Liebe und dem Feuer der Frau haben? Wo sind die mutigen Männer, die sich vom drohenden patriarchalen Blendwerk nicht beirren lassen, sondern den Schlüssel aus der Hand der Frau ergreifen, um gegen die väterlichen Interessen die Schatztruhe der Weisheit zu öffnen? Wo sind die mutigen Muttermänner (Mut hängt zusammen mit der Weisheitsgöttin Maat und mit Mutter), die potentiellen Frauengesalbten und vom Patriarchat erlösten Erlöser, die sich dem Schwarzmond, der Frauenkraft der Erneuerung in der Tiefe der Nacht, anvertrauen? Wo sind die mutigen Männer, die den Vatergott von seiner Erstarrung erlösen und ihn wieder irdische Gestalt annehmen lassen als Sohn der Mutter, der er seit Anbeginn war?

Zum Abschluss noch eine von Erni Kutter angeführte Sage aus dem Altmühltal:

> Als einst ein Mann zum Schlossbühl kam, begegnete ihm eine weiße Frau. Es war am Tag vor dem Subendtag (Sommer-Sonnenwende). Sie hatte einen Schlüssel in der Hand und sprach zu ihm: »Komm morgen um diese Zeit wieder hierher, da wirst du eine

Kiste Geld finden. Sie ist von einem Hund* bewacht. Auch ich werde da sein, um dir den Schlüssel zu übergeben. Habe keine Furcht, wenn ich in einer anderen Gestalt erscheine; denn weder ich noch der Hund werden dir das geringste Leid zufügen. Öffne mutig die Kiste und nimm das Geld, es soll dein sein.« Der Mann kam am Subendtag mittags, fand die Kiste und auf derselben einen schwarzen Hund mit feurigen Augen. Die Frau sah er nicht. Da erhob sich eine Schlange und überreichte ihm den Schlüssel. Ängstlich nahm er ihn in die Hand und sperrte die Kiste auf. Als er aber den Deckel fasste, um ihn zu öffnen, machte der Hund einen gewaltigen Lärm und spie Feuer. Der Mann verlor den Mut und trat zurück. In demselben Augenblick verschwanden Kiste, Hund und Schlange. Aus der Tiefe aber hörte er das Schluchzen der drei Frauen und eine rief ihm zu: »Oh hättest du doch mehr Mut gehabt, es wäre dir und den Deinen geholfen gewesen und auch uns!« (S. 178)

* Hund ist hier nach E. Kutter und H. Göttner-Abendroth abgeleitet von dem Dreifuß, der in Tirol und Bayern »Hunt« genannt wurde. Auf einem »Hunt« haben die Kräuterfrauen ihre Kräuter geräuchert und, von unten befeuert, ihren Sudkessel erhitzt. Die glühenden Kohlen werden in der Sage zu den »feurigen Augen des Hundes«.

2. Die Initiation des Mannes

Es geht in diesem Abschnitt um die rituelle Möglichkeit der Einkehr und spirituellen Orientierung für den Mann (evtl. auch für die patriarchale Frau). Für den Mann ist es wichtig, sich als Sohn der Mutter zu begreifen und zu erleben, sich als Geborener und in den Mutterschoß Zurückkehrender, als ein in der Natur Beheimateter und den weiblichen Zyklen Unterworfener zu erfahren und zu erkennen. Es liegt nahe, diese Erfahrung durch eine psychodramatische Wiederholung des Geburtsvorgangs einerseits und eine Antizipation des Sterbens andererseits zu innern. Dies ist eine sehr alte Methode, uns das kosmische Geschehen des Todes und der Neugeburt als ein Gegenwartsgeschehen nahezubringen und als ein Geschehen begreifbar zu machen, das unser aller Leben bestimmt.

Frauen, so sehen es bis heute die indigenen matriarchalen Völker, erleben in der beschwerlichen Schwangerschaft, in der schmerzreichen Geburt und in der abgeklärten Stillzeit eine elementare Initiation, in der sie die Erdverbundenheit und Abhängigkeit, die Schutzbedürftigkeit und Todesnähe allen Lebens am eigenen Leib erfahren. Männer aber stehen in der Gefahr, sich von einer solchen Einsicht zu lösen, sich über die Natur zu erheben und sich vorzumachen, mit ihrem Logos und ihren Eigenschöpfungen, sowohl das weibliche Gebären als auch den Tod in den Schatten stellen zu können. Männer sind Meister darin, die Fragen ihres eigenen Schicksals, die Fragen nach dem Woher und Wohin schnell zu verdrängen oder sie gar nicht erst zu stellen, weil diese Fragen »müßig« und »unproduktiv« oder einfach unbequem und lästig sind.

Für die Ein- und Rückbindung der männlichen Fähigkeiten und Kraft in die zyklischen Kräfte des Weiblichen und in die schöpferischen des Mütterlichen boten die alten Kulturen den Männern ein bedeutsames Ritual an, nämlich das Sterben und Wiedergeborenwerden in der dunklen Stille einer Höhle. Hier kann der Mann, aber auch die Frau, das Wandlungsmysterium von Tod und Leben erfahren. Kulthöhlen sind Orte der Transformation und des spirituellen Übergangs vom Leben zum Tod und wieder zum Leben. Auch Labyrinthe symbolisieren diesen Transformationsweg, wenn sie uns in kreisenden Bewegungen von außen nach innen und wieder nach außen führen. Kulthöhlen mit ihren Kriechgängen wirken intensiver. Vielleicht waren die Labyrinthe auf Kreta ebenfalls geschlossene Gangsysteme. Bedeutsam ist nämlich nicht nur der Aufenthalt in der Höhle selbst, sondern auch das Hindurchkriechen und sich Hindurchzwängen durch die lange Eingangsröhre, vergleichbar dem weiblichen Geburtskanal. Mit dem Hineinkriechen in die Höhle wird das Ego abgestreift, das von Geburt und Tod nichts wissen will, nichts vom Eingefügtsein ins weibliche Kreisen und nichts von der Transformationskraft der Großen Beth, es stirbt. Das Innere der Höhle entspricht dem Inneren einer Gruft. Da sich in ihm die rituelle Erneuerung vollzieht, entspricht es auch dem Inneren der Gebärmutter, weshalb die alten südfranzösischen Kulthöhlen mit rotem Ocker ausgestrichen sind. Im rot gefärbten Höhleninnern vollzieht sich die mystische Vereinigung mit der Großen Göttin vor der rituellen Wiedergeburt.

Die Zeit, über die sich der Aufenthalt in der Höhle zieht, entspricht der alten mythischen Zeit des Schwarzmondes, nämlich zwei Nächte und ein Tag. Im Neuen Testament nennt es Jesus das Zeichen des Jona, es ist das einzige Zeichen für das untreue Geschlecht (Mt. 12,39). Jesus benutzt hier das Bild von der Heiligen Hochzeit und wendet es gegen die patriarchalen Gesetzesvertreter, die die göttliche Weisheit verraten haben. Das Zeichen des Jona selbst meint Jonas Aufenthalt im Bauch des Wals, des Schöpfertieres, das ihn schluckt und am dritten Tag gewandelt »neu gebiert«. Dies wird als ein Hinweis auf Jesu eigenen Tod und Auferstehung am dritten Tag angesehen. Doch schon im Alten Testament ist bei Hosea von einer Erneuerung am dritten Tag die Rede. Dahinter steht ein alter matriarchaler Text von der Erneuerung des Wolkenreiters (Thor, Ur-Jahwe), den die Göttin neu erweckt.

Nach zwei Tagen wird sie ihn neu beleben,
am dritten Tag ihn wieder auferstehen lassen,
dass wir leben durch ihn.
Sobald sie ihn sucht, wird sie ihn finden,
und er wird zu uns kommen als der Regen,
der Frühjahrsregen, der die Erde erquickt.

VGL. HOS. 6,2–3

Man kann meines Erachtens das Ritual zu jeder Zeit begehen, in Anlehnung an die Evangelien zum Beispiel von Freitagabend bis Sonntag, Sonnenaufgang. Am Frauentag (Freitag) würde der Mann sich in die Gruft zurückziehen, würde am Tag der Erdmutter Ambet (Samstag) in der Höhle bleiben und am Tag der Seelin Borbet (Sonntag) mit dem ersten Sonnenstrahl rituell wiedergeboren.

Man kann das Ritual aber auch während der Schwarzmondzeit begehen. Hier gehörte es vermutlich ursprünglich auch hin. Es passt aber auch zum Todesfest der Herbsttagundnachtgleiche, zum Ahninnenfest oder zum Fest der Wintersonnenwende. In Parallele zu Jesus wäre es auch von Karfreitag, dem Frauenklagetag, bis Ostersonntag möglich, dem ersten Sonntag nach dem ersten Vollmond nach Frühlingsanfang, dem symbolischen Auferstehungstag des Frauengesalbten.

Der Initiant kann auch von einer Priesterin beweint, aufgesucht und in der Höhle etwas versorgt werden. Wenn er herauskommt, quasi als

Geborener, vielleicht auch als ein mit Frauenblut bestrichener »Blutbräutigam« (vgl. Ex. 4,24-26), könnte er mit dem Wasser des Lebens, dem Fruchtwasser, empfangen und gesegnet werden.

3. Der Wesenskern der göttlichen Frauenkraft

Die Drei Jungfrauen gehen auf die drei Phasen des weiblichen Monatszyklus' zurück und bilden den Kern der Frauenkraft. Sie bilden die Erneuerungskraft der Göttin ab und begründen die Souveränität der Frau, zu binden und zu lösen, das heißt ein Kind zu erschaffen und über die Nabelschnur und über die Mutter-Kind-Bindung an sich zu binden oder eben kein Kind zu wollen und das unbefruchtete Ei wieder abzustoßen. Ihre Souveränität erlaubt es ihr auch prinzipiell, eine ungewollte Schwangerschaft abzubrechen. Ebenso liegt in der Jungfrauenschaft die weibliche Souveränität gegenüber dem Wunsch des Mannes begründet, mit ihr anzubändeln. Diese Souveränität ist grundlegend und durch nichts, auch durch keine Pille oder andere »Mittel« aufzuheben.

Im Kapitel »Salige, Wilde Frauen, Vivanes und Willeweis« bei Erni Kutter wird deutlich, was Frauenkraft in ihrem ursprünglichen und göttlichen Kern ist. Die »Saligen« sind die Priesterinnen der Großen Beth, die Hollefrauen. Sie sind die symbolischen Verkörperungen der Frauenkraft im Sinne von lateinisch *salus* und keltisch *salanos*, was so viel bedeutet wie heil, ganz, unversehrt (S. 204). Dies ist ein deutlicher Hinweis auf ihre Jungfräulichkeit, also auf ihre unabhängige weibliche Bet(h)enkraft. Erni Kutter zitiert Esther Harding (S. 262):

> Diese Eigenschaft der Jungfräulichkeit besteht trotz sexueller Erfahrenheit, Kindergebärens und zunehmenden Alters. Es ist die Haltung des Eins-mit-sich-selbst-Seins der nichtverheirateten Frau, die nur sich selbst gehört und ihre eigene Herrin bleibt, ganz egal, ob sie und welche Beziehung sie eingeht. (E. Harding, S. 88f)
>
> Das auf sich gestellte Weibliche, das auf sein eigenes Geschlecht bezogen ist und nicht auf das männliche, lebt seine eigene Stärke

aus. Nicht Liebe ist sein höchster Wert, sondern Freiheit. (E. Harding, S. 307)

In dieser radikalen Kernbedeutung von Frauenkraft liegt das Versprechen von Glück, Seligkeit und Heil für die Frau und für die Welt (s. Kap. IV Ende, Eva-Töchter-Lied). Der Apfelbaum und der Apfelgarten, wie er mythologisch vielfach vorkommt – im Paradiesgarten Eden, in der westlichen Insel Avalon, in Holles Garten Immergrün – steht sinnbildlich für diese allumfassende Glückseligkeit, die durch das Essen seiner Frucht der Frau und über sie auch dem Manne bewusstgemacht wird. Diese weitergereichte Frucht aber ist das Symbol für die aus göttlicher Freiheit geborene Liebe und Weisheit.

Die Frauengestalten, die Priesterinnen der weiblichen Kernkraft, erscheinen immer barfuß und mit offenem, fließendem Haar. Meist sind sie ganz nackt oder nur leicht und licht bekleidet. Sie leben immer zu mehreren zusammen, was auch ein Hinweis darauf sein kann, dass diese »Holledirnen« in Frauengemeinschaften gelebt haben. Sie lebten in Höhlen und in der freien Natur. Die wohl ursprünglichste Erscheinungsform der Frauenkraft zeigt sich in Pflanzen, Bäumen, Steinen, Tieren, Nebelschwaden, Wind und Wolken, Lichtstrahlen. Aber sie kann sich eben auch in einer unabhängigen Jungfrau zeigen. Die Schwarz-Weiß-Symbolik ihrer Kleidung ist bezeichnender Hinweis auf ihre dunkle und helle Seite als Verkörperung der allumfassenden Tod-im-Leben-Göttin.

Die seligmachende Ganzheit der ursprünglichen, ureigensten, durch eine Ehe nicht gebundenen und also dem Manne nicht unterworfenen, souveränen (jungfräulichen) Frauenkraft leuchtet in den alten weiblichen Sagengestalten in dreifacher Weise auf:

1. in ihrer Wildheit und ihrer Anmut.
2. in ihrer Strenge und Unerbittlichkeit.
3. in ihrer Weisheit und Hilfsbereitschaft.

Die Wilden Frauen tanzen in der Walpurgisnacht und feiern orgiastische Frauenfeste. Sie betören junge Männer und locken sie in ihre Höhle. Sie können auch Kinder mit ihnen zeugen. Der Schwerpunkt dieser Qualität liegt auf ihrer Wildheit – im Sinne einer freien Lebensäußerung und eines freien Umgangs –, die eine attraktive und erotische Ausstrahlung bewirkt, unabhängig von Alter und Aussehen.

Ihre Strenge und Unerbittlichkeit hat immer mit dem Erhalt der Natur und ihrer Lebensvielfalt zu tun. Als Hüterinnen von Pflanzen und Tieren treten sie streng auf. Sie können einem Mann unter Bedrohung seiner gesamten Existenz anweisen, alle Wilderer einer Gegend zu töten, weil diese, wenn sie ungezügelt weitermachen, die betreffende Tierart gänzlich ausrotten. Die Bedrohung ist nichts anderes als die weise Vorwegnahme der gorgonischen Folgen, wenn nichts gegen die mann-menschliche Gier getan wird.

In ihrer Weisheit belehren sie die Menschen. Sie bringen ihnen den Flachs, lehren sie das Feld bestellen, zu spinnen und zu weben. In Verbindung mit eigenem Fleiß können die so bedachten Menschen zu einem gewissen Wohlstand kommen. Sie lehren sie aber auch die Zusammenhänge des Lebens, die Verbindung mit der Anderswelt und das Vertrauen in die weibliche Erneuerungskraft des Ganzen. In diesem Zusammenhang sind auch ihre Menschenfreundlichkeit und ihre Hilfsbereitschaft zu sehen.

Alle drei Aspekte wirken in ihrem Auftreten gegenüber Männern zusammen, wenn sie sich etwa bei all ihrer Attraktivität bedürftig und hungrig zeigen, die Hilfsbereitschaft der Männer herausfordern und sie unerbittliche Konsequenzen erfahren lassen, wenn diese sie nicht ernstnehmen, sondern mit ihnen aus männlichem Überlegenheitsgefühl heraus willkürlich und grob umspringen. Die Sagen sagen, dass die Grobheiten der Männer, der Zivilisationsdruck (wenn man sie etwa in Kleider oder Schuhe stecken will) und das »christliche Glockengeläut« (siehe das Lied von der Magriata) die schwarz-weißen und roten Jungfrauen vertrieben haben. Und die Sagen sagen uns auch, dass der Mann wieder lernen muss, der Frauenkraft mit Achtung zu begegnen und ihr zu vertrauen: zu gegenseitigem und allseitig fruchtbarem Nutzen.

Aus einer Sage vom Fassatal (aus: U. Kindl, Märchen aus den Dolomiten, München 1992, S. 137):

> Auf der Alpe von Pozza im Fassatal saß eines Abends ein Hirte am Herd und bereitete sich Rufiei, ein Knödelgericht, zum Nachtmahl.

Plötzlich stand eine Vivana vor ihm und sagte: »Gib mir auch etwas zu essen, denn mich plagt der Hunger.«

Der Hirte tut freundlich, sagt, er müsse noch eine Schüssel holen, lässt aber stattdessen seinen Hund auf sie los.

Voller Verzweiflung fuhr sie sich in die Haare und rief: »Ich bin so hungrig, und du vertreibst mich mit dem Hunde; aber merke dir, Hungrige ungesättigt zu entlassen, bringt kein Glück.«

Von einem Hügel aus legt sie ihre Hände vor die Brust, die Handflächen gegen den Hirten gewandt, und verzaubert ihn laut singend: »Keine Speise wird dir mehr nützen, du Werwolf.«

Da gesellten sich zwei andere Vivanes zu ihr und vom Hügel herab sangen sie:

O schöne Felsen, schöne Weiden, die uns gehören.
Wenn die Leute wüssten, wer wir sind,
dass wir Glück, Gold und Liebe
in unseren Händen halten,
würden sie uns nicht mit Hunden verjagen.

Als der Bursche das hört, tut ihm sein Tun leid. Er will nicht mehr Hirte sein. Doch geschieht, dass er, so viel er auch isst, nicht mehr satt wird und stark abmagert. Da erzählt er alles einer alten, weisen Frau.

Sie erwiderte ihm: »Mein Lieber das war … die Göttin der Felsen und Wälder, die stets darüber wacht, dass keinem Tier und keiner Pflanze ein Leid geschieht. Und du wolltest sie verjagen?«

Sie bestätigt den Zauber der Vivana, verrät ihm aber auch, dass er erlöst werden kann, wenn er ein Jahr und einen Tag lang seine Almhütte mit Wacholder und Sauerdorn räuchert.

Der Hirte befolgte den Rat genau, und nach einem Jahr und Tag erschien die Vivana und sprach: »Vom Heißhunger bist du nun erlöst. Doch bereite für morgen Abend ein Mahl für drei Personen aus gelabter Milch und Krapfen und einer Fülle aus wildem Erdbeerspinat, Wacholderbeeren und Hagebutten«

Und während sie das Mahl verzehrten, sagte die Vivana: »Im Namen von Reza (die rätoromanische Große Göttin Rätia) und ihren Saligen, nun bist du frei. Gib den Hungrigen stets zu essen, dann wirst du Glück und Segen haben.«

Dann verschwand die Vivana noch ehe der Hirte ihr danken konnte. Er aber war von nun an von seinem Übel erlöst. (E. Kutter, S. 221f, gekürzt)

Als Übel ist hier wohl beides gemeint: sein krankmachender Heißhunger sowie sein ursprünglicher Geiz.

Weil die drei tanzenden Jungfrauen immer ohne Altersunterschied dargestellt werden, ist es mehr als fragwürdig, sie altersmäßig zu unterscheiden: die weiße als jung, die rote als reif und die schwarze als alt. Allerdings werden ihre Aspekte durchaus in den Mondfesten des Jahreskreislaufs mitgefeiert: An Lichtmess ehrt man bei zunehmendem Mond die weiße Frauenphase, an Walpurgis das volle Rot der begehrenden Gebärmutter. Das Schnitterinfest des abnehmenden Mondes entspricht keiner Menstruationsphase. Erst das Ahninnenfest zur Schwarzmondzeit feiert die Phase, die das Ei mit dem Blut aus der Gebärmutter löst.

Im Symbol der Drei Urmütter dagegen findet die Frauenkraft ihren genealogischen Ausdruck dadurch, dass die drei Lebensphasen der Frau – die vormenstruelle, die menstruelle und die nachmenstruelle – mit dem weiblich-mütterlichen Lebensnetz von Großmutter, Mutter und Tochter verschmelzen. In dieser Mutterlinie, die mit dem Weltenbaum identisch ist (siehe Innentitel), wird schlussendlich die Segenskontinuität des Lebens, das Lebensnetz (s. Kap. II, 4) beschworen. Alle drei sogenannten Matronen präsentieren darum auch einen reich gefüllten Früchtekorb und tragen den Weisheitsknoten um den Hals. In dieser Triade kommt also die mütterliche Souveränität zum Ausdruck. Sie kann niemals, auch nicht von man(n)ipulativen Eingriffen einer gentechnischen Medizin, außer Kraft gesetzt werden. Trotz ihrer Universalität werden diese Göttinnen sinnigerweise regional als Stammesmütter verehrt. Man spricht von den vacallinehischen oder den aufanischen Matronen. Sie haben ihren Kultort in der entsprechenden Landschaft, stehen also in unmittelbarem Bezug zu den Menschen, die sich als Teil der Landschaft wahrnehmen, von deren Segen sie leben. In den Sonnenfesten sind sie unmittelbar mit dem Naturkreislauf ihrer Landschaft verbunden.

Exkurs zur heilenden Bedeutung von rituellem Begehen

Auf dem Land haben sich sowohl der Dreifrauenkult und seine Rituale als auch die Erzählungen über die Drei Jungfrauen lange gehalten.

> Wussten doch die mit dem Zyklus der Jahreszeiten eng verbundenen Menschen auf dem Land ganz genau, dass Werden und Vergehen, Leben und Tod, Wachstum und Gedeihen, Gesundheit und Krankheit immer schon in den Händen der Frauen lagen und dort besser aufgehoben waren als in den Köpfen von Kirchenmännern. (E. Kutter, S. 241)

Aufs Jahr verteilt waren es viele kleinere und größere Rituale, die zu dem Dreifrauenkult gehörten. Diese Rituale haben oft Beschwörungscharakter. Interpretiert man sie eindimensional rational, könnte man sie leicht als Aberglauben abtun. Doch dies wäre leichtfertig und würde dem Wesen der Rituale keineswegs gerecht. Mit dem seelischen Auge betrachtet, ergeben sie sehr wohl Sinn. Wenn etwa eine Frau vor dem Mähen eines Feldes drei stehende Halme nimmt und sie unterhalb der Ähren zusammenbindet, dabei sprechend: »Das gehört den Drei Jungfrauen«, dann ist das eine tiefsinnige Äußerung, wenn sie aus einer Innerung heraus geäußert wird. Diese Innerung ist eine dreifache:

- eine grundlegende Dankbarkeit für die überwältigende Fülle der Natur (vgl. Mk. 4,3-9);
- eine betende Beschwörung der erneuernden Frauenkraft, aus dem diesjährigen Samen das nächstjährige Korn aufwachsen zu lassen;
- die rituelle Selbsteinbindung in den Gesamtprozess von Vergehen und Erneuerung.

Wenn Frauen etwa dreimal um einen alten Kultort, ein Waldstück, eine Quelle, einen Stein, herumgehen und die dreifaltige Göttin in ihrem Herzen oder in Form einer Symbolfigur herumtragen, dann begehen sie ein erlösendes und heilendes Ritual sowohl für die Natur dieser Landschaft als auch für die Menschen, die in ihr leben. Sie erlösen sie durch ihre feierliche, beschwörende Begehung vom Fluch menschlicher Missachtung und fangen selbst an, sie von missbräuchlicher Nutzung zu befreien und zu heiligen (E. Kutter, S. 246). Jeder Spaziergang durch

Wald und Flur kann, in einer Gruppe in diesem magischen Bewusstsein begangen, zu einer heiligenden und erlösenden Prozession für die Landschaft und ihre Menschen werden. So wird verständlich, wenn die Drei Jungfrauen in ihrem Wirken als das »Salz des Lebens« bezeichnet werden (E. Kutter, S. 219).

VI

Die Jahreskreisfeste in Europa

Mit den Jahreskreisfesten feiert die Gemeinschaft die kreisende Dynamik des Seins auf symbolischer Ebene. Dabei spiegeln die Feste den natürlichen Jahreskreislauf der Landschaft, und wir feiern mit ihm synchron auch den Zyklus des menschlichen Lebens. Die matriarchale Symbolsprache ist die adäquate Ausdrucksform dafür. Sie hebt in ihrer Ganzheitlichkeit die Spaltung zwischen Mensch und Natur, Subjekt und Objekt, Freund und Feind, Geist und Körper auf. Im rituell gefeierten Symbol verbindet sich die Feiernde mit ihrem eigenen Seelengrund, mit der Gemeinschaft der Feiernden und mit dem sie umgebenden kosmischen Ganzen, das für sie im jahreszeitlichen Rhythmus ihrer Landschaft erlebbar wird. Das bedeutet, dass in diesen Festen unser Geist nicht gezwungen wird, sich vom Körperlichen wegzubewegen und sich auf eine übernatürliche Heilsgeschichte oder auf einen theologisch konstruierten Sinnzusammenhang zu beziehen. Wir werden nicht zu einem »Glauben« gezwungen. Keine willkürliche, männlich-hybride Kopfgeburt wird hier zelebriert, vielmehr wird das Leben selbst gefeiert – in seiner ihm eigenen Erstaunlichkeit.

Die Feste sind mit der erlebten Natur der jeweiligen Weltregion verbunden und unterscheiden sich darum regional. Wie bei uns die kalte und dunkle Jahreszeit als kritische Zeit der Einkehr und des Absterbens erlebt wird, so wird im Orient und in Nordafrika der Tod in der sommerlichen Trockenzeit erfahren. Die Völker in den Tropen dagegen erfahren Absterben und Aufblühen stets gleichzeitig, ein völlig anderes Daseinserleben.

Alle matriarchalen Feste, ganz gleich in welcher Weltregion sie gefeiert werden, stehen im Zusammenhang mit dem Stirb und Werde. Dies wird in den immer gleichen Rhythmen in der Natur und im Rhythmus der familiären Generationenfolge real erlebt und gleichzeitig auf der symbolischen Ebene für das persönliche Leben spirituell vollzogen. Die dynamische Schöpfungsrealität (das Sein) ist also mit der menschlichen Spiritualität (dem Sinn) innerlich aufs engste verbunden, wie umgekehrt die menschliche Sinngebung eng auf das erlebte Sein bezogen ist. Diese Verknüpfung, die man mit einem gemeinsamen Tanz vergleichen könnte, enthält eine Menge Implikationen:

- Im sich wiederholenden mystischen Erleben von Tod und Wiedergeburt wird uns die Angst vor dem Tod genommen.
- Das menschliche Leben wird als integraler Bestandteil der Natur erlebt.
- Die Feiernde gibt sich in das natürliche Kreisen der Natur hinein und steht dadurch zu ihr in einer energetisch-magischen Wechselbeziehung gegenseitiger Bestärkung.
- Die Feiernde begreift das Leben selbst als göttlich und sinnstiftend.
- Die Symbolik des Rituals ist ausschließlich auf die ökologischen Gesetzmäßigkeiten des Lebens bezogen.
- Die Natur und die gesamte kosmische Dynamik wird in ihrer weiblich-mütterlichen Kraft beschworen, die Leben aus sich hervorbringt und Leben wieder zurücknimmt.
- Der Mann wird hineingenommen in den Wechsel von Tod und Geburt, Dunkel und Hell, Yin und Yang und dadurch vor einseitiger Schaffens- und Lichtorientierung, also Yang-Betonung, bewahrt.

Die enge Verknüpfung von Realität (Außenperspektive) und Spiritualität (Innenperspektive) ist eine zutiefst schöpferische und kulturschaffende. Wie das Menstruieren, das Lieben und das Gebären nicht nur biologisch begriffen werden, sondern von seelischer Bedeutsamkeit sind, so hat jede haus-, feld- und gartenbezogene Handarbeit wie Waschen, Kehren, Spinnen, Weben, Säen, Ernten, Mahlen, Teigsäuern, Backen… eine symbolische, magisch-heilende Bedeutung. Es scheint so zu sein, als ob auf der Symbolebene die Synchronizität von Zellprozessen (Außenperspektive, Leibin) und seelischem Erleben (Innenperspektive, Seelin) stattfindet. Dies wird für das seelische Erleben als besonders stimmig und integrativ empfunden, als magisch.

Die matriarchalen Feste werden durch ihre rituelle Praxis und unser »Uns-darauf-Einlassen« energetisch aufgeladen. Rituale sind einfache, aber in ihrer Symbolhaltigkeit komplexe, also spirituell vielschichtige Handlungen, an denen die Einzelne in der Gemeinschaft teilnimmt. Es gibt keine Hierarchie. Die Einzelne findet sich im Numinosen aufgehoben. Ihre Seele ist offen für ihr ureigenes Begehren, für die Gemeinschaft, für die Natur und für das kosmische Ganze. Das nach außen orientierte, Anerkennung heischende Ego tritt zurück oder löst sich in der erlebten Einheit des Ganzen auf. Durch die Jahreskreisfeste kommen wir in eine Ordnung, in der wir Vertrauen ins Ganze und zu uns selbst gewinnen. Darin liegt die magisch-heilende Wirkung des Rituals auf die Einzelne wie auf die Gemeinschaft. Der ganze Alltag der Frauen, aber auch der Männer, war früher von monotonen Arbeiten durchzogen wie Butter stoßen, Teig kneten, Körner zermahlen, Pluderwurst rühren, spinnen, stricken, waschen, keltern, pflügen, säen, mähen, dreschen, kehren… Das alles waren meditativ-magische Handlungen, durch die sich das Ego ins Ganze des Seins hinein auflösen konnte.

Die Jahreskreisfeste bestehen aus vier Sonnenfesten und aus vier Mondfesten. Die vier Sonnenfeste sind in unserem Sonnenkalender exakt datierbar. Das erste Sonnenfest ist Ostara, das Fest des Frühlingserwachens, am 21. März, zur Zeit der Frühlingstagundnachtgleiche. Ihr steht zur Herbsttagundnachtgleiche am 23. September das dritte Sonnenfest gegenüber, das Todesfest des Abstiegs. Das zweite Sonnenfest ist das Mittsommerfest zur Sommersonnenwende am 21. Juni, das Fest der Heiligen Hochzeit und höchsten Entfaltung. Ihm gegenüber steht das Mittwinterfest zur Wintersonnenwende am 21. Dezember, das Fest der Geburt des Lichts. Die Mondfeste sind nicht fest datiert, da sich die Zu- und Abnahme des Mondes nicht in den Rhythmus des Sonnenkalenders einfügt. Dennoch hat man sie im Sonnenkalender fixiert. Das erste Mondfest ist das Lichtfest oder Lichtmess und fällt in den Zeitraum der zweiten zunehmenden Mondsichel, von der Wintersonnenwende aus gezählt. Fixiert wurde es auf den 2. Februar. Das zweite Mondfest ist Walpurgis; es fällt auf den fünften Jahresvollmond. Fixiert hat man es auf die Nacht des 30. April. Es ist eng mit dem Maifest verbunden, das am 1. Mai gefeiert wird. Dann folgt mit der achten abnehmenden Mondsichel das Schnitterinfest, das Fest zum Erntebeginn. Fixiert wurde es auf den 2. August. Das Ahninnenfest fällt auf den elften Neumond. Es steht als Halloween-Fest in der Nacht auf den 1. November im Kalender. Alle Feste bilden zusammen in alternierender Reihenfolge die acht Jahreskreisfeste unserer Weltregion. Den Abschluss bildet das Fest der Erscheinung der Großen Dreifaltigen Göttin am 6. Januar, das auch als Anfang gesehen werden kann.

Die Sonnenfeste sind bewusstseinsnähere Feste. Sie feiern den Lebenswechsel in der Natur der Kulturlandschaft und werden zu den Lebensphasen des Menschen von der Geburt bis zum Tod in Analogie gesetzt. Mythologisch transformiert sich mit der Landschaft die Göttin (die junge töchterliche, die reife mütterliche und die alte großmütterliche) beziehungsweise ihr Heros, der im Frühling erblüht (Aufstieg), an Mittsommer mit ihr die heilige Hochzeit feiert (Liebe) und im Herbst erstirbt (Abstieg), um an Mitwinter von ihr neu geboren zu werden (Wiedergeburt).

Die Mondfeste sind andersweltorientierte Seelenfeste und vermutlich älter als die Sonnenfeste. Sie gehörten ursprünglich wohl zu einem spezifischen Frauenkult, in dem der weibliche Monatszyklus zu den Mondphasen in Analogie stand, wobei die Phase des abnehmenden Mondes keine Entsprechung zum weiblichen Zyklus hat. Mythologisch tanzen die Drei Jungfrauen um die runde Hystera (Gebärmutter), symbolisiert im goldborstigen Schwein (griechisch *hys*). Dieser ursprünglich am Mondwechsel orientierte kultische Reigen wurde später offenbar in den Jahreskreis des Sonnenkalenders integriert. So wurden die Menstruationsphasen mit den weiblichen Lebensphasen verknüpft: jung und vormenstruell (Lichtmess, Individuation), reif und menstruell (Walpurgis, Pro-ligio) und alt und nachmenstruell (Ahninnenfest, Re-ligio). Außerdem entwikkelte sich ein viertes Mondfest der abnehmenden Mondsichel mit eigener Bedeutung (Erntefest, Dividuation).

Jedem Fest steht ein Fest gegenüber, auf das es komplementär bezogen ist, so dass die acht Feste eigentlich vier Festpaare darstellen, wobei jedes progressive Yang-Fest der ersten Jahreshälfte des zunehmenden Lichts (Lichtmess bis Mittsommer) mit dem ihm gegenüberliegenden regressiven Yin-Fest der zweiten Jahreshälfte des abnehmenden Lichts (Schnitterinfest bis Mittwinter) ein Paar bildet:

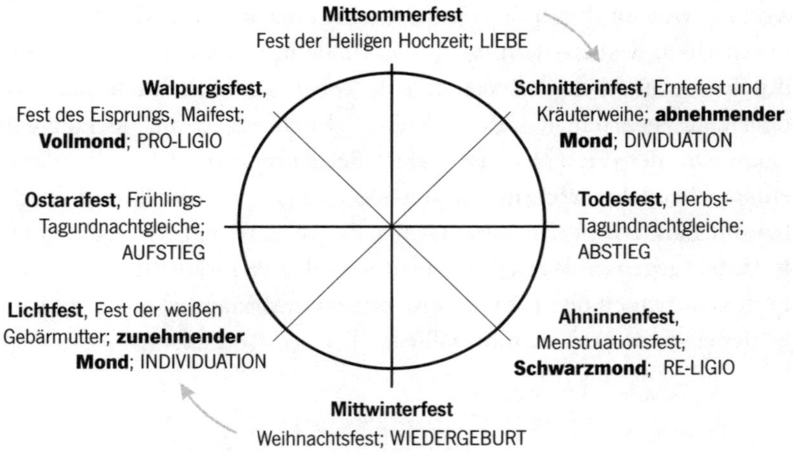

Die Gruppenrituale haben einen Rahmen, ähnlich dem, der in der Alma-Mater-Akademie in Karlsruhe von Sigrun Laurent mit den angehenden Ritualleiterinnen oder dem, der in der Hagia-Akademie in Winzer von Heide Göttner-Abendroth mit den angehenden Priesterinnen gepflegt wird.

Die Frauen sind in den jahreszeitlichen Ritualfarben gekleidet. Sie könnten auch in Alltagskleidung oder in ihren Altersfarben gekleidet sein: die Kinder in weiß, menstruierende Mädchen weiß mit einem roten Tuch oder Band, die reifen Frauen in rot mit weißem Unterkleid, die nachmenstruierenden Frauen mit schwarzem Mantel über dem roten Unterkleid, dazu goldene Accessoires. Beteiligte Männer und ältere Jungen sollten sich mit den jahreszeitlichen Farben der Flur schmücken: an Lichtmess weiß, hellblau und silber, an Ostara gelb und grün, an Walpurgis bunt, zu Mittsommer viel rot, zum Schnitterinfest ocker und schwarz, zum Todesfest weinrot, orange und nachtblau, zum Ahninnenfest schwarz und grau und zu Mittwinter schwarz mit weiß und gold. Männer können auch in mythischen Tiermasken erscheinen.

Der Ritualplatz wird durch die Mitte bestimmt und in Form eines Mandalas oder Kreises (Vulva) gestaltet: Sie wird durch mitgebrachte Tücher in den jahreszeitlichen Farben gekennzeichnet, Göttinnenfiguren, auch als Steine oder Bretter, durch Blumen und Zweige, durch Gaben wie Gebildebrote... Die vier Himmelsrichtungen – und damit das kosmische

Kreuz – werden durch die vier Elemente angedeutet: Erde im Norden durch einen weißen Stein oder eine Schale mit Erde, Wasser im Osten durch eine Muschel oder Wasserschale, Feuer im Süden durch eine Kerze oder eine Feuerschale, Luft im Westen durch eine Feder oder Bänder. Dann wird der Ritualplatz dreimal im Reigen mitsonnen, also linksläufig entsprechend den Jahreskreisfesten (s.o.) umgangen. Man grenzt ihn dabei mit Bändern in den Ritualfarben ab. Dann reinigt frau sich, indem frau sich gegenseitig mit Salbeiblättern oder Weihrauchharz räuchert. Frau fasst sich an den Händen und bildet einen Energiekreis. Dies kann begleitet werden mit dem Rituallied:

Alles ist allezeit verbunden.
Wir sind eins wie in einem großen Netz.

Oder:

Wir sind ein Kreis in einem Kreis,
ohne Anfang und ohne Ende.

Dann ruft frau die vier Himmelsmächte an mit folgenden Worten:

Wir rufen die Kraft des Ostens, des Morgens, des Frühlings:
Schöpfungskraft, Ostara, lebendiges Wasser.
Wir rufen die Kraft des Südens, des Mittags, des Sommers:
Kraft der Liebe, Holde Freyfrau, belebendes Erosfeuer.
Wir rufen die Kraft des Westens, des Abends, des Herbstes:
schwarze Madonna, weise Mutter, Todesdunkel,
Wir rufen die Kraft des Nordens, der Nacht, des Winters:
Andersweltin, Erneuerin mit dem magischen Kessel der Wandlung.

Danach beginnt das Festritual. Am Ende verabschiedet frau die vier Himmelsmächte, indem frau ihnen für ihre Anwesenheit dankt und sie entlässt. Anschließend kann Mitgebrachtes gemeinsam gegessen werden.

Sind Männer beteiligt, dann sollten sie zur Verstärkung des Schutzkreises während des Rituals außerhalb der Bänder stehen, mit den Frauen mitsingen, vielleicht auch die Trommel schlagen oder in der Maske bestimmter Symbolwesen tanzen, aber nicht im Energiekreis der Frauen stehen. Kinder sollten mit den Frauen in den priesterlichen Farben im

Kreis stehen. Heranwachsende Jungen stehen bei den Männern im äußeren Schutzkreis in den jahreszeitlichen Farben.

Das erste Festpaar der zu- und abnehmenden Mondsichel

Erstes Mondfest der zweiten zunehmenden Mondsichel

Lichtmess/Segnungsfest im Hochwinter (2. Februar) und seine Festperiode: Individuation

Lichtmess (= Lichtspirale) im Hochwinter wird dadurch bestimmt, dass während der Festtage die Tage gegenüber den Nächten an Länge stetig zunehmen. Es ist die Zeit der zweiten zunehmenden Mondsichel (nach der Wintersonnwende). Der Schnee überzieht die Landschaft und schützt die Erde vor dem eisigen Frost. Als Wasserspeicher dient der Schnee auch dem späteren Aufkeimen in den Feldern. Doch schon zeigen sich die ersten duftenden Holunderblättchen. In diesen Tagen schießt auch die erste Milch in die Euter der Mutterschafe, und die Bärin kommt mit ihrem Jungen aus ihrem winterlichen Versteck.

Auf der Symbolebene des Seelischen bringt die weiße Göttin mit ihrem leuchtenden Gral mitten im Winter die ersten Lichtfunken für jedes Geschöpf (Individuation). Brigida (vergleiche englisch *bright*) wird die Erweckende und Segensreiche vielfach genannt. Die Farbe Weiß kennzeichnet sie als Junge, Frische, Inspirierende. Die junge Göttin ist geboren aus der alten. Die Farbe Weiß stimmt auch mit dem Schnee überein, der als ihr beschützender winterlicher Mantel angesehen wird, unter dem die ungeborenen Seelen Schutz gefunden haben.

Die Farbe Weiß entspricht auch der ersten Phase des weiblichen Zyklus, die an diesem ersten Mondfest gefeiert wird: die mädchenhafte Gebärmutter. Die tanzende Jungfrau Brigid streut aus ihrem Gral die inspirierenden Funken. Die Souveränität der Frau zeigt sich im Bild der amazonischen Jägerin (Diana, Artemis), die als Hindin zusammen mit ihren Wildkatzen die Todestiere, den Wolf und den Keiler, abwehrt und unschädlich macht und den weißen Hirsch mit ihrem Eros-Pfeil trifft.

Jetzt erstarkt auch der Lichtsohn (Freyr), und seine Wärme nimmt zu. Mit seinen Lichtstrahlen (Skirnir) erwärmt er die Erde (Gerda), und sie taut auf. Der Sohn mit dem magischen Hammer (Thor) erweicht alles Alte und Harte, Steinerne und Eisige. Die Erregung des Lebens lässt sich nicht aufhalten. Unter der winterlichen Oberfläche tut sich etwas. Das Leben beginnt. Wir fangen die Seelenfunken der Inspiration im magischen Kessel (Odrörir, Dichtermet) auf. Wenn der einäugige Mondsohn (Wodan) mit seinem weißen Speer unser Ego trifft, fallen wir in einen mystisch-ekstatischen Rausch.

Ein Ritual in dieser Zeit ist bis heute die Fasnacht, die Faselnacht, das Fasnachtstreiben. Es ist von einem fröhlichen Chaos geprägt. Nichts ist der Närrin mehr heilig. Die Närrin selbst aber ist heilig und genießt alle individuelle Freiheit. Alles wird durcheinandergeschüttelt und auf den Kopf gestellt. Nichts ist mehr sicher. Selbst die eigene Person wird in Frage gestellt. Jede mir teure Ich-Ergänzung, über die ich mir Anerkennung geholt habe, wird verhöhnt und verlacht und aufgelöst. Das erstarrte Ego wird zerstückt, bis kein gutes Haar mehr an ihm bleibt. Das Leben rumort untergründig und subversiv, und für alle, die sich allzu gut eingerichtet haben, ist dies beängstigend: Verkaufe alles, was du hast, und gib's den Armen (Mk. 10,21), hahahaha! Das Leben will neu aufbrechen, wie neuer Wein, der auch neue Schläuche braucht, weil er die alten zum Platzen bringt (Mk. 2,22), hahahaha! Das Chaos ist der Humus, der Mutterboden für Neues, für das uranfängliche Angesicht des Selbst.

Jakob Grimm berichtet in seiner Deutschen Mythologie auf den Seiten 214 und 217 von einem über Land ziehenden Schiffswagen der Frau Holle im Jahr 1133, die in ihrer durch eine Wasserfahrt verjüngten Frühlingsgestalt mit ihrem geheimnisvoll verhüllten Wagen Frieden und Fruchtbarkeit brachte. Überall, wo der von Kühen gezogene Schiffswagen ankam, wurde er mit Freudengeschrei, Gesang und Tanz empfangen. Berauscht durch die Mond-Schiff-Symbolik (Vulva und Phallus) lärmten verschiedene Arten von Musikern, und man sang schmotzige, also schlüpfrige Lieder. Scharen von Frauen kamen bei aufleuchtender Mondsichel aus ihren Häusern, herangelockt vom Lärm, völlig frei und mit gelösten Haaren, halbnackt oder nur mit einem einfachen Umhang umhüllt, und drangen ohne Scham zwischen die, welche um das Schiff herum Tänze aufführten.

Bis zu tausend Leute, Frauen und Männer, feierten bei solchen Anlässen unter tranceartigem Taktschlagen und Skandieren bis tief in die Nacht.

Die spirituelle Kernaussage von Lichtmess lautet:

Eine untergründige Erneuerung erregt das Land.
Inspiration und Rausch befallen uns; nur Spaß oder auch Ernst?
Die Frauen feiern die Souveränität und Freiheit ihres Willens.

Wortverbindung aufnehmen zur Betenkraft:

Göttin des Lichts und der Inspiration,
dein Leib ist der Lichtmess-Gral.
Wir fangen deine Feuerfunken in unserem Kessel auf:
Verrücktsein und Begeisterung.
Wir singen und tanzen, dichten und mimen,
wir kochen und brauen, rühren und schmecken.
Wir trinken dich, bis wir umfallen,
wir, deine heiligen Närrinnen und Narren,
sind selbst Brühkessel deiner Arznei,
Entflammte deiner Funken, Wanderinnen ungeahnter Wege.
Wir halten uns vom Leib, was wir nicht wollen.
Wir lassen uns berühren von dem, was uns berührt.

Leibverbindung aufnehmen zur Betenkraft

Die Frauen als Priesterinnen der Göttin kleiden sich silbern und weiß. Kleine angenähte Glöckchen können das neu sich regende Leben ankündigen. Sie entzünden das Feuer der Inspiration. Wildes Tanzen, Faseln, unartikuliertes Singen oder Spottverse-Sagen stehen im Zentrum des Festes. Wenn Männer mittanzen wollen, müssen sie sich weiße Frauenkleider anziehen. Weiße Nachthemden mit kleinen Schellen, sogenannte »Hemdglonkerle«, sind bis heute eine traditionelle Fasnachtskleidung.

Das Fest ist aber nicht nur Fasnachtslärmen. Eine Trommel sollte gleichmäßig schlagen, darüber können sich feinere Flötenmelodien legen, feine Metallklänge oder die zarten Naturtöne der Windflöte.

Thor bewegt sich mit dem Hammer, Freyr tanzt mit dem Sonnenstrahl (goldener Stab) und steckt ihn immer wieder tief in die Erde. Der

Bär tanzt und will sich mit der weißen Jägerin Brigid (Strohpuppe) vermählen (pyrenäischer Brauch). Jägerinnen jagen mit ihren Pfeilen Wolf, Hirsch und Keiler, die sich ihnen ergeben. Aus einem Füllhorn wirft Pandora segensreiche Seelenfunken (Reiskörner, Haferkörner) wie Konfettis in die Höhe. Sie werden von den anderen mit dem magischen Kessel aufgefangen.

Im Kessel wird über dem Feuer ein glühweinartiges Mischgetränk gebraut und getrunken. Und weiter wird getanzt. Diejenige, die Wodan mit dem Speer berührt, fällt in tiefe Trance.

Als Lied ist das Lied vom Kuckuck geeignet, der im Herbst vom Jägersmann mit seinem weißen Speer in die Anderswelt geschickt wurde, aber im Frühjahr wieder auftaucht:

Auf einem Baum ein Kuckuck –
simsalabimbamba saladu saladim
Auf einem Baum ein Kuckuck saß.

Da kam ein dunkler Jägers – simsala… - mann.
Der schoß den armen Kuckuck – simsala… - tot
Doch als ein Jahr vergangen – war
Da war der Kuckuck wieder – da
Da freun sich alle Mägdlein – sehr

Vielleicht ist die Mitte des Ritualkreises auch ein Schiffswagen, dessen Inneres mit einem großen weißen Tuch verdeckt ist, das verschleierte Lebensgeheimnis. Mit diesem Schiffswagen ziehen die Ritualteilnehmerinnen in diesen Tagen herum. Lebenswasser wird dabei verspritzt, Süßes und Salziges wird aus den Büchsen und Füllhörnern unter die Leute geworfen, eben alles, was das Leben so bringt, Freude und Leid. Sehr gut passt auch das Lied von den Drei Jungfrauen, von denen die Weiße (Borbet, Brigid) an Lichtmess das zunehmende Licht der Sonne herauslässt:

Hoppe, hoppe Rössle,
in Stuegert steht a Schlössle,
in Stuegert steht a goldigs Haus,
gucke drei schöne Mädle raus.

Die eine spinnt Seide,
die zweite schnitzt Kreide,
die dritte, die machts Törle auf
und lässt die goldig Sonne raus.

Zur Symbolik von Schiffswagen und zunehmender Mondsichel: Das Innere des Schiffswagens ist verhüllt. Dies bedeutet, dass das Geheimnis von weiblicher Schöpferkraft und Fruchtbarkeit bewahrt wird und vor Übergriffen unzugänglich bleibt.

Mit dem Schiffswagen bricht die Große Göttin von Osten auf, von wo auch ihr pelasgischer Heros (Dionysos) mit einem Schiff übers Meer kommt, umgeben von lebensfrohen Delphinen. Inanna hat in ihrem Mondsichelboot all ihre Machtgaben geladen zum Wohle der Menschen: die Weisheit, die Macht des Todes und der Erneuerung und vor allem die Macht der Liebe und der weiblichen Erotik. Die nordische Erdgöttin Nerthus fährt im Frühling mit ihrem Kuhwagen durchs Wasser, um sich als Symbol für die Schöpferkraft der Erde zu verjüngen und neu zu aktivieren. Dasselbe macht die mitteleuropäische Holle, die mit ihrem Schiffswagen durch den Rhein fährt, durch den Achensee oder den Inn. Ihre Nachfolgerin ist die Heilige Notburga. Das alte Kirchenlied mag noch eine Spur dieser weiblichen Seinsmacht in seiner Symbolsprache durchschimmern lassen: Es kommt ein Schiff geladen bis an sein höchsten Bord (EKG 4).

Drittes Mondfest der achten abnehmenden Mondsichel

Das Schnitterinfest im Hochsommer (2. August) und seine Festperiode: Dividuation

Lichtmess gegenüber liegt das Schnitterinfest. Es ist durch seine Yin-Energie bestimmt, die daher rührt, dass nun die Tage ab- und die Nächte wieder stetig zunehmen. Der Himmelsbogen der Sonne wird flacher. Wir befinden uns zwar mitten im Sommer, und die Menschen sind in aktiver Erntestimmung, doch die Erntezeit, die überall anbricht, zeigt, dass das Korn reif ist und die Sichel angesetzt werden muss.

Auf der Symbolebene beginnt die schwarze Seelin mitten im Sommer ihr Todeswerk: Mitten wir im Leben sind, von dem Tod umfangen (EKG 309).

Die Todesschwester Persephone ist die Drescherin des Korns. Die Farbe Schwarz stimmt auch mit der schwarzen Ackererde überein, die nun nach der Ernte deutlich hervortritt. Das Große Einsammeln beginnt, und die Schnitterinnen sind die Priesterinnen. Der goldene Kornsohn ist der erste, der sterben muss. Er wird geschnitten, gedroschen, zermahlen, gebacken, gegessen und verdaut. Und der Kornwolf (Fenris), das verdauende Schöpfertier, steht bereit. Wer sich zu viel Zeit lässt mit der Ernte, den holt der Wolf, sagt der Volksmund, und niemand will der Letzte sein. Doch wir alle gehören in diesem Sinne zu den Schöpfertieren, die das Brot des Lebens essen und verdauen. Und es ist nicht nur der Kornsohn, der sterben muss, sondern auch der Sohn des Weinstocks und das geschlachtete Lamm, das wir essen. Jesu priesterliche Worte als Abbild der Schöpfung haben hier ihre Wurzeln (vgl. Mk. 14,22-24):

> Er nahm das Brot, brach es, gab es ihnen
> und sprach: Nehmet! Das ist mein Leib.
> Er nahm den Kelch, gab ihnen denselben, und sie tranken.
> Er sprach: Das ist mein Blut.

Und letztlich müssen auch wir selber sterben, um Platz zu machen für unsere Kinder und Kindeskinder. Aber die Erneuerungskraft, das ist der Trost der Göttin, wird alles Leben erneuern.

Die Weisheit weist uns auf einen weiteren Lebenszusammenhang hin: Der Segen dieses Festes fließt in die Breite (Dividuation, sich austeilen). Wie sich die reife Kornfrucht über die Landschaft ausbreitet, so soll sich auch der Vorgang des Brotteilens (Mk. 8,1-8), der den reichen Segen symbolisiert, ausbreiten über die Menschen. Der Reichtum darf sich nicht in den Häusern stauen (Lk. 12,13-20).

Das Ernten selbst ist eigentlich das Ritual, ebenso das Schlachten. Wir sind in diesem heiligen Geschäft Helfer der Tödin und wissen dabei immer, dass wir auch das Geschöpf sind, das wir in diesem großen Ritual opfern, denn wir werden selbst einmal von der Tödin mit der Sichel geschnitten, damit die leben, die nach uns kommen. Da hilft es uns auch nicht, wenn wir den Erntesegen für uns alleine bunkern und ihn nicht in die Breite fließen lassen (vgl. Lk. 12,13-21). Wichtig ist, dass wir uns der Heiligkeit unseres Tuns bewusst sind und an diese Zusammenhänge denken, dass wir weder besinnungslos massakrieren und Raubbau treiben noch besinnungslos einheimsen, scheffeln und Gewinne maximieren. Wir sollen uns der Schuld bewusst sein, dass wir immer Leben opfern müssen, um selber zu leben, und unseren Segen teilen müssen, damit alle leben. Die Schnitterin-Göttin ist Landschaftsgöttin und damit auch Mutter aller Pflanzen, Tiere und Menschen. Darum haben ihre Priesterinnen immer darauf geachtet, dass die Regeln eingehalten werden beim Ernten, Keltern und Schlachten, aus denen die Ehrfurcht vor dem Leben spricht, die heiligen Regeln des Nehmens und des Zurückgebens.

Auch in diesem Fest taucht der Schiffswagen der Holle wieder auf. Diesmal aber sammelt die Göttin die Seelen der verstorbenen Lebewesen ein. Und Wodan hilft ihr als Gevatter Hein. Der Wagen ist übervoll, und viele Seelen ziehen noch hinterher, ein großer Totenzug, der bis zum Winter dauert und in den Rau(c)hnächten zu einem »Wilden Heer« anschwillt, das schließlich mit dem einäugigen alten Seelenmann Richtung Westen abzieht, wo die Seelen tief in den Seelenteichen der Seelenberge bis zu ihrer Wiedergeburt gehütet werden. Auch diesmal heißt es: Es kommt ein Schiff geladen bis an sein höchsten Bord (EKG 4). Doch diesmal ist das Schiff unter dem schwarzen Tuch voll der abgeschnittenen Seelen, denn die Mondsichel ist nun, wie das Sonnenlicht, abnehmend, es ist die Schnitterinsichel. Das Wasser, in dem der mythische Schiffswagen mit seiner heiligen Fracht abtaucht, ist das Wasser des Todes und der Erneuerung (vgl. Taufwasser).

Auf den Menstruationszyklus bezogen, weist das Fest mit seinem abnehmenden Mond auf den Übergang zur schwarzen Phase der dritten tanzenden Jungfrau des weiblichen Zyklus. Vielleicht beginnt auch sie schon, mit dem absterbenden Ei, die vielen ungeborenen Seelchen zurückzuholen.

Die spirituelle Kernaussage des Schnitterinfests lautet:

Eine Schnitterin geht über das Land und zeigt sich als Tödin.
Mit mutigem Schnitt wollen wir den Überfluss fließen lassen.

Wortverbindung aufnehmen zur Betenkraft

Göttin der Ernte, du schneidest mit deiner scharfen Sichel,
du schneidest, wo geschnitten werden muss,
mitten ins Leben hinein.
Tod-im-Leben-Göttin, lehre uns den Gebrauch der Sichel,
um das Reife zu schneiden und weiter umzuformen:
Kräuter zu Tees und Salben und Arzneien,
die helfen, zu heilen und Schmerzen zu lindern.
Ähren zu Korn und Korn zu Mehl und Mehl zu Teig;
und den Teig säuern, bis er ganz durchsäuert ist,
und ihn ausbacken im Brotofen zum Brot des Lebens,
das wir teilen, auf dass wir alle satt werden
bis zu dem Tag, an dem wir selbst geschnitten werden
und wegfahren auf deinem großen Schiff.

Leibverbindung aufnehmen zur Betenkraft

Das heilige Tun ist, wie oben schon erwähnt, das Ernten und Dreschen, das Schlachten und Wursten selbst. Darum sind alle Rituale lediglich Ergänzungen dazu.

Die Mitte des Ritualkreises wird mit schwarzen und ockerfarbenen Tüchern gebildet, auf denen verschiedene Ähren liegen.

Die Priesterinnen schneiden sich Ähren, um eine Kornmuhme, eine Kornmutter, zu binden, jede für sich eine kleine oder alle zusammen eine große. Die Kornmuhme wird aufs abgeerntete Feld gesteckt. Mit diesem Ritual wird auch symbolisch zum Ausdruck gebracht, dass wir immer etwas zurückhalten müssen, damit aus dem Rest (Saatgut) wieder neue Nahrung nachwachsen kann.

Trickstergestalten, die aus dem Korn auftauchen, wollen die Schnitterinnen von ihrer Arbeit abhalten. Sie verlocken durch Flötenspiel oder durch Neckereien. Sie können auch von Männern in ocker und schwarz dargestellt werden.

Die Priesterinnen in ihren Ritualfarben tragen während ihres Reigens eine Sichel oder ein Kräutermesser bei sich und deuten das Schneiden an. Sie singen:

Heo, spann den Wagen an!
Sieh, der Wind treibt Regen übers Land!
Hol die goldnen Garben!
Hol die goldnen Garben!

Beim Ernten – und auch beim Schlachten – kommt es auf den entschlossenen Schnitt an. Dieses entschlossene Durchtrennen ist eine wichtige Kompetenz im Leben. Meist muss Überflüssiges und unnötig Belastendes abgetrennt werden. Beim Schnitterinnenfest geht es aber vor allem um den Tod des Geschöpfs. Die Geschöpflichkeit wurde durch den Mann symbolisiert. Männliche Tiere sind ja auch in der Regel die Schlachttiere. Man könnte rituell das Töten nachspielen, wenn der Korngott, der Weingott, das Lamm, der Stier und das Schwein getötet werden.

Das Fest könnte durch gemeinsames Herstellen von Brotteig und durch das Rösten von Stockbrot beendet werden. Das Brotbrechen und Brotverteilen wäre ein wichtiges Ritual. Auch Grillfleisch könnte man reichen und aus einem gemeinsamen Kelch Wein dazu trinken (Kommunio auf der Basis des Todes von Geschöpfen). Dies wäre ein alltäglicher Essensvorgang. Begleiten könnte man ihn unter verschiedenen Gesichtspunkten:

Einfaches Danken:

Erde, die's hervorgebracht,
Sonne, die es reif gemacht,
liebe Sonne, liebe Erde,
euer nie vergessen werde.

Oder:

Komm, Große Mutter, sei du unser Gast,
und segne, was du uns bescheret hast.

Einfache Besinnung:

Das Tier wurde geschlachtet, es wurde nicht gefragt.
In stiller Ehrfurcht vor dem Leben essen wir sein Fleisch.

Exkurs zur Problematik des Bet(h)ens bei Tisch

Das Tischgebet ist ein wichtiges tägliches Ritual. Es kann als Weiterführung dieses Festes durch das ganze Jahr hindurch verstanden werden. Man fasst sich an den Händen und spricht zum Beispiel eines der obigen Dankgebete.

Die Massentierhaltung und das tausendfache industrielle Schlachten heute ist ein großes Problem. Zu matriarchalen Zeiten wurden die ausgewählten zumeist männlichen Schlachttiere besonders geschmückt, und man bat sie um Vergebung. Zum Schlachtfest lud man seine Nachbarn und Freunde ein. Wie stark in frauenbeseelter Zeit die Nähe zwischen Mensch und Tier war, zeigt ein archaisches rumänisches »Weihnachtslied«, in dem ein stickendes Mädchen in einer Wiege von einem Hirsch im Geweih getragen wird und ihn bittet:

Mach meine Hochzeit mit deinem Fleisch,
bau mein Haus aus deinen Knochen,
decke es mit deinem Fell,
streiche es mit deinem Blut,
hänge deinen Schädel über mein Tor,
mach gute Trinkbecher aus deinen Hufen.

(M. Gimbutas, Die Sprache..., S. 115)

Vielleicht ändert sich bei uns einmal was. Unter den heutigen Bedingungen kann man eigentlich mit gutem Gewissen kein Fleisch oder Tierprodukte mehr essen. Die Tiere werden auf engem Raum gehalten und können die ihnen eigenen Verhaltensweisen oft nicht leben. Sie werden erbarmungslos gemästet und schließlich nach kurzem, leidvollem Leben maschinell getötet. Jeder Dank an das Tier vor dem Essen wäre zynisch. Eine Schweigeminute wäre angebrachter.

Andererseits können sich Haus- und Wildtiere nur soweit ausbreiten, wie es der Nahrungsvorrat ihres Lebensraums erlaubt. Ein Weidegebiet reicht nur für eine bestimmte Anzahl zum Beispiel von Schafen. Eine Steuerung ist nur durch Geburtenkontrolle – wie auch beim Menschen! – oder eben durch Schlachten oder– bei Fehlen natürlicher Feinde – das Bejagen möglich.

Weitere Feste in der Erntefestzeit

Der Hohe Frauentag und die Kräuterweihe (15. August)

In unmittelbarem Zusammenhang mit dem Schnitterinfest steht der Hohe Frauentag. Es ist der alte Festtag der kleinasiatischen Artemis, der Magna Mater des Lebens und des Todes, der Verkörperung der weiblichen Urkraft, der aus sich heraus lebenden und Leben schaffenden Frau, deren integrative Schöpfungskraft alle Bereiche des Geistes umfasste: Sie war Muse, Dichterin, Handwerkerin, Tänzerin, Städtebauerin, Erfinderin vieler Künste und Hüterin des gesellschaftlichen Zusammenhalts (E. Kutter, S. 260f). Artemis wurde nach ihrer Mythe aus dem Meer geboren. Am 15. August wurde ihre Statue in Ephesus feierlich ans Meer getragen und untergetaucht, um ihre jungfräuliche Erneuerungskraft zu beschwören. Anschließend feierte man ein rituelles Mahl, eine Art Kommunio, bei dem das Salz wichtig war (E. Kutter, S. 278). Dieses verjüngende, regenerierende und rekreierende Bad kennt frau auch von den mitteleuropäischen Erdgöttinnen Hertha/Bertha/Nertha (alias Notburga) und auch von Frau Holle, die samt ihrem Ochsengespann durch den Achensee oder den Inn fährt. Rituell wurden laut Heide Göttner-Abendroth das verjüngende Bad auch mit magischen Steinen als Göttinsymbole begangen (Matriarchale Landschaftsmythologie, S. 49). Noch 1333 wohnt der Frühhumanist Petrarca, so berichtet es Erni Kutter, am Johannisabend, also einige Tage nach der Sonnwende, in Köln einem ausgelassenen Bad der Frauen im Rhein bei, die sich dort in festlicher Kleidung den Fluten des Flusses überließen. Auch dies war sicher angesichts der beginnenden dunklen Jahreshälfte eine Beschwörung der weiblichen Erneuerungskräfte der Erde (S. 279).

Der Hohe Frauentag steht am Beginn einer dreißigtägigen Kultzeit, die vornehmlich dem Kräuter- und Wurzelsammeln gewidmet ist. Diese Kräuter symbolisieren die weibliche Potenz, die Frauenkraft. Das Kräutersammeln steht also ganz im Dienst der das Leben unterstützenden autonomen Jungfrauen-Energie, der weiblichen Souveränität und seiner in ganzheitlichem Sinne heilsamen Selbst- und Seinsbestimmung. Zu dieser Selbstbestimmtheit der jungfräulich-souveränen Frau gehört vor allem die Frage der Geburtenregelung (der Schwangerschaftsverhütung und des Schwangerschaftsabbruchs), die nicht nur eine ganz persönliche Frage war, sondern immer schon eine eminent gesellschaftlich-politische. Heute könnte man angesichts des Zustands der Welt von einer Frage von globaler Bedeutung sprechen. Die »kräuterkundigen Frauen« waren immer schon eine Gefahr für das patriarchale System und werden es hoffentlich bald wieder sein.

Die Heilkräuter werden von den Schnitterinnen mit einem Kräutermesser oder einer Kräutersichel geschnitten. Ringe, Gürtel und Schuhe wurden vorher aus Ehrfurcht und Ausdruck von Nacktheit gegenüber den Kräutern abgelegt (S. 289). Das Aussuchen der Kräuter soll intuitiv erfolgen. Dabei spielen der Geruch der Pflanze, ihr Aussehen, ihre Wirkung und Ansprache der Sammlerin eine bedeutsame Rolle. Der Dialog mit der Pflanze und ihr Einverständnis, von der Frau geschnitten zu werden, sind wichtig. Von jedem gewählten Kraut sollen nicht mehr als drei Stängel geschnitten werden, insgesamt 3 x 3 oder 3 x 24 Teile. Die Schnitterinnen binden die Kräuter zu einem Kräuterwisch oder Kräuterbuschen zusammen. Aus der Mitte des Gebindes ragt die Königskerze heraus. Der Kräuterwisch wird mit Heilungsenergie aufgeladen und mit Wasser gesegnet und später zum Trocknen aufgehängt. Der letztjährige wird am 6. Januar verbrannt.

Ein besonderes Kraut ist die Artemisia (auch Beifuß), benannt nach der Symbolgestalt der freiheitsliebenden weiblichen Kräfte, Diana/Artemis, der wilden Frau und Zyklusgöttin von Tod und Leben. Mit Hilfe eines Artemisia-Tees kann die ungewollt Schwangere ihr ungeborenes Kind dazu bewegen, wieder zu gehen.

Ein anderes wichtiges Kraut ist das Johanniskraut mit blutrotem Saft, der an das Frauenbluten erinnert. Sein Tee wirkt belebend und verscheucht depressive Verstimmungen.

Ein drittes Kraut ist die heilsame Königskerze, die prächtige Mitte jedes Kräuterbuschen. Sie ist das Kraut der Wettermacherin Holle, der Göttin des Wasserkreislaufs, hoch oben in den Wolken und unten in der Tiefe der Quellen, Brunnen und Teiche. Sie ist das Szepter der Göttin, das mit seiner Folge von aufgehenden und welkenden Blüten ebenfalls den kosmischen Zyklus von Tod und Wiedergeburt symbolisiert, die zu- und abnehmende Sonne sowie den Mond. Sie stärkt das Herz, vitalisiert und ermutigt den Menschen. E. Kutter zitiert (S. 258) ein altes Marienlied, in dem ursprünglich die Königskerze selbst als Himmelskönigin angesprochen wurde:

Maria, Himmelskönigin,
der Engel hohe Herrscherin,
o Wurzel, der das Heil entsprießt,
du Tor des Lichtes, sei gegrüßt.

Weitere Kräuter für die Frauen sind Frauenmantel, Kamille, Ringelblume, Eisenkraut, Rosmarin, Löwenzahn, Wegwarte und Weinraute.

Der Zusammenhang zwischen der Himmelskönigin und dem Hohen Frauentag wird klar, wenn man bedenkt, dass der Hohe Frauentag der Kräuterweihe zu Mariä Himmelfahrt christianisiert wurde.

Die Mitte des Ritualkreises wird mit schwarzen und ockerfarbenen Tüchern gebildet, auf denen die gesammelten Kräuterwische liegen. Räucherkessel werden aufgestellt. Geräuchert wird Salbei. Aufgebrüht werden Johanniskraut, Artemisia und Königskerze.

Die Priesterinnen in ihren Ritualfarben tragen während ihres Reigens eine Sichel oder ein Kräutermesser bei sich und deuten das Schneiden an. Sie singen:

Der Fluss möchte fließen,
ins Meer sich ergießen.
Der Fluss möchte fließen,
zurück in das Meer.

Erde, du trägst mich heim,
dein Kind will ich immer sein.
Erde, du trägst mich heim,
zurück in das Meer.

Der Frauendreißiger (15. August bis 8. September)

Die Zahl dreißig ist ein deutlicher Hinweis auf den Zyklus von Tod und Leben. Sowohl der Mondzyklus als auch der Menstruationszyklus dauern etwa dreißig Tage. Dreißig Tage soll sich nach süddeutschem Totenbrauch die Seele eines Verstorbenen in der Nähe ihres Wohnbereichs aufhalten. Am bedeutsamsten scheint jedoch zur Erklärung des Frauendreißiger das zu sein, was sich in dieser Zeit am Sternenhimmel abspielt. Erni Kutter weist darauf hin, dass das rituelle Sterben und Wiedergeborenwerden der jungfräulichen Artemis seit dem 5. Jahrhundert v. u. Z. just an dem Tag erfolgte, an dem sich die Sonne auf ihrem jährlichen Weg durch das Sternbild der Jungfrau dem sogenannten Madonnenstern Spica näherte und diesen hellsten Stern im Sternbild durch ihr Strahlen am Abendhimmel zum Verschwinden brachte.

> Genau dreieinhalb Wochen später, am 8. September, wurde die Spica am Morgenhimmel kurz vor Sonnenaufgang wieder sichtbar. Sie trat aus der Sonne hervor. …
>
> Und obwohl der Zeitraum nicht 30, sondern 23 1/2 Tage umfasst, wird die Kultzeit der Jungfrau noch immer Frauendreißiger genannt und orientiert sich am »Tod« der Spica und ihrer »Wiedergeburt«. (E. Kutter, S. 300)

In Analogie zu diesem kultischen Geschehen datierte man kirchlicherseits die Himmelfahrt Mariä auf den 15. August, ihre Geburt auf den 8. September. Dabei wurde aber der ursprüngliche Zusammenhang mit dem kosmischen Geschehen von Tod und Wiedergeburt verschwiegen.

Erweitert man jedoch den Frauendreißiger auf tatsächlich 30 Tage bis zum 14. September, dann trifft man auf den Tag der Heiligen Notburga, der Tödin mit Sichel, Kornähren und Broten. Diese wird als Kultfigur im südtiroler Meransen zusammen mit den Drei Jungfrauen Aubet/Ambet, Cubet/Borbet und Quere/Wilbet am 16. September in einer Prozession um das Dorf getragen (E. Kutter, S. 301).

Noch ein Zusammenhang wäre bemerkenswert: Wie unsere einheimischen Beten war auch Demeter mit ihren beiden Töchtern Persephone und Kore eine dreigestaltige Göttin. Ihr Mysterium um Tod und Auferstehung wurde ebenfalls im September gefeiert. Dabei wurden in der eleusinischen Kulthöhle den Mystinnen und Mysten als Symbol der Wiedergeburt drei goldene Ähren gezeigt.

Hingewiesen sei noch auf den Erntebrauch, am Ende der Ernte 3 x 3 Ähren unter Nennung der drei höchsten Namen zu einem Wisch zusammenzubinden. Diese 3 x 3 gebundenen Kräuter nannte man mancherorts »Sangen« oder romanisch »Speik«, also Spica. (E. Kutter, S. 302)

Dies alles zeigt, wie sehr der Frauendreißiger im Tod-und-Wiedergeburtszyklus weiblicher Kulttraditionen verankert ist und wie bedeutsam er für die Wiedergewinnung der Frauenkraft ist, weil in ihm ihre spirituell-magischen Ursprünge zu finden sind.

Das zweite Festpaar der Tagundnachtgleichen

Erstes Sonnenfest zur Frühlings-Tagundnachtgleiche
Das Ostarafest (21. - 23. März): Aufstieg

Mit der Frühlingstagundnachtgleiche zwischen 21. und 23. März beginnt der Tag länger zu werden als die Nacht. Die Sonne gewinnt an Kraft, und es wird wärmer für die Lebewesen. Ostara ist das Fest des Frühlingserwachens. Viele Frühlingsblüher schießen förmlich aus dem Boden und bedecken das Land: Narzissen, Osterglocken, Primeln, Veilchen, Tulpen, Anemonen… Forsythien gehen auf. Das Gras sprießt saftig grün. Die Erde scheint in Gelb und Grün getaucht. Besonders bedeutsam aber ist an Ostara das Wasser, das kräftig fließt und sprudelt und quirlt. Zeit zu säen.

Auf der Symbolebene erweckt die Große Göttin-Mutter (Demeter, *dea-mater*) das Leben. Kore, das Mädchen, steigt aus der Erde. Ostara (Astarte) erwacht. Oder: Der Sohngeliebte ersteht aus dem Tode auf.

Ostara hat auch etwas mit der Frauwerdung zu tun, mit der Erstmenstruation und mit der Initiation des Mädchens zur jungen Frau. Das Wasser hat an Ostara heilende Wirkung. Es ist das Wasser des Lebens, das das junge Leben erweckt. Es enthält nach dem Volksmund auch die Seelen ungeborener Kinder. Das Trinken von Ostarawasser kann darum auch eine Kinderseele zu seiner Mutter bringen. Ostara ist ein sehr geheimnisvolles und vielschichtiges, gleichzeitig aber auch ein sehr aufhellendes und klares Frauenfest.

Wie die Kinderseele in die junge Mutter gesetzt wird, so wird der Same in die Erde gelegt. Ein Tun, das auf Zukunft gerichtet ist und Visionen entstehen lässt. Ostara ist darum auch das Fest der Visionen. Aufbruch und Auferstehung sind die Bezüge des Fests zum menschlichen Leben.

Die spirituelle Kernaussage des Ostarafestes lautet:

Ein Aufgehen geht durch das Land.
Das Leben wartet auf dich in seiner ganzen Vielfalt.
Mädchen, du kannst einmal Leben gebären, wenn du es willst.

Wortverbindung aufnehmen zur Betenkraft

Ostara, Erwachende, Göttin des Frühlings,
dring ein mit deiner Lebenskraft,
dring ein und erwecke das Leben.
Komm, Asphaltsprengerin,
mit deiner unaufhaltsamen Kraft,
mach uns neu.
Du bindest die Inspiration an den Boden,
damit ihr Körper und Raum und Form erwächst.
Du bist die Kraft in den Keimen,
die Kraft des Zarten, die unbändige Kraft der Jugend,
das unwiderstehlich Neue.
Göttin des Frühlings, lass uns neu erstehen.

Leibverbindung aufnehmen zur Betenkraft

Im Zentrum stehen das Wasser und das Frauenblut als die nährenden Grundsubstanzen des Lebens. Der Tod scheint wie weggezaubert. An Ostern warfen die Mädchen den Tod symbolisch ins Wasser, indem sie das alte Ostaralied sangen:

Der Tod schwimmt im Wasser der Luchen (Sumpfwiesen),
jetzt kommt uns der Frühling besuchen,
mit Eiern, die rot sind, und Kuchen.
Aus dem Dorf tragen wir den Blassen (den Tod),
und die Sonne hinein in die Gassen.

Frauen backen kleine Hasen, Küken, Lämmer, sogenannte Gebildebrote; hockende Hasen mit ihren Löffeln als Symbol für Gebärmutter und Eierstöcke; Küken und Lämmer als Sinnbilder für das junge Leben. Sie backen dreisträngige Hefekränze, Symbol für das Kreisen der dreigestaltigen Göttin, mit einem blutroten Ei in der Mitte als Symbol für den

Lebens-Ursprung. Das Ei erinnert auch an die archaische Vogelgöttin, die für uns noch im Storch symbolisiert ist, der nach dem Volksmund die Kinderseele aus dem Wasser zur Mutter bringt. Das freudige Finden von Eiern und Osternestern soll das Wiederfinden des Heros beziehungsweise der Mädchengöttin nach langer Suchwanderung der Muttergöttin, also die Auferstehung des Lebens, erlebbar machen. In den Gleichnissen vom Wiedergefundenen (Lk. 15, 5f.8f.24) ist das alte Motiv der Suchwanderung noch enthalten. Der Bezug zur Auferstehung wird im Gleichnis vom wiedergefundenen Sohn explizit: Er war tot und ist wieder lebendig geworden (Lk. 15,24).

Die rituelle Mitte ist das Wasser. Darum wird der Ritualplatz in der Nähe von fließendem Wasser ausgesucht, am besten in der Nähe einer Quelle, einer Vulvaöffnung der Göttin. Jede Priesterin trägt einen Birkenzweig, denn die Birke ist der Baum des Neuanfangs, ein feenhafter, leicht aussehender Baum mit weißer Rinde, der die weiße Frühlingsgöttin verkörpert. Die Mitte des Platzes wird mit roten Tüchern als Mandala, als Ur-Vulva und Lebenstor, gelegt. Darin liegen rote Eier, Gebildebrote, Blumen, Birkenzweige, gebastelte Schmetterlinge und die goldene Kugel des Lebens, die von der Muttergöttin in Gestalt der Kröte aus der Tiefe emporgeholt wurde. Mit den Birkenzweigen wird der heilige Platz schützend markiert. Bänder in gelb und grün, den Farben der Vegetation, wie auch die Kleidung der Männer ist, werden mit Heilungswünschen aufgeladen und an die umstehenden Bäume gebunden.

Mit Rasseln erwecken die Priesterinnen tanzend die Pflanzen und regen die Triebe der Bäume an zu treiben und auch die Männer. Dann finden sie sich ein in den magischen Kreis zum Reigen und zum Spiraltanz.

Irgendwann wird ein Ton angeschlagen. Mit seinem Erklingen beginnt das Schweigen. Schweigend geht frau zur Quelle und füllt sich davon in ein mitgebrachtes Fläschchen: Wasser des Lebens, heilendes Ostarawasser. Die Männer können Ostereier verstecken, die die Kinder auf dem Rückweg finden oder einen Samen in ein Töpfchen pflanzen, das von den Frauen mit Ostarawasser begossen wird. Same und Ei können aufgeladen sein mit dem, was sein könnte. Eine Vision, die auftaucht, kann vage gemalt oder konkret notiert werden. Danach wird das Schweigen wieder durch das Erklingen des Tons aufgehoben.

Erni Kutter berichtet von Auxerre und Sens, dass dort die Priester einen österlichen Labyrinthtanz aufführten, bei dem zwischen dem durch das Labyrinth Tanzenden und den um das Labyrinth Herumtanzenden ein goldgelber Ball hin- und hergeworfen wurde, der die Frühlingssonne und das Wiedererwachen der Natur nach langem Winterschlaf symbolisierte (S. 195).

Drittes Sonnenfest zur Herbst-Tagundnachtgleiche
Das Todesfest (zwischen 21. und 23. September): Abstieg

Dem Ostarafest gegenüber befindet sich im Jahreskreis das Fest zur Herbsttagundnachtgleiche zwischen 21. und 23. September. Nach einem kurzen Augenblick des Gleichstands werden nun die Nächte länger als die Tage. Die Obst- und Gemüseernte ist in vollem Gange, aber es beginnt auch das Verwelken in der Natur. Wenn es im Frühling um das Erwachen ging, so geht es nun im Herbst symbolisch um den Abstieg in die Unterwelt. Beide Tagundnachtgleichen sind also Durchgänge und Tore: Im Frühjahr geht man durch das Tor in die helle Jahreshälfte, und die Erde geht auf in Vielfalt (Diversifikation). Im Herbst geht man durch das Tor in die dunkle Jahreshälfte, und die Erde nimmt alles Abgestorbene wieder in die Muttererde (den Humus) auf.

Symbolisch steigen wir mit Ostara auf aus dem Schoß der Erde, aus der Erdengruft, im Herbst steigen wir hinab in die Unterwelt, kehren ein in den einen Schoß der Mutter (Einheit, unio).

Ähnlich dem Ostarafest ist das Todesfest im Herbst seit alter Zeit ein überaus mystisches Fest. Wenn es an Ostara um die Initiation der Mädchen geht zum Beginn ihrer Menstruationsphase, so geht es beim Todesfest um die Initiation der älteren Frauen am Ende ihrer Menstruation, um die Vorbereitung auf die Große Umwandlung durch die Schwarze Göttin in ihrer Macht als weise Alte und Todesgöttin.

So wie sich das ganze Leben einer Pflanze in ein Samenkorn oder in eine Nuss zurückzieht, so ziehen wir uns mit dem Leben unserer Landschaft zurück. Das reiche Schenken vorher macht uns dankbar und nimmt uns die Angst und die Sorge. Wir können getrost ins Dunkel steigen und uns dem Absterben überlassen: vor jedem Winter und auch am

Ende unseres Lebens. In dem alten sumerischen Inanna-Mythos muss die Göttin bei ihrem Abstieg in die Unterwelt sieben Tore durchschreiten und nach und nach all ihre Machtgaben abgeben, bis sie nackt und gebeugt vor ihrem eigenen Todesaspekt, vor ihrer Todesschwester steht, die ihr sagt: Für die Erneuerung in der Dunkelheit brauchst du nichts.

Die spirituelle Kernaussage des Festes lautet:

Wir sind reich beschenkt worden
und können damit den Winter überstehen.
Für die Erneuerung in der Dunkelheit aber brauchst du nichts.

Wortverbindung aufnehmen zur Betenkraft

Hel, Göttin des Todes, die du gibst und nimmst,
zu dir gehen wir über den Fluss durch das Wasser des Todes.
Sanft führst du jede, die dir folgen will,
unerbittlich ziehst du, welche dir nicht folgen will.
Weise bist du und weise machst du.
Göttin des Todes, wir rufen dich,
gib uns deinen ummantelnden Tod, den wir nicht fürchten,
nimm uns auf in deine Arme, in deinen Schoß,
und wandle uns um in neues Leben.
Wir überlassen uns deiner Kraft der Transformation,
der Auflösung und Neuschöpfung.
Lass uns ein neues Zeitalter heraufführen
aus der Tiefe, wo du und wir zusammengehören.

Leibverbindung aufnehmen zur Betenkraft

Die Mitte des Ritualplatzes wird mit Tüchern in den Farben des Herbstes ausgelegt, wie sie auch die Männer tragen: weinrot, orange und nachtblau. Auf ihnen liegen die Erntegaben ausgebreitet, vor allem Früchte und Nüsse, aber auch Brot und Wein.

Um diese segensreiche Mitte wird dann mit Weinreben und Bändern, ergänzt von Steinen und Zweigen ein Labyrinth gelegt. Sieben Tore werden mit Stöcken oder Ruten an den Kehren gebildet.

Ein Labyrinth legen: Beginnt mit den acht Halbkreisen der oberen Hälfte. Dann legt ihr das Kreuz unterhalb der Mitte, dazu die rechten Winkel in den vier Quadranten des Kreuzes. Jetzt müsst ihr nur noch die Verbindungen herstellen. Nur vier Kreise enden je in einem Winkel ohne Verbindung. Zuletzt bildet ihr die sieben Tore an den mit Punkten bezeichneten Stellen. Die Tore sollten immer niedriger werden. Durch das letzte Tor kann man nur schlüpfen.

Jede Initiantin schreitet nun das Labyrinth nach innen ab bis zum Mutterschoß im Innern. An jedem Tor fordert die Tödin einen Abschied von ihr (vgl. dazu Gen.1).

Am ersten Tor spricht die Todesmutter:
Schau auf dein Leben in Dankbarkeit. Ich nehme es an.
Nimm Abschied von deinem Leben.
Fürchte dich nicht! Es ist gut.

Am zweiten Tor spricht die Todesmutter:
Nimm Abschied von allen Tieren im Haus und vom Wild.
Nimm Abschied von deinen Geschwistern
und versöhne dich mit ihnen.
Nimm Abschied von der Menschheit als Ganzes.

Am dritten Tor spricht die Todesmutter:
Nimm in Dankbarkeit Abschied
von allen lebenden Wesen im Wasser
und von den Vögeln und den Insekten hoch in der Luft.
Lausche ein letztes Mal ihrem Singen und Summen.

Am vierten Tor spricht die Todesmutter:
Nimm Abschied von den Lichtern am Himmel
und von der Zeit, die sie bestimmen,
vom Tag, vom Monat, vom Jahr,
vom Frühling, vom Sommer, vom Herbst und vom Winter.
Verneige dich in Dankbarkeit
nach Osten, nach Süden, nach Westen und nach Norden.

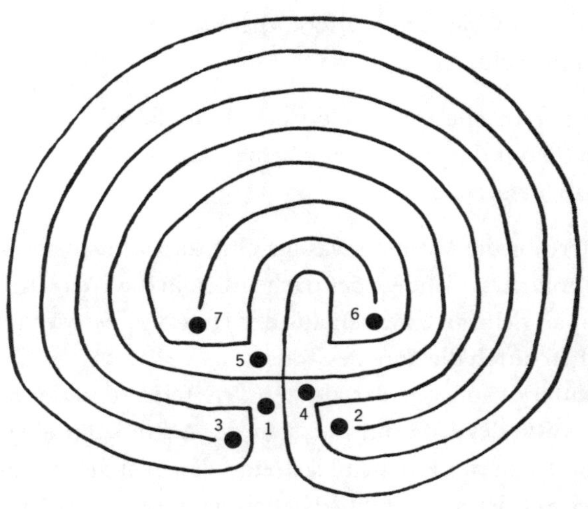

Abb. 51: Minoisches Labyrinth mit den sieben Toren

Am fünften Tor spricht die Todesmutter:
Schau dich in Dankbarkeit um.
Nimm Abschied vom Fluss, vom Wasser
und von der Muttererde, die dich nährte.
Nimm Abschied von allem Grün, das dich erfreute,
von allen Mutterkräutern, die Samen tragen,
und von den Mutterbäumen
mit ihren verschiedenen Früchten.

Am sechsten Tor spricht die Todesmutter:
Nimm Abschied vom Himmel über dir
und von der Erde, die dich trug, wo sie dir Heimat war.
Zieh aus deine Schuhe und lege deine Kleider ab,
denn für die Erneuerung in der Dunkelheit brauchst du nichts.

Am letzten Tor spricht die Todesmutter:
Nun nimm Abschied vom Licht.
Schließe deine Augen
und überlass dich dem Dunkel meines Schoßes.

Schließlich kommt sie zur »Mutter«. Diese nimmt sie zu sich und nährt sie von einer Frucht.

O du alte, o du alte Mutter, o du alte Mutter Erde;
wo bist du nur die ganze lange Nacht gewesen?
O, genau hier, genau hier.

Dann flüstert ihr die Mutter etwas ins Ohr und schickt sie als Schwarze mit einem goldenen Licht wieder nach außen in die Welt. Die Initiantinnen kehren als Schwarze Frauen aus der Unterwelt wieder und geleiten die Menschen durch die Tore des Todes.

Die »Mutter« kann von der ältesten Priesterin repräsentiert werden, die in der Mitte des Labyrints sitzt. In der Mitte kann aber auch eine Gralsschale stehen mit Fruchtstücken und daneben die zusammengefalteten Zettel mit den Geheimbotschaften, von denen die Initiantin ihre herauszieht. Die Antwort auf die Frage im Lied oder auch das gesamte Lied wird dann von dem umstehenden Chor gesungen.

Die »Geheimbotschaften« sind Heilungswünsche oder einfach die Zusage: »Du bist meine geliebte Tochter«, »Du bist mein geliebter Sohn«, »Du wirst wiedergeboren«, »Du bist ein Segen für die Welt«. Sie können auch erst von den Schwarzen Mitschwestern gegeben werden, wenn die Initiantin das Labyrinth wieder verlässt.

Das dritte Festpaar des Voll- und Neumonds

Zweites Mondfest am fünften Jahresvollmond
Walpurgis und Maifest im Hochfrühling (Nacht auf 30. April und 1. Mai): Pro-ligio

An Walpurgis ist das Treiben, Wachsen und Blühen in vollem Gang. Die Natur steht in voller Blüte wie eine Braut. Die Tage streben ihrem Höhepunkt entgegen. Es treibt. Es ist die Zeit der vollen Kraft. Das Lebensfeuer brennt auf Hochtouren als könne es durch nichts mehr gebremst werden.

Symbolisch ausgedrückt wird die Liebesgöttin als Braut geschmückt, die Rote wächst ihrer Hochzeit entgegen. Walpurgis ist das rote Frauenfest des vollen Mondes. Der Vollmond ist das Symbol für das ausgereifte Ei in der durchbluteten Gebärmutter, also steht dieses Fest für die Zeit des Eisprungs, die Zeit höchsten Begehrens und erotischer Lust. Die Drei Jungfrauen tanzen voll erotischer Energie, die Hecksen tanzen mit ihnen. Die Frauen feiern ihre Geburts- und Schöpferkraft im Blick auf die Seelen, die zur Geburt kommen könnten. Sie feiern ihre Souveränität und Seinsmacht, zu binden und zu lösen. Die Eros-Energie verbindet die Frauen seelisch mit der Anderswelt, deren Tor an Walpurgis weit offensteht. Die Energie dieses Fests geht aber über das Geschlechtliche hinaus. Sie empfängt ihr Feuer von der Anderswelt als einer zukünftigen, einer werdenden. Es sind die Seelenenergien, die uns das große Lebensnetz in die Zukunft hinein weiterspinnen lassen, also in die Lebenswelt unserer Kinder und Kindeskinder (Pro-ligio). Die Erotik, die uns hier im Zeichen des Vollmonds erfasst, integriert den Wunsch, eine attraktive Zukunftsvision zu verwirklichen, das lustvolle Zeugen von Leben. Die Anderswelt erweist sich als eine auf die Gegenwart zukommende Vision, eine, die Lust macht, Möglichkeiten zu realisieren, Möglichkeiten, die ein visionäres Begehren ausdrücken, in das unsere Nachgeborenen liebevoll einbezogen sind. Die roten, vollblütigen Heckensitzerinnen können nicht mehr stillsitzen, sie fliegen zwischen der antizipierten Anderswelt und dem Hier und Jetzt hin und her und sind von dem, was sie sehen, hellauf begeistert. Die schwarzen Helferinnen begleiten die Roten und geben den frischen Liebeskräften Schutz, die sich an Walpurgis so offen präsentieren.

Die Mutter Natur gibt uns ein Beispiel ihrer Gnade und Schönheit. Es ist eine große Einladung, die sie uns zukommen lässt, die Einladung zu einem bunten Fest und die Einladung zu einer prachtvollen Lebenswelt, in der wir dieser Gnade und Schönheit Raum geben, eine Lebenswelt, die eine gelungene Symbiose zwischen Natur und Kultur darstellt, so wie wir sie mit unserem weisen seelischen Auge sehen: voll Gnade und Schönheit. Mit Paradies ist hier selbstverständlich keine manipulierende patriarchale Lüge gemeint, sondern ein Landschaftsgarten, der die mühsame, gestaltende und pflegende Arbeit, die Liebe und das lustvolle Begehren, die ganze, rückhaltlos geschenkte göttliche Weisheit, das kraftvolle und laut schreiende Gebären der Frauen und den mütterlichen Tod mit einschließt. Solch eine Welt ist reale Möglichkeit für unsere Kinder. Über solche Visionen nehmen wir an Walpurgis Verbindung zu den noch Ungeborenen auf, zu den Kindern unserer Kindeskinder, eine Verbindung, die vor Zärtlichkeit und Lebensfreude brennt.

Die spirituelle Kernaussage des Festes lautet:

Ein zarter Blütenteppich liegt auf dem Land.
Macht die Augen auf, dann seht ihr mit eurem Begehren
ins Paradies eurer Kinder.

Wortverbindung aufnehmen zur Betenkraft

Göttin der Liebe, du steigst aus den Sternen,
du steigst aus dem Meer, du steigst aus der Quelle,
du steigst aus den Blüten.
Göttin der Liebe,
die du den Schoß zwischen Moos und Gräsern öffnest,
die du das Wasser des Lebens tief aus dem Innern rinnen,
aus deiner zarten Vulva quellen lässt,
stille unseren Durst nach Liebe.
Lass diese unerschöpfliche Quelle in uns selber fließen
und gib uns die Kraft, unseren Kindern und Kindeskindern
ein Leben zu schenken, das sie sättigt und erfüllt.

Leibverbindung aufnehmen zur Betenkraft

In der Mitte des Ritualplatzes brennt in der Walpurgisnacht das Feuer. Feuer ist ein Licht, das uns den Weg in die Zukunft weist. Frauenkraft wurde einst durch das Feuer zerstört. Jetzt ersteht sie neu aus den Flammen. Der Schutzkreis wird gebildet mit Stöcken, Ästen und Lichtern. Die Männer, die die Vegetation verkörpern, sind bunt gekleidet und schlagen die Trommel vom äußeren Kreis.

Es wird gesungen und getanzt, im Reigen oder auch jede für sich selbst. Manche springen übers Feuer. Über das eigene innere Kind nehmen wir in aller Einfachheit Verbindung zum allverbundenen Sein auf, zu den Mitschwestern und zu unseren Kindern bis weit in die künftige Anderswelt.

|: Licht ströme, Licht ströme,
lass dein Feuerkind glüh'n :|
Feuerkind sing, Feuerkind tanz,
Feuerkind, ich bin dein.
Feuerkind sing, Feuerkind tanz,
Feuerkind, du bist mein.

Wichtig ist wie bei allen Ritualen die *innere* Verbindung. Hier hat nicht das Ego die Führung, das sich zeigen und produzieren muss, das unsicher ist, wie es sich »richtig« verhalten soll, oder das über Dramatisieren die Aufmerksamkeit auf sich lenken will. Das freie Kind-Selbst ist einfach da. Bewusst betriebenes, gegenseitiges Anfeuern sollte darum unterbleiben. Monotones Trommeln genügt als Stimulation. Dann aber ist alles möglich, wozu frau oder kind und vielleicht auch mann Lust hat.

Es gibt natürlich auch ruhigere Formen visionärer Energetisierung, die dem Feuerreigen vorausgehen können: Die Schafgarbe ist ein altes Orakelkraut mit lebensfördernden Energien. Das I Ging lässt sich mit ihr befragen. Die Befragung ist aber auch mit einer Münze möglich.

Die Studierenden der Alma-Mater-Akademie bemalen sich paarweise das Gesicht. Anschließend schaut sich jede intensiv ihr bemaltes Gesicht an, um von diesem farbigen Spiegelbild eine persönliche Vision zu empfangen.

Ein langes Betrachten des Feuers kann mir ebenso visionäre Eros-Energien schenken wie ein meditatives Walpurgisgehen.

Am andern Morgen schauen wir auf die in Liebe ergrünte Erde. Die Walpurgis-Energien strömen aus und finden ihre Entsprechung in der blühenden Landschaft. Bunte Bänder werden an einen Baum gebunden, und ein Bänderreigen wird getanzt.

Der Mai ist gekommen,
die Bäume schlagen aus,
da bleibe, wer Lust hat,
mit Sorgen zu Haus!
Wie die Wolken dort wandern

am himmlischen Zelt,
so steht mir der Sinn in
die weite, weite Welt.

Frisch auf drum, frisch auf drum
im hellen Sonnenstrahl,
wohl über die Berge,
wohl durch das tiefe Tal.
Die Quellen erklingen,
die Bäume rauschen all,
mein Herz ist ne Lerche
und stimmet ein mit Schall.

Laurentia, liebe Lauretia mein,
wann wollen wir wieder beisammen sein?
Am Sonntag.
Ach wenn es doch endlich schon Sonntag wär
und ich bei meiner Laurentia wär, Laurentia.

Laurentia, liebe Lauretia mein,
wann wollen wir wieder beisammen sein?
Am Montag.
Ach wenn es doch endlich schon Sonntag, Montag wär...

Kanon:
Es tönen die Lieder,
der Frühling kommt wieder.
Es spielet der Hirte
auf seiner Schalmei.
Tra la la la la laa ...

Viertes Mondfest am elften Jahresschwarzmond
Ahninnenfest im Hochherbst (Nacht auf 1. November): Re-ligio

Das Ahninnenfest liegt mitten in der dunklen Zeit. Die letzten Früchte des Jahres werden geerntet. Die Baumgerippe stehen kahl in der Landschaft.

Schwarz ist der Ackerboden, und alles Leben hat sich zurückgezogen. Still ist es geworden in Wald und Feld, am Teich und im Garten. Und auch das Treiben in der Stadt hat nachgelassen. Man bleibt in der warmen Stube.

Symbolisch hat sich die Göttin zurückgezogen. Das Ahninnenfest ist ein Schwarzmondfest. Stockfinster ist es, wenn wir es feiern. Der Neumond ist im Mondrhythmus das Symbol für das Frauenbluten. In ihm tanzen die Drei Jungfrauen den Ausstoßungstanz der Hystera. Der Abschied vom nicht Ermöglichten wird durch das heilige Frauenblut versöhnlich. Gleichzeitig wird das Geburtshaus für neues Leben freigemacht. Die Ahninnen geben dazu ihren Beistand. Im Lebensrhythmus ist der Schwarzmond das Symbol für die Lebenszeit nach dem Frauenbluten, in der die Gebärmutter ruht, die Zeit der weisen Alten.

Das Ahninnenfest steht im Jahreskreis dem Walpurgisfest als dessen komplementär-regressives Pendant gegenüber, aufgeladen mit Yin-Energien. Auch an diesem dunklen Fest ist die Grenze zur Anderswelt dünn und durchlässig. Die Hecksen sitzen da bei ihren Rüben- und Kürbisleuchten und sind offen für die unterstützenden Energien, die sie von den verstorbenen Vätern und Müttern erhalten. Sie sind verbunden mit dem, was über das große Lebensnetz aus der Vergangenheit kommt (Re-ligio): Warnungen, Mahnungen, Unterstützung, Ermutigung zum Loslassen, zur Gelassenheit. Die Ahninnen und Ahnen wollen uns anregen, über unser Tun und Lassen nachzudenken und unseren Blick aufs Wesentliche lenken. Negative, missgünstige oder gar zerstörerische Energien von Verstorbenen werden von einer Distel oder von einem Ilexzweig abgeschirmt. Das ist ein wichtiger Schutz für uns.

Die spirituelle Kernaussage des Festes lautet:

Dunkelheit liegt über dem Land, Zeit zur Besinnung.
Stellt eure Fragen vertrauensvoll an die Alten.
Das Frauenblut versöhnt euch mit dem, was nicht möglich war.

Wortverbindung aufnehmen zur Betenkraft

Fee Morgane auf der westlichen Insel der Apfelbäumchen,
Frau Holle im Garten Immergrün unter dem Seelenberg,
ihr Nornen am Schicksalsbrunnen unter dem Weltenbaum,

Göttin der Anderswelt, du schwarze, weise Frau,
öffne die Pforte zwischen dieser und der anderen Welt,
denn unsere Vormütter und Vorväter sollen unsere Gäste sein,
dass wir sie und sie uns wieder erreichen,
damit sie uns stärken, uns raten, warnen und segnen.
Öffne die Pforte, dass das Mutternetz des Lebens nicht reißt,
der Strom des Lebens nicht versiegt.
Göttin der Anderswelt, Schoß des Lebens,
das Leben ist in dir verborgen.

Leibverbindung aufnehmen zur Betenkraft

Die Mitte des Ritualplatzes wird von schwarzen Tüchern gebildet, auf denen vorbereitete Kürbis- oder Rübenleuchten stehen. Sie sollen den Verstorbenen als Seelenlichter leuchten und ihnen sagen, dass wir auf sie warten. Auch eine leckere Kleinigkeit für sie zu essen sollten wir nicht vergessen. Der feine Duft soll die Ahninnen und Ahnen anlocken. Fotos von Ahninnen oder Frauengenealogien können wir dazulegen. Ist Wasser in der Nähe, können wir kleine Holzbarken mit einem Licht und etwas Essen zu den Ahninnen schwimmen lassen, um sie übers Wasser zu locken.

Aus dem Schoß der Dunkelheit
tief in mir spür ich dich,
große Mutter du trägst mich.

Vielleicht warten wir einfach, welche Ahnin oder welcher Ahn kommt und was sie oder er zu sagen hat. Vielleicht denken wir an eine Ahnin, der wir noch für etwas danken wollen und schauen, wie sie reagiert, was sie noch für uns hat.

Dein Licht ist in jeder Form,
deine Liebe in allen Dingen.
Hu, Ana(t), hu, Ana(t), hu, Ana(t), hu.

Vielleicht gehen wir am Ende des Rituals nach Hause und wollen von einer oder einem noch lebenden Älteren etwas wissen, ihre Erfahrungen, ihre Meinung zu etwas. Wichtig dabei ist, dass wir ihr deutlich machen, wie wichtig und bedeutsam für uns ihre Antwort ist, und dass wir lernen, ihr zu vertrauen.

In die Tiefe, in die Tiefe, in die Tiefe, Wanderin;
die uns sucht, uns neu zu finden,
die uns sucht, uns zu ergründen.
In die Tiefe, in die Tiefe, in die Tiefe, Wanderin.

Das Festpaar von Walpurgis und Ahninnenfest drückt wie kein anderes die symbolische Mutterordnung aus, insofern diese beiden Feste die weibliche Genealogie feiern, die das Urnetz, das *Urlag*, durchzieht. Die Mutterlinie kommt aus der tiefen Vergangenheit und reicht bis weit in die ferne Zukunft hinein.

Man könnte auch die in diesem Buch enthaltene Vorstellungswelt als eine walpurgisch-(morg)ahnende bezeichnen, insofern es in ihm darum geht, eine bessere und lebensfreundlichere Zukunft zu entwerfen – auf der Grundlage von alten, überkommenen Symbolen und Werten. Von seinem Motivationsansatz her bewegt sich dieses Buch also hauptsächlich auf der Achse zwischen Walpurgis und Ahninnenfest oder, mit den Begriffen der mailänder Philosophinnen ausgedrückt, zwischen dem in uns vorhandenen »Begehren« (Frauenwollen, Lebensbegehren, Walpurgis) und dem zwischen uns vorhandenen »Vertrauen«, dem »Affidamento« (Vertrauen in die Frauenerfahrung, Ahninnenfest). Und ich hoffe, dass die Worte des Buches nicht nur männlich unbezogene Reflektionen enthalten, sondern selbst ein Element des Großen Rautennetzes sein dürfen. Ich glaube, dass das, was die Frauen bei sich entdecken, auch für *die* Männer-*Seele* erlösende Qualität hat.

Das vierte Festpaar der Sonnwenden

Zweites Sonnenfest zur Sommersonnenwende
Das Mittsommerfest (zwischen 21. und 23. Juni): Liebe

Zur Sommersonnenwende am 21. Juni haben wir den längsten Tag und die kürzeste Nacht. Die Sonne erreicht ihren nördlichsten Punkt. Das

Licht zeigt sich bei uns auf der Nordhalbkugel an Mittsommer in seiner größtmöglichen Entfaltung. Die Nordseite der Pyramide auf dem Karlsruher Marktplatz wird beim Höchststand der Sonne für einen kurzen Moment beschienen. Die Natur in Mitteleuropa wächst üppigst. Die roten Früchte sind die ersten, die reif werden: Erdbeeren, Kirschen, Himbeeren und Tomaten. Gleichzeitig nimmt ab jetzt das Licht wieder stetig ab, da sich der Bogen der Sonne von nun an wieder absenkt. Die kommende Dunkelzeit wird vom Erscheinen des Sternbildes Orion am Himmel begleitet. Es verschwindet wieder in den Heiligen Nächten der Weihnachtszeit.

Auf der Symbolebene erreicht die Große Göttin ihre größte Entfaltung. Das Mittsommerfest feiert die Rote, die reife Frau. Ihre Liebe ist kosmisch und hält als verbindende Kraft die Welt zusammen. Sie erscheint im Bild der Liebesgöttin, die sich nun mit ihrem Heros vermählt, der männlichen Symbolgestalt für die üppig sprießende Pflanzenwelt. Die Göttin vereinigt sich mit der Schöpfung als Ganzer und mit jedem einzelnen Geschöpf. Doch es wartet bereits der Dunkelbruder Hödr, der Herostöter Hagen, der Wilde Jäger Orion, der Jagd macht auf das geschöpfliche Leben.

Mit der Hochzeitssymbolik wird die Bedeutung der Liebe für den Fortbestand der Welt betont: Der rituelle Vollzug der Heiligen Hochzeit garantiert Fruchtbarkeit im nächsten Jahr und den Fortbestand des Lebens. Das Ausbleiben der Heiligen Hochzeit infolge patriarchalen Unverstands und Männergewalt lässt – nach vielen mythologischen Erzählungen, wie etwa im Parzival – das Leben vertrocknen: Die Quellen versiegen, das Gras und die Bäume verdorren. Diese Art gewalttätiger Lebensgefährdung muss anders bewertet werden als das natürliche Sterben im Herbst, anders auch als eine immer wieder einmal auftretende Dürre oder Überschwemmung aufgrund natürlicher Wetterschwankungen, auf die man sich einstellen kann.

Übertragen auf das menschliche Leben wird an Mitsommer die Entfaltung gefeiert, die Reife, die Liebe im Sinne eines segensreichen Wirkens. Auch hier gilt: Ohne die Liebe gibt es keine segensreiche Entfaltung des menschlichen Seins.

Die spirituelle Kernaussage des Mitsommerfests lautet:

Liebe durchströmt das Land.
Sie lädt dich ein, Verbindung aufzunehmen und dich hinzugeben.

Wortverbindung aufnehmen zur Betenkraft

Göttin der Liebe, die du alles in deinem Haus verbindest,
Gegensätze fügst du zusammen, das Wasser zum Feuer,
das Helle zum Dunkeln, die Nacht zum Tag.
Göttin der Liebe, Himmlische und Erdentochter,
schenke uns deine Liebe zur hohen Zeit,
und lass in der Hingabe deine Kraft erwachsen.
Mach uns zu fortwährend Schöpfenden deines Lebens.

Leibverbindung aufnehmen zur Betenkraft

Die Mitte des Ritualplatzes wird mit roten Tüchern und roten Früchten gestaltet, mit Herzen und Göttinnenfiguren. Das kosmische Kreuz und das Jahresrad spielen eine besondere Rolle, da sie die Entfaltung des göttlichen Lebens ausdrücken. Auch die rote Kugel beziehungsweise der rote Apfel ist hier angebracht und natürlich Lilien und Rosen als Repräsentanten der Liebesgöttin, aber auch andere Blumen. Die Mitte kann auch als Ewigkeitsring gestaltet werden, denn Schnurring und Stab sind Hochzeitssymbole und stehen für Vulva und Phallus. Mit Johanniskraut wird der Schutzkreis gebildet. Die Anrufung der Himmelsmächte ist bedeutsam.

Die Himmelskönigin wird singend und tanzend angerufen, bis sie sich mit uns verbindet:

Aschera, Aschera, Aschera, Aschera, Aschera,
aia Aschera, ai Aschera, Aschera ...

Sei, die du bist, Rosenfrau,
deine Schönheit erscheine in allem, was du tust.

Wodan berührt die Tanzenden mit seinem Speer. Die Frauen tragen Vulva-Symbole (Apfel, Granatapfel, Pflaume, Herz), die Männer Phallus-Symbole (Stab, Zahn eines Keilers). Eine rote Frau repräsentiert die

Himmelskönigin. Sie erwählt sich ihren Jahresheros, den Lichtsohn oder den Kraftstier oder den Weisheitssohn oder den Lilienprinzen oder den Guten Hirten ihrer Landschaft und gibt ihm von ihrer Frucht.

Das Feuer spielt an Mittsommer eine Rolle. Feuerräder werden als Zeichen für das ewige Drehen des Jahreskreislaufs den Berg hinuntergerollt. Große Feuer werden bei anbrechender Dunkelheit (also recht spät) auf den Höhen angezündet. Sie sollen die kurze Nacht noch taghell erleuchten. Das kosmische Licht wird durch unsere Feuer unterstützt. Sie leuchten weit über die Hügel, so dass wir einander entlang der Sichtlinien mit den Feuern grüßen können. Verbindung aufnehmen zueinander ist die zentrale Energie des Fests; sich verbinden und sich vereinigen in heiliger Hochzeit.

Viertes Sonnenfest zur Wintersonnenwende

Das Mittwinterfest, Julfest (zwischen 21. und 23. Dezember): Wiedergeburt

Zur Wintersonnenwende zwischen 21. und 23. Dezember haben wir den kürzesten Tag und die längste Nacht. Es ist die Zeit tiefster Dunkelheit. Die Sonne steht ganz im Süden und erreicht uns Nord- und Mitteleuropäer nur noch für wenige Stunden. Die Natur ruht. Es gibt nur wenige Pflanzen, die grünen oder gar blühen: die Nadelbäume, die Stechpalme, die Mistel, die Christrose. Viele Vögel haben uns verlassen. Viele Säugetiere sind in den Winterschlaf gefallen. Die Reptilien, Amphibien und Insekten befinden sich in der Winterstarre. Es ist kalt. Der Winter ist die Zeit der Innerung und Besinnung. Er ist spirituell hoch aufgeladen, insofern er quasi als Todeszeit auch die Transformationskraft der Göttin in ihrer Anderswelt zum Thema hat. Wandlung und Wandlungsfähigkeit sind die entscheidenden Bezugspunkte zum menschlichen Leben. Gleichzeitig mit der Wintersonnenwende beginnen nämlich die Tage wieder länger zu werden, und die Sonne beginnt aus unserer Perspektive wieder mit ihrem Aufstieg. Der Sonnenbogen wölbt sich stetig höher.

Wie wir im Mittsommer die größte Entfaltung des Lebens feiern und seine höchste Form, die Liebe, so feiern wir im Mittwinter den Ursprung des Lebens. Beide Feste stehen einander gegenüber, sie sind komplementär aufeinander bezogen und ergänzen sich. Zur Sommersonnenwende befinden wir uns quasi ganz oben an der Spitze des Lebens, zur Wintersonnenwende ganz unten an seiner Wurzel und Quelle.

Diese Dynamik haben unsere alteuropäischen Vorfahren durch untenstehendes Ideogramm dargestellt. Der senkrechte Strich bezeichnet den Sonnenweg in der kosmischen Vorstellung der Menschen von oben nach unten in der zweiten Jahreshälfte und von unten nach oben in der ersten.

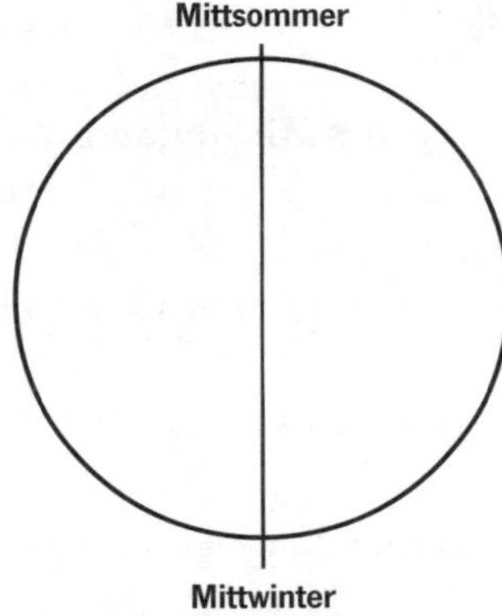

Durch die Wintersonnenwende werden wir daran erinnert, dass alles, was ist, aus der Dunkelheit des Mutterschoßes geboren wurde. Auf der Symbolebene befindet sich die alte, weise Göttin in der Tiefe der Anderswelt. Dort schützt sie als Drachin, als Flügelschlange, den goldenen Schatz des ewigen Lebens. Wie eine Nuss das ganze Leben des Baumes in sich trägt, so trägt die Göttin in ihrem Schoß das Leben in sich und wahrt es bis zu seiner Auferweckung. Es ist ein zutiefst mystischer und heiliger Augenblick, wenn nun in tiefster Nacht die Alte, die Unfruchtbare, die »dunkle, schwarze Luz« (die Lichte), die schwarz-weiße Percht (die Prächtige), das goldene Lichtkind gebiert, das Christkind. Das kosmische Geschehen bedeutet in seiner Universalität für jeden in seinem Leben die Hoffnung, dass nach dem Dunkel das Licht wieder aufgeht, aus dem Tod neues Leben geboren wird.

Das Rad (Jul) des Jahres und des Lebens hat sich vollendet, weshalb das Fest auch Julfest genannt wird. Die Schwarzgeburt, die Geburt aus der nicht mehr aktiven Gebärmutter der alten Frau (Akka), ist ein weit verbreitetes mythologisches Motiv. Wir kennen es von Sarah und von Hanna im Alten und von Elisabeth im Neuen Testament. Es gibt aber auch die Vorstellung, dass sich die alte Göttin an Mittwinter wieder verjüngt und als Junge, Weiße den Sonnensohn gebiert. Hinter dem Besuch der schwangeren Maria bei der älteren schwangeren Elisabeth mag sich dieses Doppelmotiv verbergen. Immer ist die Frau aber die souveräne »Jungfrau«, die unabhängige Freifrau, die aus sich selbst das Licht und alles Leben hervorbringt, weil sie alle schöpferische Seinsmacht in sich trägt.

Die spirituelle Kernaussage des Mitsommerfests lautet:

Die Geburt des Lichts aus der Dunkelheit bringt Hoffnung.
Der Geburtsschrei des Lebens durchbricht die Stille der Nacht.
Jedes Kind ist ein neugeborenes Kind der Weisheit.

Wortverbindung aufnehmen zur Betenkraft

Göttin Weisheit,
Himmelskönigin und Erdmutter zugleich,
du kehrst das Wasser des Todes um ins Wasser des Lebens,
gibst wieder, was genommen wurde,
bist alt und jung zugleich,
die Drachin des Lebens,
die Flügelschlange des Himmels und der Erde.
Gib uns deinen Namen
und deine Blutkraft, deine Nabelschnurkraft,
die da heißt Alt-Jung, Wieder-Geburt, Ende-Anfang,
Tod-Leben, Dunkel-Hell, Schwarz-Weiß
und mach uns zu Wiedergebärinnen des Lebens,
zu weise Transformierenden,
denn du bist wir und wir sind du,
Göttin der Wiedergeburt.

Leibverbindung aufnehmen zur Betenkraft

Die Ritualfarben sind Schwarz und Weiß und etwas Gold für das neugeborene Licht. Der Ritualkreis wird mit Nadelzweigen markiert und geschützt.

Die Mitte kann vielfältig gestaltet werden: Die goldene Kugel, der goldene Apfel, stehen für das ewig sich erneuernde Leben. Kerzen repräsentieren das junge Licht. Die Mistel mit ihren weißen Fruchtkugeln symbolisiert das Neugeborene. Stroh ist ein Schutzsymbol für das noch zarte Leben und sollte in der Ritualmitte nicht fehlen. Eine Weihnachtskrippe mit Kind und Stroh wäre ein passendes Symbol. Natürlich gehören immergrüne Zweige und auch die Christrose dazu. Der Adventskranz mit seinen vier Kerzen symbolisiert den Jahreskreis und die vier Himmelsmächte. Engel sind Flügelwesen, Cheruben, und repräsentieren in gefälliger Form die Drachin, die geflügelte Schlange.

Schwarz-weiße und rote Priesterinnen bilden zwei Kreise, die roten bilden den Innenkreis. Sie stehen paarweise zusammen, also vor jeder schwarz-weißen steht eine rote. Jedes Drachinnenpaar spreizt die Beinpaare wie zur Geburt im Stehen und deuten mit den Armen wechselweise eine abgebende und eine aufnehmende Bewegung an, während sie kräftig, sich schrittweise nach links bewegend, sprechen:

> aus dem Schoß, in den Schoß, aus dem Schoß, in den Schoß…

Im gleichen Reigen schwingen sie dann den nach vorne gebeugten Oberkörper im Kreis links herum und singen immer wieder, wobei sie sich schrittweise nach links bewegen:

> binden und lösen, binden und lösen, binden und lösen…

Die Männer im äußeren Schutzkreis unterstützen die Frauenkraft mit der Trommel und sprechen synchron unterstützend mit den Frauen.

Zum Abschluss singen alle gemeinsam das Lied:

> Lass mich auf das Lied der Erde,
> lass mich ein.

Weitere Feste in der Weihnachtszeit

Die drei Mutternächte

Dem Julfest folgen nach der vorchristlichen Festtradition die drei Weihenächte, die den drei Ur-Müttern geweiht sind und Mutternächte,

»Modraniht«, genannt werden (E. Kutter, S. 84.154). Sie sind alle drei mit der schwarz-weißen, doppelgesichtigen Percht/Hel identisch, der dunkel Verhüllten und gleichzeitig strahlend Leuchtenden, die mit ihrer Wandlungskraft die Zunahme des Lichts garantiert. Im vorindogermanischen Europa war die Farbe der Todesgöttin weiß. Die Todesgöttinnen wurden vielfach aus hellen Knochen geschnitzt, mit großem Schamdreieck als Zeichen ihrer Wiedergeburtskraft. Sie ist in ihrem Wesen immer ambivalent, weshalb sie auch »Schöntödin« genannt wird und »Weihnachtstödin«, eine weiße Frau mit dem bräunlichen Gesicht des aufgehenden Mondes. Erni Kutter erzählt die Geschichte, wie sie von einer Familie in der zweiten Mutternacht erlebt wurde, in der die Familie die Geburt eines Kindes angemeldet hat:

> An dem Tag vor dem Heiligen Abend, so um 5 Uhr nachmittags, ging die Tödin hier am Haus meiner Schwiegermutter vorbei. Es war schon ziemlich dunkel. Aber dann machte sich auf einmal so eine Helligkeit breit, wie wenn es die Wolken möcht auseinanderreißen. Da gingen alle zum Fenster schauen, was das ist. Da sahen sie die Tödin vom Wald herkommen. Sie war vielleicht zweimal so groß wie das Haus, weiß angezogen in einem ganz neuen Gewand, weißer wie der Schnee. Sie hatte das Kopftuch um den Kopf und ist ganz langsam gekommen, nicht so gesprungen, wie sie es oft tut. Von ihr ist ausgegangen dieser heilige Schein wie ein Mondlicht. Sie ist an dem Haus vorbei auf die Johanniskirche hin. Da sagten sie, es muss eine Weihnachtstödin gewesen sein. (S. 166)

In der dritten Mutternacht, am 24. Dezember, feiern wir Heiligabend mit dem Weihnachtsbaum. Auf diesen Tag wurde die Geburt des Christuskindes gelegt, des Jesus, des späteren Frauengesalbten und Weisheitslehrers. Wir feiern also mit dem Lichtkind des Jahres, einem geflügelten Mädchen, auch die Geburt eines Lichtsohns, der mit seinem Reden und Tun die Weisheit der Himmelskönigin in seinem Umfeld und weit darüber hinaus hat aufleuchten lassen. Vielleicht feiern wir am Weihnachtsfest aber auch die Geburt der göttlichen Weisheit in unserem menschlichen Dasein schlechthin, die dann ihren Höhepunkt hat in der bedingungslosen und grenzenlosen Großen Liebe (Feindesliebe, Annahme des Uns-fremd-Seins im andern), die wir zur Sommersonnenwende feiern.

Es gibt auch einige Weihnachtslieder, die die mystische Geburt besingen, das Lichtkind, das Weisheitskind und die Mutter. Die meisten Liedtexte müssten aber vom patriarchalen Gott und von der paulinischen Sühnopfertheologie befreit werden.

> Es ist ein Ros' entsprungen
> aus einer Wurzel zart,
> wie uns die Alten sungen;
> von Hanna kam die Art
> und hat ein Blümlein bracht
> mitten im kalten Winter
> wohl zu der halben Nacht.

Ev. Kirchengesangbuch

> O Erd, schlag aus,
> schlag aus, o Erd,
> dass Berg und Tal
> grün alles werd!
> O Erd herfür dies Blümlein bring,
> o Heiland, aus der Erden spring!

Ev. Kirchengesangbuch

Die zwölf Rau(c)hnächte

Nach der dritten Mutternacht, also mit dem 25. Dezember (1. Weihnachtsfeiertag) setzen die zwölf Rauh- oder Rauchnächte ein. Sie enden mit dem 5. Januar, dem Tag vor dem Erscheinungsfest. Außerdem findet der Jahreswechsel in den Rauchnächten statt. Sieben gehören zum alten, fünf Rauchnächte gehören zum neuen Jahr. Diese Nächte sind Mischwesen, also Drachinnen. Es ist die Percht mit ihrer Doppel-Maske, wie sie beim wilden Perchtenlauf oft getragen wird, weil sie zwei Seiten vereint und so das Ganze und seine Kontinuität bewahrt. Sie ist dunkel, gleichzeitig vollzieht sie die Zunahme des Lichts, sie schaut nach hinten aufs alte und gleichzeitig nach vorn aufs neue Jahr.

Was die Zunahme des Tageslichts angeht, so ist es eine sehr labile Zeit. Die Zunahme des Lichts vollzieht sich nämlich keineswegs gleichmäßig und stetig. Die Sonnenaufgänge verzögern sich gegenüber der Wintersonnenwende (8.12 Uhr) bis zu 5 Minuten in der 4. Rauchnacht (8.16 Uhr) und stagnieren bis zum Erscheinungsfest. Die Sonnenuntergänge erfolgen gegenüber der Wintersonnenwende (16.28 Uhr) nur zögerlich später bis zur 4. Rauchnacht (16.36 Uhr), dann in der 5. Rauchnacht plötzlich zwei Minuten. früher. Symbolisch gesprochen ist das Lichtkind ständig gefährdet, wenn auch die Tage tatsächlich zunehmen und die Dunkelheit abnimmt. Es tobt also auf der Symbolebene eine kosmische Schlacht zwischen Hell und Dunkel, die – im Unterschied zum Herbst – nun aber zugunsten des Lichts ausgeht.

Das Motiv der Gefährdung des Kindes kennen wir biblisch an zwei Stellen: Zum einen die Gefährdung des neugeborenen Sakralkönigs Jesus durch die Tötungsabsichten des »alten« Königs Herodes. Die Rettung erfolgt durch die Flucht nach Ägypten (Mt.2,13-14). Zum andern die Verfolgung des Kindes der Himmelskönigin durch ein aggressives männliches Tier. Die Rettung erfolgt hier durch den Flug der Göttin in die Wüste und durch den entschlossenen Einsatz der Mutter Erde (Off. 12, 4-6.13.16).

In der alteuropäischen Mythologie braust die schwarze Todesgöttin Perchta/Hel mit ihrem Totenheer wild durch die Lüfte, und ihr Helfer Wodan ist bei dieser »Wilden Jagd« dabei. Der Volksmund sagt: »Die Saligen gehen um.« In den Alpenländern finden in diesen Tagen die Perchtenumtriebe statt.

Es gibt aber auch freundliche Bilder, die davon erzählen, dass die junge Frau Holle in weißem Kleid und mit weißer Haube mit ihren Heimchen, den noch ungeborenen Seelchen, in diesen Tagen durch die Orte zieht, damit die Heimchen in die erleuchteten Stuben schauen können, um sich eine Mutter auszusuchen. Kerzen sollen der Holle mit ihren Heimchen leuchten, und Essen soll draußen aufgedeckt sein, damit sie ihren Hunger stillen können.

Die greisen Toten und die ungeborenen Heimchen gehen in dieser Zeit irgendwie ineinander über, wie jedes neugeborene Kind eine wiedergeborene Ahnin oder einen Ahn verkörpert. Es wird nach alter Vorstellung vom Storch gebracht, dem schwarz-weißen Vogel mit roten Beinen und rotem Schnabel, der im Volksmund Adebar (oda-baro) genannt wird, was »Seelchenbringer« heißt.

Die Rauchnächte sollen in Ruhe und Stille verbracht werden. Man soll nicht arbeiten und auch das Haus nicht unnötig verlassen. Die Frauen räuchern ihre Wohnungen und Ställe aus, um sie zu heiligen und für das neu anbrechende Leben vorzubereiten, wie Hochschwangere ihre Stube für die Geburt herrichten.

Die zwölf Tage stehen für das kommende Jahr. Es wird darum empfohlen, sich die Träume dieser Nächte bewusstzumachen, Orakelstäbchen zu werfen oder die Sterne zu befragen. Dies wäre natürlich reiner Aberglaube, wenn man daraus die Vorhersage von Tatsachen ableiten würde, die eintreffen werden. Doch wenn man sich mit den Botschaften, auf die man dabei stößt, auseinandersetzt, kann es zu einem fruchtbaren Dialog kommen um die Fragen: Was will ich? Auf was will ich im nächsten Jahr achten? Gibt es Dinge, auch bei mir selber, denen gegenüber ich vorsichtig sein sollte? Welcher Frau, welchem Mann, welcher Herausforderung gegenüber sollte ich offener sein? Was sollte ich mutiger angehen? Das Orakeln kann mich also zur Selbstreflexion anregen. Meine anstehenden Entscheidungen muss ich aber immer selber treffen und ihre Konsequenzen auch immer selber verantworten und tragen.

Das Fest der Epiphanie der dreifaltigen Göttin (6. Januar)

Am 6. Januar verschwindet alles Bedrohliche im kosmischen Geschehen, und es erscheint die Stahlende und Leuchtende in ihrer Wärme und neues Leben verheißenden Gestalt. Es ist das Fest der Erscheinung der dreifach dreifaltigen Göttin als der *einen* Großen Tod-im-Leben-Göttin, der Epifania oder (in Italien) Befana (E. Kutter, S. 84). Es ist das Fest der Mutterordnung, denn es ist die weibliche, ewig sich generierende Erneuerungskraft, die hier gefeiert wird.

Dabei weist die matrilineare Symbolik der Jungen, Reifen und Alten konkret auf Großmutter, Mutter und Tochter (Drei Matronen) beziehungsweise auf Großmutter, Mutter und Sohn (Anna Selbdritt) und ist Ausdruck des verbindenden und verbindlichen Lebensnetzes.

Die rein weibliche Symbolik der Drei Jungfrauen weist konkret auf den dreiphasigen Menstruationszyklus der Frau und ist Ausdruck ihrer weiblichen Souveränität.

Die aus diesen hervorgegangenen Drei königlichen Bethen verkörpern die kosmische Weisheit als Leibin, Seelin und Liebin: Die vegetative Symbolik der Kornmutter Demeter mit ihren Töchtern Persephone und Kore beziehungsweise Demeter mit Persephone und dem Kornknaben Pluto weist konkret auf den Weg des Korns und ist Ausdruck seiner Nährkraft, seiner leiblichen Auferstehungskraft und seiner überwältigenden Fülle (Mk. 4,3-9). Die Identifikation der Göttin mit der Großen Seele, von der jede Geschöpfseele ein Teil ist, enthält die Möglichkeit einer mystischen Heiligen Hochzeit. Durch die Identifikation der Göttin mit der Großen Liebe wird der Liebe eine kosmische Qualität zugesprochen, ohne die Leben auf der Erde nicht von Dauer sein kann.

Durch die Identifikation der Göttin mit der Seinsdynamik als Ganzer (**Mater**ia), quasi vom Mondzyklus bis zum Monatszyklus, und durch ihre Identifikation mit Geburt, Tod und Wiedergeburt enthält die Symbolik und Spiritualität der Mutterordnung eine enorme ökologische und humanintegrative, magische Kraft.

Abb. 52: Keltische Dreifachspirale der Kultanlage von New Grange

Die Ritualmitte wird aus weißen, roten und schwarzen Tüchern gebildet. Man kann sie als Dreifachspirale gestalten oder als achtspeichiges Zeitrad. Auch hier darf Gold nicht fehlen: die Kugel, die Krone, der Venusstern. Dann Erde, Sonne und Mond. Natürlich auch Kerzen.

Die Mädchen sind weiß, die menstruierenden Frauen sind rot mit weißem Unterkleid und die älteren Frauen sind schwarz gekleidet mit rotem Unterkleid und weißem Tuch.

Wichtig ist der Spiraltanz oder Labyrinthtanz in der Gruppe:

Im Gehen der Spirale
beweg ich mich nach innen
und spür mit allen Sinnen
ins Zentrum meines Seins.

Im Gehen der Spirale
entlasse ich das Alte
und leg es in die Spalte
von Mutter Erdes Schoß.

Im Gehen der Spirale
erkenne ich das Leben
und fange an zu weben,
was neu entstehen soll.

Vom Ritualplatz gehen nun drei Gekrönte, eine schwarze Leibin im Zeichen der Erde, eine rote Liebin im Zeichen des Mondes und eine weiße Seelin im Zeichen der Sonne, von Tür zu Tür und singen das Lied:

Mit dem Ruf in meinem Herzen
muss ich gehen, gehen, gehen.
Und ich lausche dieser Stimme,
will verstehen, will verstehen.
Und ich höre, die mich ruft,
und ich fühle, sie ist hier.
Und ich stehe, stehe, stehe,
und ich weiß, sie ist in mir.
Und ich stehe, stehe, stehe,
und ich weiß, ich bin in ihr.

Mondin, Mondin, Mondin,
Königin der Nacht.
Gebe meinen Willen
wider deine Macht.
Will mich heute dir verschenken,
mich in deine Form versenken.

Mondin, Mondin, Mondin,
Königin der Nacht.

Dein Licht ist in jeder Form,
deine Liebe in allen Dingen.
Hu, Anat, hu, Anat, hu, Anat, hu.

Nach dem Lied malen sie mit Kreide das segnende Monogramm der Drei Bet(h)en oder des Symbols der Anna-selb-dritt auf den Türbalken:

A für Ambet (Leibin)
W für Wilbet (Liebin)
B für Borbet (Seelin)

M für Margarethe
C für Catharina
B für Barbara

A für Erdmutter Anna
M für die Himmelskönigin Maria
C für Christus, ihren Sohngeliebten und Frauengesalbten

Geschenke nehmen die priesterlichen Frauen nicht entgegen.

Eine schöne Übung ist auch das »Matronensitzen«: Es werden die Positionen der drei Matronen wechselweise in Dreiergruppen eingenommen, so dass jede Frau einmal in jeder der drei Positionen war und nachempfinden kann, was frau in den verschiedenen Positionen erlebt.

Abb. 53: Anna Selbdritt, auf einem Sargophag im Münster zu Heilsbronn (Mittelfranken)

Abb. 54: Die drei Matronen bei Nettersheim, um 400 n.u.Z.: In der Mitte sitzt die Junge, gerahmt von Mutter und Großmutter.

Die einfache Harmonie des Körpers
besteht im Zweiklang von
Himmel und Erde, Mann und Frau,
Körper und Seele, Außen und Innen
Helle und Dunkel, Leben und Tod.

Der dreifache Weg des Körpers
besteht im Zusammenspiel von
Begeisterung und Lebensfreude,
Stille und Wachsamkeit,
Tun und Annehmen.

Die doppelte Wahrnehmung des Körpers
Von außen erkennst du der Körper Maß, innen erlebst du Weite.
Von außen erkennst du der Körper Gesetz, innen erlebst du Freiheit.
Von außen erkennst du die Stoffe der Körper, innen erlebst du seine Seele.
Von außen erkennst du Zerstörung, innen erlebst du Schmerz.
Von außen erkennst du Schönheit, innen erlebst du Freude und Lust.
Von außen erkennst du Gerechtigkeit, innen erlebst du Frieden.

Die wechselwirksame Einheit des Körpers
Innen Halt bedeutet außen Maß.
Außen maßlos bedeutet innen haltlos.
Innen mit Innen verbunden bedeutet außen Zurückhaltung.
Außen Raub bedeutet innen aufs Außen beschränkt.
Innen begeistert bedeutet unbestechlich im Außen.
Außen geschäftiger Schein bedeutet innen tot.
Innen offen und jung bedeutet außen weich.
Außen hart bedeutet innen verschlossen und alt.

Die Maxime des Körpers

Wer den Körper außen missachtet, vergiftet sich innen.
Wer sich einfühlt ins Innen und es erkennt, achtet den Körper außen.

Quellenverzeichnis

Literatur

Arendt, Hanna, *Vita activa oder vom tätigen Leben*, München/Zürich 1987

Bannalec, J.-L., *Bretonische Brandung*, München 2014

Beck, Susanne, *Die Göttin von Vivo d'Orcia*, Murr 2011, Selbstverlag

Burri, Margrit, *Germanische Mythologie*, Zürich 1982

Daly, Mary, *Jenseits von Gottvater, Sohn und Co*, München 1986

Daly, Mary, *Gyn/Ökologie*, München 1986

Gimbutas, Marija, *Die Sprache der Göttin*, Frankfurt/M 1995

Gimbutas, Marija, *Göttinnen und Götter im Alten Europa*, Uhlstädt-Kirchhasel 2010

Göttner-Abendroth, Heide, *Die Göttin und ihr Heros*, München 1993

Göttner-Abendroth, Heide, *Das Matriarchat I und II*, Stuttgart 1999

Göttner-Abendroth, Heide, *Matriarchale Landschaftsmythologie*, Stuttgart 2014

Göttner-Abendroth, Heide, *Fee Morgane – der heilige Gral*, Königstein, 2005

Grimm, Jacob, *Deutsche Mythologie I-III*, Wiesbaden 1992

Harding, Esther, *Frauenmysterien einst und jetzt*, Zürich 1949

Jung, Emma und von Franz, Marie-Luise, *Die Gralslegende in psychologischer Sicht*, Freiburg 1980

Kapuscinski, Ryszard, *Afrikanisches Fieber*, München 2006

Kuntze, Sven, *Die schamlose Generation*, München 2014

Kutter, Erni, *Der Kult der drei Jungfrauen*, München 1997

Mahlstedt, Ina, *Rätselhafte Religionen der Vorzeit*, Stuttgart 2010

Meier-Seethaler, Carola, *Ursprünge und Befreiungen*, Frankfurt 1992

Meier-Seethaler, Carola, *Von der göttlichen Löwin zum Wahrzeichen männlicher Macht*, Zürich 1993

Meier-Seethaler, Carola, *Jenseits von Gott und Göttin*, München 2001

Mulack, Christa, *Maria – Die geheime Göttin im Christentum*, Stuttgart 1985

Mulack, Christa, *Im Anfang war die Weisheit*, Selbstverlag 1997

Mulack, Chista, *Der veruntreute Jesus*, Schalksmühle 2009

Muraro, Luisa, *Die symbolische Ordnung der Mutter*, Frankfurt 1993

Paetow, Karl, Frau Holle, *Volksmärchen und Sagen*, Husum 1986

Simon, Erika, *Die Götter der Griechen*, München 1985
Weiler, Gerda, *Das Matriarchat im Alten Israel*, Stuttgart 1989
Weiler, Gerda, *Eros ist stärker als Gewalt, eine feministische Anthropologie II*, Frankfurt 1993
Weiler, Gerda, *Der aufrechte Gang der Menschenfrau, eine feministische Anthropologie I*, Frankfurt 1994
Weiler, Gerda, *Der enteignete Mythos*, Königstein 1996
Weiler, Gerda, *Ich brauche die Göttin*, Königstein 1997
Voss, Jutta, *Das Schwarzmondtabu*, Suttgart 1993

Die Züricher Bibel, Stuttgart 1966
Die Edda (Vers-Edda), Übertragung von Felix Genzmer, München 2006
Prosa-Edda von Snorri Sturluson, übersetzt von Arthur Häny, Zürich 2002
Inanna-Mythos, Internet
Zen-Meister Mumons Koansammlung, Mumonkan, *Die torlose Schranke*, München 2004
Laotse, *Tao te king*, übers. von Richard Wilhelm, Zürich 2005

Alle Zitate, die der Text aus Romanen verwendet, sind direkt mit ihren Quellenangaben versehen.

Filmdokumente

Kubi, Clemens, *Unterwegs in die nächste Dimension*
Madeiski, Uschi, Filme zur Ausbildung der Ritualleiterinnen in der Alma-Mater-Akademie Karlsruhe bei S. Laurent.

Bildnachweis

Alle Fotos sind aus dem Bildarchiv des Autors, außer:
Abb. 2: archäologisches Museum Wien, Plakataufnahme;
3: archäologisches Museum, Wien;
Abb. 41: Frida Kahlo, Die Liebesumarmung des Universums, aufgenommen im Kunsthaus Würth, Schwäbisch Hall 2014 (Bildrechte © VG Bild-Kunst);
Abb. 42: E. Kutter.

Alle Illustrationen vom Autor,
Abb. 1 nachgezeichnet aus M. Gimbutas, *Göttinnen* ..., S. 140;
11 nach C. Meier-Seethaler, *Von der göttlichen Löwin* ..., S. 28;
12 nachgezeichnet aus M. Gimbutas, *Die Sprache* ..., S. 259;
14 nach M. Gimbutas, *Göttinnen* ..., S. 188;
15 nach M. Gimbutas, *ebenda*, S. 190;
16 nach M. Gimbutas, *ebenda*, S. 191;
17 nach M. Gimbutas, *Die Sprache* ..., S. 102;
18 nach M. Gimbutas, *ebenda*, S. 101;
19 nach M. Gimbutas, *ebenda*, S. 168;
20 nach M. Gimbutas, *ebenda*, S. 253;
21-25 nach C. Meier-Seethaler, *Von der göttlichen Löwin* ... S. 88, 89, 91, 105, 125;
26 nach M. Gimbutas, *Die Sprache* ..., S. 158;
43 nach E. Kutter, *Der Kult* ..., S. 116.

Abb. 13 aus Fred Hageneder, *Die Eibe in neuem Licht*, Saarbrücken 2007; ebenso die Vignette S. 141.

Danksagung

Danken möchte ich meiner Frau
dafür, dass sie Wegbereiterin für mich war. Ohne ihre uranfänglichen Vorbehalte gegenüber der paulinischen Kreuzestheologie und ihren Aufbruch in die matriarchale Spiritualität, wären für mich die Einsichten, die zu diesem Buch geführt haben, nicht möglich gewesen. Ich danke ihr auch für ihre Geduld und ihre Langmut, die mir erlaubt haben, immer wieder für Stunden abzutauchen und zu schreiben. Danken möchte ich ihr auch für ihre konstruktive Kritik als Erstleserin.

Danken möchte ich meinem Verleger und Lektor Andreas Lentz
für seine gute Arbeit. Die Zusammenarbeit mit ihm war leicht und angenehm. Seine kritischen Fragen halfen mir, manche Stellen zu überdenken. Seine Verbesserungen waren Verstehenshilfen im Blick auf den Leser, und ich habe mich durch sie als Autor immer voll respektiert gefühlt.

Es ist mir auch ein Bedürfnis, seiner Frau zu danken,
die ihn spontan dazu ermutigt hat, das Buch in sein Verlagsprogramm aufzunehmen.

Danken möchte ich nicht zuletzt all den matriarchalen Autorinnen,
die mir nicht nur zu einem neuen Verstehen verholfen haben, sondern auch zu einer inneren Versöhnung mit dem Ursprung unseres Lebens, der für mich so lange verstellt gewesen ist.

Über den Autor

Lothar Beck ist Theologe, systemischer Paar-und Familientherapeut und Elternmediator (Veröffentlichung: *Eltern bleiben trotz Scheidung*), Supervisor und Fortbildner. In den letzten Jahren befasste er sich mit Frauenliteratur zur Patriarchatskritik, Matriarchats- und Mythenforschung. Durch sie gewann er einen neuen Blick auf die patriarchale Welt und ihre »Geschichten«. Zusammen mit seiner Frau entdeckte er 2011 in der Nähe des Ortes Vivo d'Orcia, Toscana, an der Eremitage aus dem 12. Jahrhundert bei der Quelle des Flusses Vivo Überreste eines vorchristlichen Heiligtums, zu dem auch ein beeindruckender Frauenkopf gehört (im Buch abgebildet).

Ausserdem bei Neue Erde:

In vielen Ländern der Erde hat Maria die Mutter Jesu das Erbe von uralten Göttinnen der Geburt und der Gnade angetreten. Und im Gegensatz zu männlichen Gottheiten und ihren Machtbereichen geschah der Übergang von der Naturreligion zum Christentum hier friedlich. Am deutlichsten tritt dabei die Eibe hervor, als der heilige Baum des göttlich Weiblichen.

Lange verlorengeglaubte Scherben uralter Weisheit fügen sich zu einem Pfad der Heilung, um der Erde in ihrer Krise beizustehen. Ganz nebenbei erfahren wir Wunderbares über die Ökologie des Waldes, leicht verständlich geschrieben und durchgehend mit ergreifenden Farbfotos dokumentiert.

Fred Hageneder
Die Eibe in neuem Licht
Urbaum, Weltenbaum, Hüterin der Erde
Gebunden, 320 Seiten, mit 450 meist farbigen Abbildungen, Großformat
ISBN 978-3-89060-077-2

Was ist eine ursprüngliche Sexualität? Wie tief kann Sexualität zwei Menschen berühren und sie auch mit der Erde und allem Sein verbinden? Und was hat Sexualität mit Ökologie zu tun? Welche Rolle spielt sie bei unserer Suche danach, wieder im Einklang mit der Natur zu leben? Ohne ein Feigenblatt vor den Mund zu nehmen, geht die Autorin in ungewöhnlicher Konsequenz diesen Fragen nach. Dabei eröffnet sie uns unvoreingenommene Blicke ins Tierreich, in die alten Hochkulturen und das Leben gegenwärtiger Stammesvölker. Ergänzt wird dieser Essay durch Ansatzpunkte, wie dieses uralte Wissen unser heutiges (Sex-) Leben bereichern kann.

Dolores LaChapelle, Hrsg. Andreas Lentz
Sexualität – Der vergessene Schlüssel zur Versöhnung von Mensch und Erde
Paperback, 128 Seiten
ISBN 978-3-89060-587-6

Es ist ein Befreiungsweg, der sich eröffnet, wenn wir das Verdrängte, das Unterdrückte, das Abgetrennte, das Ausgeplünderte, das Abgeschnittene und Nichtgelebte in uns freischaufeln und ausgraben, damit wir uns der eigenen intuitiven weiblichen Kraft und Energie öffnen können. Es ist ein Weg, der auf allen Ebenen unseres Daseins befreiende Auswirkungen hat.

Dorit Stövhase-Klaunig
Gelebte Weiblichkeit
Befreiung der Schlangenkraft
Paperback, 160 Seiten
ISBN 978-3-89060-660-6

Der bekannte Autor und Geomantiepraktiker Marko Pogačnik hat mit seinen »Sieben Grundsteinen der neuen Ethik« und den »Neun Geboten der Göttin« versucht, die Grundlagen einer neuen Zivilisation zu beschreiben, die sowohl den Menschen als auch den – ob sichtbaren oder unsichtbaren – Naturreichen gerecht wird. Im Austausch mit dem Geomanten Radomil Hradil wird dieses Anliegen deutlich herausgearbeitet und uns nahegebracht.

Marko Pogačnik, Radomil Hradil
Gaiakultur
Der Weg zu einer Zivilisation der erwachten Herzen
Paperback, 174 Seiten,
mit 30 Zeichnungen von M. Pogacnik
ISBN 978-3-89060-636-1

NEUE ERDE *im Buchhandel*

Neue Erde ist ein kleiner unabhängiger Verlag, und der unabhängige Buchhandel ist unser natürlicher Partner. Wir unterstützen die Initiative »buy local«.

Sollte es Lieferschwierigkeiten bei den Büchern von NEUE ERDE geben, lassen Sie immer im VLB (Verzeichnis lieferbarer Bücher) nachsehen, im Internet unter **www.buchhandel.de**

Alle lieferbaren Titel des Verlags sind für den Buchhandel verfügbar.

Auch mobil können Sie, zum Beispiel mit der App von LChoice, unsere Bücher beim örtlichen Buchhändler kaufen.

Sie finden unsere Bücher auch auf unserer Homepage **www.neue-erde.de** oder in unserem Gesamtverzeichnis, welches Sie gerne hier anfordern können:

NEUE ERDE GmbH
Cecilienstr. 29 · 66111 Saarbrücken
info@neue-erde.de